U0558954

电信运营企业
财务转型（第二版）

THE FINANCIAL TRANSFORMATION OF
TELECOM OPERATORS

何 瑛◎著

经济管理出版社
ECONOMY & MANAGEMENT PUBLISHING HOUSE

图书在版编目（CIP）数据

电信运营企业财务转型/何瑛著. —2版. —北京：经济管理出版社，2016.5
ISBN 978-7-5096-4381-5

Ⅰ.①电… Ⅱ.①何… Ⅲ.①电信—邮电企业—财务管理 Ⅳ.①F626

中国版本图书馆CIP数据核字（2016）第102520号

组稿编辑：张　艳
责任编辑：张　艳　丁慧敏
责任印制：黄章平
责任校对：新　雨

出版发行：经济管理出版社
　　　　　（北京市海淀区北蜂窝8号中雅大厦A座11层　100038）
网　　址：www.E-mp.com.cn
电　　话：（010）51915602
印　　刷：三河市延风印装有限公司
经　　销：新华书店
开　　本：720mm×1000mm/16
印　　张：20.5
字　　数：305千字
版　　次：2016年7月第1版　2016年7月第1次印刷
书　　号：ISBN 978-7-5096-4381-5
定　　价：59.00元

目 录

第二部分　方向篇

第三部分 案例篇

第一部分 理论篇

第一章

我国电信运营企业实施财务转型的必要性

第一节 我国电信运营企业上市后面临的主要挑战

成功改制上市之后的电信运营企业在捕捉机遇的同时也面临着严峻的挑战。上市对电信运营企业来说是机遇,其有利影响主要表现在:第一,上市传递着企业价值最大化的管理理念。企业价值最大化是资本市场唯一的游戏规则,资本市场会一直向企业传递价值理念,同时上市以后,更加透明的信息披露,也能够促使企业增加价值。第二,上市可以改进公司的治理结构,引入境外投资者,建立有效的外部监督,可以按照法律法规的要求,建立规范有效的公司治理结构。第三,上市可以建立有效的激励机制,围绕股票价格建立激励机制,是市场通行的准则。第四,上市可以提供大规模的融资,以及持续融资的重要渠道。电信是个资金和技术密集型的行业,而且电信技术的更新换代极快。因此,对于每一个电信企业发展来讲,资金的筹集非常重要,如果没有一个良好的筹集资金运行机制,缺乏发展的后劲,企业就不可能在竞争中取胜。第五,上市有利于电信运营企业实施国际化战略。通过上市把重心从"引进来"转到"走出去",使中国电信企业真正走出国门,参与国际资本市场交流与合作,并逐步发展壮大起来。要拓展海外市场,主要是面临资本输出问题。在我国这个外汇管制的国家,只有在海外上市变成上市公司,资本输出才会灵活得多。资本积聚到一定阶段就必然要扩张,这是资本运营的基本规律。

同时,上市也使电信运营企业面临严峻的挑战,具体如下:

一、严格的监管标准

我国电信运营商要同时满足国内、中国香港和美国三地监管的要求。

这是十分严格的监管标准，它要求信息披露真实、及时、准确、透明，随着萨班斯内控项目的实施，对公司内部控制要求非常高，严格限制关联交易、同业竞争等，还要求建立规范有效的法人治理结构。因此，从长远来看，海外上市后的国内电信运营企业必须持续不断地修炼内功，以此应对来自海外资本市场更加苛刻的约束和监督。在国内、中国香港和美国三地严格的监管要求下，我国电信运营商必须不断完善企业的治理结构，降低成本，提高利润。在资本市场，实力是最终的决定力量，强健的实力是为资本创造稳定利润的基础。

二、投资者预期

我国电信运营商上市以后股东资本的进入，同时也带来了"资本意志"，它们要求上市企业能够为资本创造价值和利润，它们关注企业的经营和管理，并且对企业运营拥有"投票权"，这种投票权体现在股东大会以及股东拥有的对股票持有和抛出上。因此，电信企业上市面临的最大挑战就是从向国家负责到向"所有者"负责的角色转变，这些"所有者"不仅包括国家，还有众多的股东。因此，上市之后的电信企业是一个"透明"的企业，企业的运营管理必须体现股东的意志，并且严格履行对股东所许下的承诺，企业的经营业绩以及履行承诺的表现，将严重影响到企业在资本市场的形象，甚至随时可能受到资本市场的冲击。我国电信运营商需要不断兑现对投资者的承诺。承诺必须具有可实现性，承诺应该谨慎，目标应该明确，兑现要实际。因为承诺是以企业的无形资产为基准，不能兑现承诺也就意味着企业的信用受损，企业的无形资产在流失，企业信用等级下降，信用下降对企业来说无疑是不利的，会对企业未来的发展带来极大的负面影响。

三、保持股价稳定

电信运营企业上市以后，股价变动在一定程度上体现了投资者对企业认同的程度和对企业价值的判断；由于资本市场固有的短视性和逐利性，使股价也很大程度受到市场整体环境和投资者个人好恶的影响，股价一时的涨跌并不能够真正反映企业价值的高低。对于企业来说，还是应该从长计议，关注企业长期发展，避免短期行为，实现企业长期价值最大化，资本市场最终会给企业一个公正的估价。

第二节 我国电信运营企业实施财务转型的必要性

一、电信业转型的要求——财务管理作为企业转型的重要支撑手段实现稀缺资源的优化配置

从目前电信业的发展来看，技术、竞争、需求三方面的驱动力已经使得转型成为其发展的必然。技术的飞速发展使得转型成为可能，为转型提供了保障；竞争的日益加剧和客户需求的多样化转变使得转型成为必然，推动着战略转型的进程；市场的发展、技术的进步和利益的驱动推动着全球电信业必须进行转型。电信业的转型可以从三个角度界定：第一，从产业角度看，就是从传统的语音通信转变为信息通信，即ICT行业。第二，从价值创造角度看，电信价值链条转变成了电信价值网络。第三，从企业角度看，传统的网络运营商正在转变为综合信息服务提供商。电信企业转型，其本质就是转变公司实现持续增长的商业模式，即公司如何赚钱的方式。转型所遵循的最好商业战略就是双赢。由技术和业务转型带来的管理转型，对财务管理的价值管理能力、业务支撑能力和精细化管理能力提出了更高要求。今天电信产业价值链的外延不断扩大，企业内部价值链所涉及专业分工更加精细，环节与流程更加复杂，但是运营商作为产业价值链的核心、用户作为价值链的终端始终没有变。因此，技术和业务的转型要求管理向以客户为中心和提高运营效率方面转变，财务管理作为公司价值管理的主要部门，要深入研究产业价值链和内部价值链变化对公司价值的影响，提供战略成本信息，建立相应的

估值模型，支撑公司建立合理的产业价值分配模式、盈利模式，推动产业价值链的扩大，实现企业价值最大化。同时，由于用户需求的多样化和激烈的市场竞争，企业内部需要精细管理经营收入、控制经营成本、确保收入质量、实现成本结构和效益的最优化，建立内部价值链管理体系，防止价值流失。财务管理作为企业转型的重要支撑手段，是业务转型下实现资源优化分配的有效工具。强化财务管理支撑企业转型的管理主线，可以有效降低电信运营企业业务转型中面临的多元化战略风险。另外，囿于中国特殊国情，电信国有资本仍然主要发挥融资和对管理层的业绩激励功能，利用资本手段解决业务缺失仍存在较大瓶颈。随着股权分置改革的成功和公司治理结构的完善，电信资本运营弹性将进一步增加，因此，资本运营将会成为电信运营企业解决业务转型方面不足的有力工具。

二、资本市场监督的要求——"市场监督"的手推动企业强化"造血"和持续发展机能

电信运营企业在海外上市以后面临的挑战是对公司的促进，同时也推动了资本市场的监督，可以借助市场监督这只手真正推动企业发展，不断提高股东回报。市场监督主要来自下面几个方面：投资分析师的监督，他们主要关注投资价值和投资回报；交易所和证监会的监督，他们主要关注企业的合规运作和信息披露的透明度；审计师和律师的监督，他们主要关注企业独立审计的专业意见；新闻媒体的监督，他们主要关注企业社会责任和舆论导向；等等。通过来自市场各个方面的监督，促进上市公司各级企业规范经营，在为用户提供满意服务的同时，获得收益，提高企业的投资回报，从而实现企业的可持续发展。证券监管机构是促进上市公司加强管理的重要力量。电信运营企业在海外上市以后，主要监管机构包括中国证监会等国内监管机构，以及香港交易所、美国证交会等境外监管机构。他们重点关注企业如何保障少数股东权益，充分发挥独立董事的功能，提高信息透明度，及时、准确、公平地披露信息，采用国际通行的会计准则，优化公司治理结构，实施公正的关联交易等。美国《索克斯法案》规定，如果公司做出虚假财务报告说明，公司管理层则需要承担刑事责任以及个人罚款，这些要求必然会使公司关注和加强机制建设，不断完善公司治理结构以及内控制度，持续强化财务管理和风险管理等。

三、投资者的要求——增加公司价值，提高投资回报

投资者出于对投资回报的要求，必然促进公司关注企业价值最大化。基金经理、股票分析员、新闻媒体和各类股东要求上市公司增加公司价值，提高投资回报，要求实现新业务增长的同时实现利润率、回报率的增长，要求企业控制资本开支，控制成本开支，要求企业持续优化资本结构，以实现持续的价值增值。如果用经济增加值对我国电信运营企业进行绩效衡量会发现，近几年来四家公司的 EVA 呈良性发展，均有大幅度提高。截至 2005 年，只有中国移动 EVA 为正值，中国网通、中国电信、中国联通三家公司的 EVA 为负值；重组之后的 2008 年，中国移动的 EVA 仍为正值，中国电信和中国联通的 EVA 呈良性发展状态（见第四章）。从 2010 年开始，国资委对中央企业全面实施 EVA 考核（如图1-1 所示），旨在引导中央企业关注风险控制，提升发展质量，增强价值创造和可持续发展能力。

2009 年国资委对电信行业考核指标

考核指标	权重
利润总额	30
净资产收益率	40
成本费用占收入比	15
数据业务收入比重	15

2010 年国资委对电信行业考核指标

考核指标	权重
利润总额	30
经济增加值（EVA）	40
成本费用占收入比	15
数据业务收入比重	15

图 1-1　电信运营企业绩效考核指标变化情况

四、企业发展的内在要求——从规模扩张向效益增长型发展要求实现效率和效益的统一

随着电信业的改革与开放，电信运营企业之间从单纯的网络竞争过渡到服务竞争，从业务的同质竞争过渡到异质竞争，从基础业务竞争过渡到增值业务竞争，从价格战过渡到品牌竞争。随着电信运营企业的海外成功上市，企业效益理念不断深化，落实到具体就是企业的发展必须

围绕效益主线，要以效益的眼光去考量发展。一方面，企业的 EBITDA、销售利润率、EBITDA 占收比、自由现金流等指标必须符合资本市场对于价值要求的判断；另一方面，对于电信运营企业来说，多年高速增长掩盖了粗放式的投入型发展模式的弊端，但随着通信市场的饱和，市场竞争的日趋激烈，企业效益、价值的增长陷入了困境，收入的增长进入了阶段性的瓶颈，增速不断减缓，已无法有效地拉动企业效益的增长，成本资源消耗在各种增量因素（市场竞争、服务完善、企业战略转型等）的作用下，上升似乎无法避免。一切现状表明继续粗放式的投入拉动型发展，企业效益发展目标必将偏离轨道，所以只有从企业内部挖掘，从精细管理中挖掘企业效益提升的新动力。总之，电信运营市场竞争的不断加剧，促使电信运营企业从规模扩张型向效益增长企业转变，只有实现精细化管理，不断规范运作，优化流程，电信运营企业才能在激烈的竞争中立于不败之地。为了实现公司的战略目标，电信运营企业一方面要继续关注规模增长，因为没有增长是公司最大的风险；另一方面更需要关注效率和效益增长，因为效率只有接受市场的检验才能真正转化为公司的效益，从而实现公司的持续价值增值。对于任何一个追求可持续发展的企业都不应该对这两者之一有所偏废，因为成长管理与成本管理的高度融合一直在进行。

对于电信运营企业来说，规模的增长是必须的，增长速度是获利的前提，缺乏必要的速度就是最大的风险。从财务角度来看，一定的经营规模是电信运营企业盈亏临界点和获利水平的基础，是公司获得安全边际的前提；从投资者偏好来看，永远都不会满足于主要通过削减成本而获得收益，投资者还是最希望电信运营企业从收入增长中获取盈利的增加；从资本市场来看，过低的增长率必然会制约电信运营企业价值创造的潜力，也会导致公司成为视觉敏锐的收购者的目标猎物；从公司文化的角度来看，如果没有一定的增长速度，就不能留住和吸引需要的人才，他们会去寻找拥有更广阔视野的公司工作。速度可以定义为规模增长，主要关注"营业收入增长"和"资产增长"。电信运营企业在过去的几年里投资收入比不断下降，营业收入都呈现出持续增长的势头，电信投资处于相对稳定状态，表明行业投资风险逐年下降，投资结构不断优化，这主要得益于运营商从追求规模扩张为主转向追求投资效益为主的经营策略。电信运营企业在追求规模增长的同时必须兼顾效率和效益。效率是指尽可能以最少的资源消耗实现目标，而效益则是指综合目标的实现。效率一般体现于企业内部投入产出的关系，效率的高低主要是执行过程中的问题；而效益一般不能直接在企业内部体现，而必须通过企业同外界的联系才能得到体现，其好坏主要取决于决策是否正确。对于电信运营企业来说，只有客户对已经开通的业务满意，开始使用并计费，才可以说实现了服务价值，才会为公司带来真实的效益。衡量电信运营企业经营效率的重要指标是 EBITDA 和 EBITDA 率，衡量电信运营企业经营效益的重要指标是总资产收益率、净资产收益率和经济增加值（EVA）。电信运营企业在过去的几年里 EBITDA 基本都处于上升趋势，但是 EBITDA 增长率有所放缓。但是，总资产收益率、净资产收益率基本处于下降的趋势。具体如表 1-1、表 1-2 所示：

表 1-1　中国电信运营企业 2005~2007 年度业绩比较一览表　　　单位：百万元

年份	中国移动			中国电信			中国联通			中国网通		
	2005	2006	2007	2005	2006	2007	2005	2006	2007	2005	2006	2007
收入	243041	295358	356959	163078	170645	175362	87049	94294	99539	82456	81788	82488
EBITDA	133338	159574	194003	81748	84866	85974	28438	29626	32436	45650	45588	41244
EBITDA 率	54.90%	54.00%	54.30%	50.10%	49.70%	49.00%	32.70%	33.60%	33.20%	51.20%	50.40%	50.00%
净利润	53549	66026	87062	21041	22270	22517	4931	3801	9301	10438	12960	12095
净利润率	22.03%	22.35%	24.39%	12.90%	13.05%	12.84%	5.66%	4.03%	9.34%	12.66%	15.85%	14.66%
ROA	13.60%	13.77%	15.45%	6.60%	6.60%	5.52%	3.40%	2.55%	12.80%	5.16%	5.50%	14.82%
ROE	21.10%	20.70%	23.26%	11.60%	14.10%	10.13%	6.60%	4.70%	13.49%	16.60%	16.30%	18.08%
CAPEX	71500	87000	105100	53896	49116	45558	17610	21550	26000	27247	24560	20684
CAPEX 占收比	29.42%	29.46%	29.44%	33.05%	28.78%	25.98%	20.23%	22.85%	26.12%	33.04%	30.03%	25.08%
FCF	60256	62358	63473	21697	28991	33964	13190	13900	6610	6236	7490	11775
FCF 占收比	24.79%	21.11%	17.78%	13.30%	16.99%	19.37%	15.15%	14.74%	6.64%	7.56%	9.16%	14.27%

表 1-2　中国电信运营企业 2008~2009 年度业绩比较一览表　　单位：百万元

年份	中国移动		中国电信		中国联通	
	2008	2009	2008	2009	2008	2009
收入	411810	452103	186529	209370	164085	158370
EBITDA	216487	229023	85899	83284	57750	60090
EBITDA 率	52.50%	50.70%	46.50%	39.40%	35.20%	37.94%
净利润	112627	115166	20066	13271	7252	9373
净利润率	27.35%	25.47%	10.76%	6.34%	4.42%	5.92%
ROA	22.70%	20.47%	7.27%	7.37%	2.55%	2.91%
ROE	28.06%	22.73%	0.42%	6.73%	10.26%	13.20%
CAPEX	120816	115314	48410	38042	70490	112470
CAPEX 占收比	29.34%	25.51%	26.24%	18.17%	42.96%	71.02%
FCF	57355	77756	36768	31159	−110.6	−531.6
FCF 占收比	17.20%	13.93%	19.93%	14.96%	−0.07%	−0.34%

　　总之，电信运营企业在实施"走出去"战略的过程中，随着国际化步伐的不断加快，基于战略导向的财务转型必然提上议事日程。令人可喜的是，电信运营企业已经意识到财务转型的重要性，并正在进行着积极的探索和实施。

第 二 章

我国电信运营企业实施财务转型的拓展路径

第一节 转型、企业转型与财务转型

自 20 世纪 80 年代以来，经济全球化以及新经济的出现加剧了世界各国经济发展的复杂性和交融性，使得各国企业面临的经营环境日趋复杂，为了谋求生存和可持续发展，在美国、英国、日本等发达国家出现了"企业转型"浪潮。如何在新环境下谋求持续生存和不断发展对于正处于多重转型背景下的我国电信运营企业来说具有十分重要的意义。

一、转型与企业转型

转型英文为"transformation"，本义为"转变"或者"转换"，是对事物进行一种较为彻底的革命性变革，即通过改变某事物的形态或者性质使其更好地满足新的需要（李烨、李传昭，2004）。最先出现在工程领域，于 20 世纪 80 年代才引入经济管理领域，在宏观、中观和微观三个层面都得到了广泛应用。宏观层面：如苏联、东德、中国的经济转型或者转轨；中观层面：区域经济转型、资源型城市转型；微观层面：企业组织转型、企业战略转型、企业业务转型、企业文化转型等。到目前为止，对转型并没有形成统一的认识，目前相对比较认同的解释是 1993 年在 INSEAD 的 Corporate Renewing Center 举办的学术会议上所作的解释："转型"对于组织来讲，即通过组织运行逻辑的根本性变化实现组织行为的根本性变革。依据此解释可知转型是为了对变革对象实现一种根本性的转变，是变革的一种最高模式。

目前对企业转型也没有统一的定义。有从组织行为学角度诠释的，也有从战略管理视角进行定义的，但目前比较认同的是从组织行为学视角进行的描述。如：贝克哈德从组织行为学角度将企业组织转型定义为：企业组织转型是"组织在形式、结构和性质上发生的变革"；莱维和默瑞将组织转型描述为一种彻底的、全面的变革，认为"组织转型需要解决组织的核心流程、精神、意识、创新能力和进化等方面的问题"；巴图克认为组织转型是"一种发生在组织对自身认识上的跳跃式的变革，并伴随着组织战略、结构、权力方式、模式等各方面的变化"。

综上所述，不同形式的定义主要是基于转型内容和转型程度的差异，但都具有一些共性：①企业转型是一种根本性的、质的、剧烈的、跳跃式的变革；②企业转型是一种范式转换，是一种对自我认知方式的彻底转变，包括在管理理念、思维方式、价值观等方面的彻底变革，并伴随着企业战略、结构、行为方式、运行机制等方面的全方位变革；③企业转型是企业的一次再生，是一种寻求最佳效果的努力，但这种努力并不总会成功；④企业转型是面向未来的，具有较大的不确定性，因而风险较大。

二、财务转型

成功的转型需要多种因素的支持和有效配合，其中财务转型至关重要。英国学者玛格丽特·梅对近十几年来公司财务管理环境的变化归纳为九个方面：①客户需求模式的改变；②客户讨价还价能力的提高；③降低成本的压力；④新技术的冲击；⑤战略联盟的出现；⑥新市场的开拓；⑦经济全球化；⑧政府法规增多；⑨高度流动的资本市场（玛格丽特·梅，2001）。此外，对商业伦理和道德问题的关注、对环境和生态问题的重视等都不可避免地对财务转型提出要求。目前，市场竞争和资本市场的双重压力也促使电信运营企业向效益型发展转变，进行财务转型，实现成长管理、盈利管理与风险管理的有机统一。财务管理作为企业转型的重要支撑手段，是组织转型和业务转型下实现资源优化分配的有效工具。具体如图 2-1 所示。

所谓财务转型就是指从传统的核算型、管理型向战略型转变。战略型财务是一种面向战略，以战略为核心的财务管理过程，从核算为重点向资源整合、决策支持和价值管理转变。它以改善基本财务作业流程为基础，通过提供高附加价值的经营业务分析、公司风险与机会的管理、绩效管理的建立和完善，来支持公司制订战略，并在实施过程中进行财

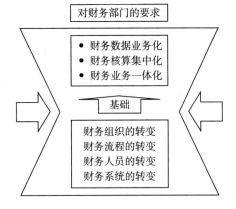

外部压力

- 全球化市场竞争加剧
- 行业/产业格局的重组
- 人民币汇率不断坚挺
- 外部监管和资本市场的要求

对财务部门的要求

- 财务数据业务化
- 财务核算集中化
- 财务业务一体化

基础

财务组织的转变
财务流程的转变
财务人员的转变
财务系统的转变

内部压力

- 支持集团战略转型和业务转型的需要
- 不能为集团战略决策提供有效的支撑
- 不能提供多维、精细化的核算与分析信息
- 财务组织与流程仍需要细化和升级
- 财务团队的能力与成功实施转型有较大差距
- 财务部门内部以及业务部门与财务部门之间的责权有待清晰界定

图 2-1　企业实施财务转型的必要性

务评估与控制，促使公司完成重要的战略目标。对于以盈利为目标的电信运营企业来说，几乎所有的经营活动都有一个成本效益的比较问题，而财务部门正好具有收集、整理成本与收益信息的优势以及核算和预测上的技术能力。因此，其管理职能应当也必须渗透到公司经营管理的方方面面，而不应仅仅局限在本部门内部。要在财务分析的基础上，重点进行战略的成本效益分析，加强战略实施考核与控制，降低财务风险，提供决策支持。战略性财务的功能主要体现在三个方面：

（一）提供高附加价值的经营业务分析

在 21 世纪，只有通过强化分析与管理才能保持竞争力。按照波特的竞争理论，企业可以从成本领先、差异化、目标集聚三个方面打造核心竞争力。其实，企业也需要采取"用分析去竞争"的战略。通过精细化的财务分析提供高附加价值的经营业务分析，并以此为基础进行管理决策，是获取、保持和强化核心竞争力的支撑。随着企业管理的不断发展，财务管理在改善企业价值链关系中已经处于重要地位，提供决策支持信息也将成为财务管理的重要职能。例如：财务人员以营销人员熟悉的产品生命周期曲线和波士顿矩阵为基础提供产品盈利能力和客户贡献度矩阵（尤登弘，2008），为产品和业务决策提供支撑信息。具体如图 2-2 所示：

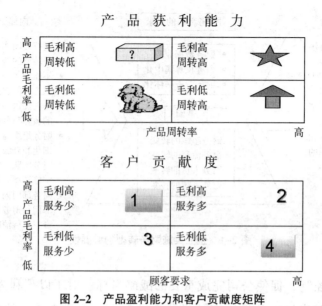

图 2-2　产品盈利能力和客户贡献度矩阵

（二）整合财务与经营的全面风险管理

风险是指预期结果的不确定性，不仅包括负面效应的不确定性（危险），也包括正面效应的不确定性（机会）。中国内部审计师协会在最新发布的第 16 号内部审计具体准则中，将风险管理定义为：是对组织目标实现的各种不确定性事件进行识别与评估，并采取应对措施将其控制在可接受范围内的过程。公司风险管理应由单一风险管理向整合财务与经营的全面风险管理转变。财务占据了一个接受信息、平衡信息、提供一种综合信息的位置。因而，可以承担整合公司内促进风险管理流程的"枢纽"职责，至少是核心的重要环节。财务作为资金的管理人，必须确保：有充足的资金拨给主要风险领域——也就是公司经营的风险领域；高风险高收益——风险管理的最终检测标准就是承担风险带来的企业价值，至少带来的现金流要超过资本成本；要考虑到以最经济的方式管理风险——风险管理的方式不是简单的回避，关键是看风险的收益和成本。财务人员需要更多参与企业的风险管理，并且不断优化风险管理模式，表 2-1 列示了新旧两种风险管理模式的异同。

（三）追求过程和结果平衡的绩效管理系统

绩效管理是指制订绩效指标和目标，通过收集被考核人实际完成情

表 2-1　新旧风险管理模式对比一览表

风险管理	旧模式	新模式
风险评估	风险评估是特指的	风险评估是持续的
机会	寻找机会是冲动的	按风险和回报来评估机会
主要负责人	只有财务负责	每个人都负责
部门之间关系	每个部门独立运作	重视风险评估和各个部门之间的合作
风险控制重点	重点控制财务风险和财务结果	重点控制各种商业风险
采取应对措施	应取消错误或者改正错误	应避免错误
风险主要因素	人	业务流程

资料来源:《IT经理世界》。

况，进行定期绩效考核和绩效反馈，并将考核结果应用于薪酬体系的过程。其目的是为了达成组织目标，并推动团队和个人做出有利于目标达成的行为。在公司的管理控制链中，绩效管理通过计划和预算管理实现和公司战略管理的联结，在公司价值管理系统中处于高端地位。可以说，一个缺乏公平性的绩效管理系统，如同企业肌体内的癌细胞，会导致企业价值管理系统的紊乱和无序，甚至会走向衰亡；相反，一个公平、透明的绩效管理系统，能有效凝聚企业资源、成为企业健康发展的加速器。富有成效和生命力的绩效管理系统，应该渗透于企业运营各方面、各环节，生生不息，周而复始。绩效管理系统是一个以公司发展战略为出发点的、系统的、科学的、能自动调节的呈螺旋式上升的管理过程，包括设定绩效目标、确认绩效障碍、克服绩效障碍、监控与评估、奖励与指导等五个主要环节，具体如图 2-3 所示。绩效管理本身不是目的，只是为获得一个更高的业绩水平而使用的手段。

　　在公司的管理控制链中，绩效管理通过计划和预算管理实现和公司战略管理的联结，在公司价值管理系统中处于高端地位。绩效管理也是一种保障体系，它使得公司决策得到真正贯彻执行，并能够确保流程与决策保持高度的配合。财务管理与人力资源管理的紧密配合在建立企业绩效管埋系统中起着十分重要的作用。高效的绩效管理系统必须具有四个关键因素：①形成系统性和持续性的作业驱动循环，而不再是单一的作业；②将人员、流程和技术进行有机结合，以支持绩效管理；③追求过程和结果的动态平衡，建立公平的绩效管理系统；④建立一种责任、权力、利益统一的企业文化，以支持绩效管理的成功实施。

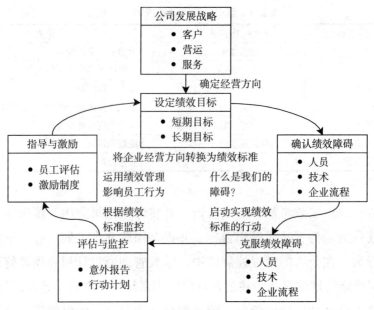

图 2-3　绩效管理循环系统

　　总之，财务管理的转型目标就是实施战略型财务，以公司战略和经营战略为导向制定具有前瞻性的财务战略，促进公司的可持续发展。战略型财务的"战略"二字，主要体现在：进行有附加价值的经营业务分析、中长期的资源配置规划、优化的预算和绩效管理系统、商业机会和风险的管理，以及战略与业务计划的参与及推动等方面。财务管理作为企业管理的核心，只有积极推进管理模式转型，才能更有效地保障经营目标的实现，促进企业经济效益和质量的提升，从而实现企业价值增值的终极目标。

第二节 财务转型的拓展路径

经济全球化以及新经济的出现加剧了世界各国经济发展的复杂性和交融性，使得作为各国企业面临的经营环境日趋复杂，为了谋求生存和可持续发展，企业转型浪潮迭起。由技术和业务转型带来的管理转型，对财务管理的价值管理能力、业务支撑能力、资源优化配置能力和精细化管理能力提出了更高要求。在过去的十几年里，经济和管理理论的每一领域都在发生巨大的变革，理论与实践都不再局限于原有的理论框架与模式，融合化、边缘化的现象日渐明显。因此，对企业财务转型拓展路径的研究，也可以基于不同的视角进行，主要包括管理学视角、利益相关者视角、组织视角和战略视角等。

一、基于管理学视角的财务转型拓展路径

通过对管理学家的概念界定进行总结，笔者认为管理是指通过对稀缺的资源进行优化配置，以实现价值最大化终极目标的过程。因此，基于管理学视角研究财务转型的拓展路径可以从两个方面进行：一方面，资源优化配置管理；另一方面，价值及其创造管理。随着产业价值链的外延不断扩大，企业内分工更加精细，环节与流程更加复杂。因此，技术和业务的转型要求管理向以客户为中心和提高运营效率方面转变，财务管理作为公司价值管理的主要部门，要深入研究产业价值链和内部价值链变化对公司价值的影响，提供战略成本信息，建立相应的估值模型，支撑公司建立合理的产业价值分配模式、盈利模式，推动产业价值链的扩大，实现企业价值最大化。同时，由于用户需求的多样化和激烈的市场竞争，企业内部需要精细管理经营收入、控制经营成本，确保收入质量、实现成本结构和效益的最优化，建立内部价值链管理体系，防止价

值流失。强化财务管理支撑企业转型的管理主线，可以有效降低企业业务转型中面临的多元化战略风险。

二、基于利益相关者视角的财务转型拓展路径

利益相关者（Stakeholder）一词最早源于 1963 年斯坦福研究所的一份备忘录，一般是指那些与公司存在直接或者间接利益关系并享有合法性利益的组织或个人。根据它们与公司的关系不同，可以划分为两类：一类是一级利害关系人团体，指那些没有其参与公司就不能作为经营主体存在下去的社会团体，包括股东、投资者、雇员、顾客、供应商以及政府和社区六个部分；另一类是二级利害关系人团体，指那些影响公司或受公司影响，但与公司之间没有商事关系，并且不是公司生存的必要条件的社会团体，如大众传媒和各类专门的利益集团等。日本、法国和德国长期以来以相关利益者价值最大化作为公司财务管理的目标，英国和美国以股东财富最大化作为公司财务管理的目标，而中国公司鉴于股权结构的特殊性一直坚持以企业价值最大化作为公司财务管理的目标（梁能，2000）。从总体上看，基于利益相关者视角的财务转型拓展路径应实行分层治理和管理，包括下面五个层次：外部利益相关者财务、经营者财务（受托管理人财务）、职能部门财务（财务经理的财务）、分部财务和员工财务（李心合，2003）。其中，经营者财务在财务转型的拓展路径体系中处于核心地位，一方面是因为经营者是公司人力资本的最大拥有者，直接掌握公司财务的实际控制权；另一方面是因为经营者处于组织结构的高层，具有信息优势，在谈判中处于强势的地位。

三、基于组织视角的财务转型拓展路径

环境因素和历史因素是影响组织变革和转型的两大变量（钱平凡，1999）。信息技术革命和制度环境的变化已经彻底动摇了企业组织存在的基础，使得组织由科层制向新型组织转化。21 世纪新型组织的特征是以信息技术为支撑、以人为本、以任务为导向、以创新为灵魂、以柔性为法宝的扁平化的、无边界的新型组织。信息技术在企业的扩散会导致企业技术进步和生产效率的提高，也会导致财务管理流程与制度、财务组

织与财务人员、财务信息系统的改造。这样就使得投资于信息化和组织改造所带来的收益将不是仅仅局限于财务部门，整个企业都将受益。财务运作信息化所形成的竞争力的基础在于：一方面，技术在财务部门的扩散和渗透；另一方面，财务部门为适应信息技术变革而调整组织结构形成财务运作信息化外部性效应（胡玉明、鲁海帆，2006）。通过这两个方面的改进，企业市场竞争要素得到强化，从而形成财务转型的竞争优势。因此，基于组织视角研究财务转型的拓展路径可以从财务流程与制度、财务组织与财务人员、财务信息系统管理三个方面进行。首先，面对信息技术和组织流程重建的挑战，基于帕乔利的会计理论发展起来的财务流程已经不再适应网络时代财务运作信息化的实际情况，这就必须将原有的功能驱动的财务流程转化为以业务事件为驱动的财务流程。传统流程采用单一化的信息披露模式，提供的只是以原始成本为基础的价值方面的信息，只能满足使用者共同需要的信息，随着经济环境的变化，在决策时专用的精细化信息比通用信息更为重要。其次，在以人为本的现代新型组织中，员工的专业水平和综合素质直接决定着工作的效率和质量。随着全面预算管理、内部控制和全面风险管理、平衡计分卡、作业成本法等先进管理方法在企业内部的推行，对财务组织机构的设置和职责界定以及财务人员的素质提升提出了很高的要求。最后，财务信息系统管理作为财务与业务有效沟通的平台已经成为企业获取竞争优势的基础保障。

四、基于战略视角的财务转型拓展路径

企业管理的发展大致经历了三个阶段。第一阶段，以泰勒的科学管理为代表，主张面向企业内部，提高内部运作效率；第二阶段，以西蒙的决策理论为代表，主张面向市场，根据市场需求安排企业生产，寻求效率和效益的统一；第三阶段，以迈克尔·波特的《竞争战略》和《竞争优势》的发表为代表，迎来了以战略管理为中心的新时代，主张面向顾客，以战略为导向，以满足客户需要为出发点。在以战略管理为中心的新时代，基于战略视角研究财务管理转型具有重要的理论价值和现实意义，财务部门对公司战略的参与程度和参与方式如表2-2所示。财务管

理的转型目标就是实施战略型财务，以公司战略和经营战略为导向制定具有前瞻性的财务战略，促进公司的可持续发展。战略型财务的"战略"二字，主要体现在：进行有附加价值的经营业务分析、中长期的资源配置规划、优化的预算和绩效管理系统、商业机会和风险的管理，以及战略与业务计划的参与及推动等方面。基于战略视角研究财务转型的拓展路径包括四个层次，即财务战略管理、财务组织管理、财务运行（执行）管理和财务基础管理。

表 2-2　财务部门对公司战略的参与程度和参与方式

战略行为 ＼ 战略参与	参与程度	参与方式
公司转型	高	转型成本、转型现金流分析
资产重组	高	重组成本、重组现金流分析
购并战略	高	公司估价、融资方式
风险管理战略	高	风险计量、风险控制财务手段
竞争战略	中	竞争对手财务指标及核算方式、公司成本优势以及财务实力
联盟战略	低	联盟模式、财务分析
财务战略	主导	投资决策、融资决策、营运决策、分配决策
制造战略	低	成本控制、产品组合（量本利分析）、设施选择（建厂还是 OEM、购买还是租赁）
营销战略	中	产品定价、经销商价值链分析
供应链战略	低	供应链价值分析、采购价格、供应商信用、供应商管理成本
研发战略	低	研发财务评估（如 VAR）
人力资源战略	极低	人力资源成本

　资料来源：上海国家会计学院：《成为胜任的 CFO：中国 CFO 能力框架研究报告》，经济科学出版社，2006 年版。

第三节　基于战略视角的财务转型拓展路径

戴维·亨格和托马斯·惠伦（2002）提出，公司战略体系分为三个层次，即公司战略、经营战略以及职能战略。公司战略是公司层面上的战略，是公司发展的总方向，主要包括成长战略、稳健战略和收缩战略。

经营战略是分部或事业部层面上的战略，强调的是公司产品或服务在某个产业或事业部所处的细分市场中竞争地位的提高，包括竞争战略和合作战略。职能战略则属于职能层次的战略，包括研发战略、生产战略、营销战略、人力资源战略、财务战略等。一般而言，经营战略支撑公司战略，职能战略支撑经营战略。但由于财务职能具有综合性与集权性，因此财务战略更多体现的是对公司发展战略的支持，即确保公司总体战略方向的推进与达成。这正是财务战略与其他职能战略的差异之所在。因此，作为公司的核心职能战略，财务战略的制定受到公司战略的制约与规范，这是由战略管理本身的内在逻辑所决定的（黄寿昌，2007）。

笔者认为，我国电信运营企业的财务转型应当选择基于战略视角的财务转型拓展路径，包括财务战略管理、财务组织管理、财务运行（执行）管理、财务基础管理四个层次，具体如图 2-4 所示。

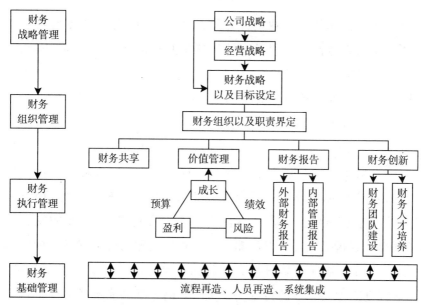

图 2-4 战略视角的企业财务转型拓展路径

一、财务战略管理

何谓公司战略？可以用《经济学人》杂志的定义加以说明：公司战略回答了公司的两个基本问题：一是"公司的目标是什么？"二是"怎样

实现目标?"公司长期存在并实现可持续发展的基本目标是创造价值,对价值的不同理解和定义构成了前一个问题的答案,如何创造价值则是对后一个问题的解答,至于价值如何分配则是公司各种利益相关者之间的博弈结果。所以可将公司战略定义为:对公司长远目标、经营方针、所需资源分配的规划。也可以说公司战略就是如何实现公司自身所定义的价值创造(傅元略,2009)。

公司财务战略是指通过选择最佳的财务资源配置路径以实现企业价值最大化的目标。"虽然财务战略不能将经营灾难转换成巨大的成功,但是它却能够增加企业获得长期生存的可能性。"(Harold Bierman,1999)财务战略是基于公司战略和战略目标对财务资源进行优化配置,同时也是融合财务管理决策与公司战略决策的一个复杂决策过程。公司财务战略的决策与选择,决定着企业财务资源配置的取向和模式,影响着企业理财活动的行为与效率。企业需要根据其竞争能力、经营能力、产品生命周期、资金需求等对企业生存和发展有着全局影响的关键要素,制定并选择相应的财务战略,以动态地保持企业的持续竞争优势,实现公司价值创造的目标(王满,2007)。

财务战略管理包括财务战略制定、财务战略实施和财务战略业绩评价三个阶段。其中:财务战略制定是核心,必须考虑企业的生命周期(初创期、成长期、成熟期、调整期)、企业的内外部环境(外部环境如经济环境、政治法律环境、金融环境、技术环境、行业环境、社会文化环境、经济全球化环境等;内部环境如公司治理结构、内部控制状况、提供的产品或服务特征、员工素质以及企业文化等)、企业的发展战略(成长战略、稳健战略、收缩战略)和企业的战略目标(财务目标、顾客目标、内部流程目标、学习与成长目标)等方面的影响要素(黄寿昌,2007),以动态保持企业的持续竞争优势。财务战略实施是关键,它是财务战略目标"落地"的过程,对于这一过程的执行和监控是将财务战略方案转化为战略性绩效的关键。财务战略的业绩评价是连接财务战略目标与日常经营活动的桥梁,也是实现财务战略目标的保障。总之,财务战略管理系统是一个以公司总体战略为出发点的、系统的、科学的、能自动调节的动态良性循环系统,以支撑公司实现价值增值的绩效目标。

二、财务组织管理

组织是人们为实现系统的总目标和总任务，设计任务结构与权力结构，进行生产要素的协调工作。为了实现预定目标，人们必须改造客观世界，这需要一定的物质力量。当个人力量不足以达成某些特定目标时，就只能依赖组织起来的集体。组织的任务就是将分散的个人结合成一个有机整体。组织活动的结果就是形成一定的体制。而体制是机构和运行制度的总称，凡是正式组织都包括体和制两个方面的内容。一般说来，要完成某项任务，必须有组织实体，即由人构成的机构，为使人们协同动作而形成集体力量，就必须规定机构之间、人员之间的相互责任、权力关系以及协作方式，这就是"制"。组织职能的目的是设计和维持一种职务结构，以便人们能为实现组织的目标而有效工作。组织结构必须反映企业的目标和计划、管理人员可利用的职权、企业所处的环境条件，同时必须为组织配备恰当的人员（哈罗德·孔茨，1995）。组织结构包含三个关键要素（Richard Daft, 1998）：第一，组织结构决定了正式的报告关系，包括层级数和管理者的管理跨度；第二，如何由个体组合成部门，再由部门到组织，都由组织结构确定；第三，组织结构包含一套系统，以保证跨部门的有效沟通、合作与整合。组织结构的设计应该明确谁去做什么，谁要对什么结果负责，并且消除由于分工含混不清造成的执行中的障碍，还要提供能反映和支持企业目标的决策和沟通网络。

财务组织既是一个相对独立的体系，又是企业组织结构的主要组成部分。公司财务组织工作，就是以公司战略为导向，建立公司内部财务管理体制，规定公司财务管理成员的分工与协调，并利用不同的权力与职责，以便有效达到公司财务管理目标的一系列活动。财务组织的任务就是建立有序、高效的运作体制。纵观财务组织的发展历程大致可以分为五个阶段：即初级阶段、成长阶段、规范阶段、功能扩大阶段和国际化阶段，每个阶段关注的焦点和采取的控制手段都有所不同，因此在每个阶段对于财务的角色定位以及财务人员的要求也会有所不同，具体如表2-3所示。

1962年，美国的组织理论专家阿尔弗雷德·钱德勒深入研究美国100

表 2-3 财务组织的发展历程

发展阶段	期间	关注焦点	控制手段	财务人员要求	财务角色定位
初级阶段	19 世纪以前	钱物管理	会计与出纳不相容职务的分离	会计基础知识	簿记员
成长阶段	19 世纪到 20 世纪 30 年代	成本核算 筹资管理 会计控制	会计制度设计 财务制度设计	会计专业知识	簿记员—警察
规范阶段	20 世纪 40~70 年代	财务预算和财务规划 内部控制	建立会计控制制度 建立预算制度	会计、财务管理等专业知识	警察
功能扩大阶段	20 世纪 80~90 年代	内部控制 预算管理 公司治理	建立并逐步完善内部控制系统	会计学、管理学等综合知识	业务合作伙伴
国际化阶段	21 世纪	战略管理 全面预算管理 综合绩效管理 内部控制与全面风险管理	建立财务预警系统 完善战略—预算—绩效良性循环系统	会计学、经济学、管理学、投资金融等综合知识	价值管理者

多家公司长达 50 年的发展情况，出版了《战略与组织结构》一书，提出了组织结构因战略而异的观点，开创了企业战略与组织结构关系的研究。此后，西方学者威廉姆森等不断丰富和发展阿尔弗雷德·钱德勒的理论，使公司内部管理的组织形态更加系统化、规范化。实践证明，战略与组织结构的有效结合是企业生存和发展的关键要素，企业的成功在于制定适当的战略以达到其目标，并建立适当的组织结构以贯彻其战略。所以尽管组织结构与战略之间的关系十分复杂，但是阿尔弗雷德·钱德勒率先提出的"组织结构跟随战略并必须服从战略安排"的思想仍是组织工作不可变更的重要原则。组织结构与战略的关系可归纳如下：第一，战略规范着组织结构的形式；第二，只有当组织结构与战略相适应时，才能成功实现组织目标；第三，组织结构影响战略的实施；第四，组织如果在结构上没有重大改变，则很难改变实质；第五，科学的组织工作能够支持组织战略的顺利实施，支撑组织的成长（汤谷良，2005）。在实际的企业经营管理中，既定的组织结构一定程度上会对战略的制定和实施起限制作用。首先，在规模稍大的企业中，重要的知识和决策能力分散在整个公司当中，而并非集中于高层管理人员。企业的组织结构将决定基层的决策者将以什么样的流程把信息汇集在一起为公司战略决策服务。其次，企业的组织结构还会影响战略实施的信息传达到高层的效率，从

而影响高层管理人员对战略实施的评价，并进而影响对公司战略的修正。因此，企业必须根据外界环境的要求去制定战略，然后根据新的战略来调整原来的组织结构，只有使组织结构与战略相匹配，才能成功实现企业的战略目标。与战略不相适应的组织结构，将会成为限制、阻碍企业战略实现的重要力量。随着以研究组织效率、组织分工和集权管理为主导的古典组织结构理论向以研究人的心理和行为、决策支持、沟通和协调、集权与分权相结合为主导的现代组织结构理论的发展和演进，常见的组织结构类型包括：职能式组织结构、事业部式组织结构、矩阵式组织结构和多维立体式组织结构。在不同的企业组织结构下，财务部门的设置、财务部门发挥的作用都有所不同，具体如表2-4所示。

在 IBM 的报告中 Colin Powell（2007）提出，只有整合财务组织才能应对全球化竞争和全球化风险。整合财务组织要有全球统一的标准、标准化的账表、统一的数据以及标准化的流程。目前在全世界范围内，只有不到 1/7 的企业采纳上述四种标准来支配和管理企业财务组织的整合问题。实现集团范围内财务整合的企业组织在调整财务部门以适应企业业务、识别及执行增长战略、持续流程改善三个领域绩效差异十分明显。为了更好地支撑公司战略转型，实现资源优化分配的目标，财务组织应有计划地统一制定财务流程与制度，进行财务组织结构设计及职责界定，帮助组织人员学习新的技能，改变组织人员的思维方式，并配置支持转型过程的技术和基础设施。目前在中国，财务组织仍主要扮演合规和控制等传统的角色，在公司最高会议上占有一席之地、参与审计委员会、为公司决策出谋划策或成为企业管理团队核心成员的比例较低，且财务组织为公司决策提供定量数据的比例也较低。为了积极推进管理模式转型，更有效地保障经营目标的实现，财务组织应在下列方面不断改进：①与业务部门协作，强化可持续增长能力；②优化决策支持，实现效率和效益的统一；③除了合规性以外，采取更多的预防措施，强化风险管理能力。总之，管理增长是规划企业的增长速度，保持公司速度与耐力的平衡；追求盈利是确保公司运营、规模增长对股东盈利的持续支撑；风险管理是从制度上保障企业的控制力、信息畅通，尤其是资金链的安全与效率（Andrew Black，Philip Wright，John Davis，2001）。这三者关

表 2-4 不同组织结构类型中财务组织的性质优劣势比较

组织结构类型	图示	财务部门设置	优势	劣势	管理形式
职能式	 1.职能式结构 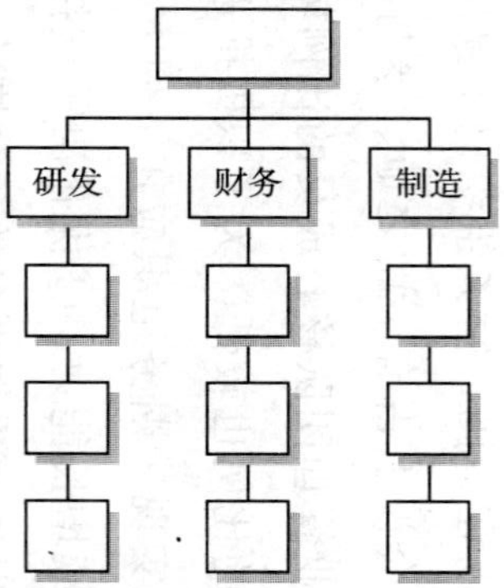	基于职能设置财务部门	财会专业化管理；避免资源重复配置；降低管理费用	视野狭隘，职能部门各自为政；财务部门和其他职能部门之间协调性差	集权管理
事业部式	 2.事业部式结构 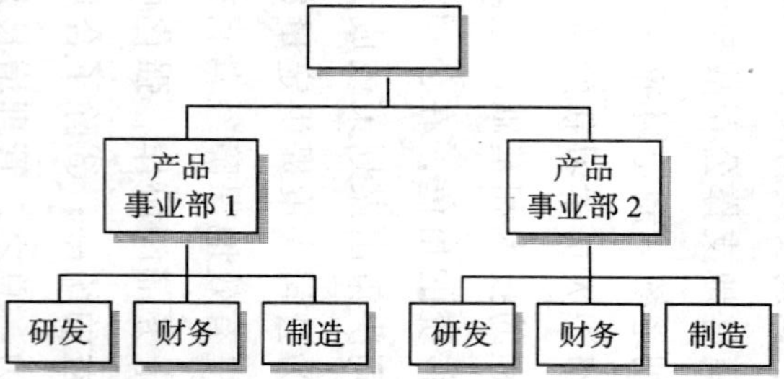	基于产品类别或地区设置财务部门	各个事业部履行财会职能，事业部之间财会部门的协调工作减少	财会部门设置重复，资源浪费	集权领导下的分权管理

续表

组织结构类型	图示	财务部门设置	优势	劣势	管理形式
矩阵式	3. 矩阵式结构 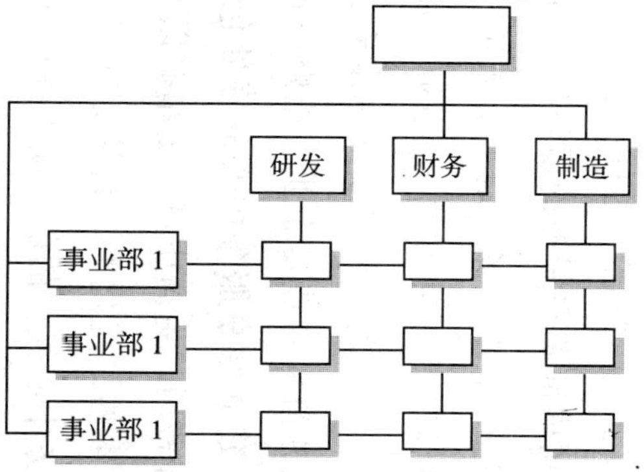 （研发、财务、制造，事业部1、事业部1、事业部1）	基于事业部（或项目、产品）和职能来设置财会部门	有利于财会部门与其他部门之间沟通和协调，团队合作优势互补，资源利用率高	多头管理可能导致效率降低；财务组织结构稳定性差	分权管理
多维立体式	4. 多维立体式结构 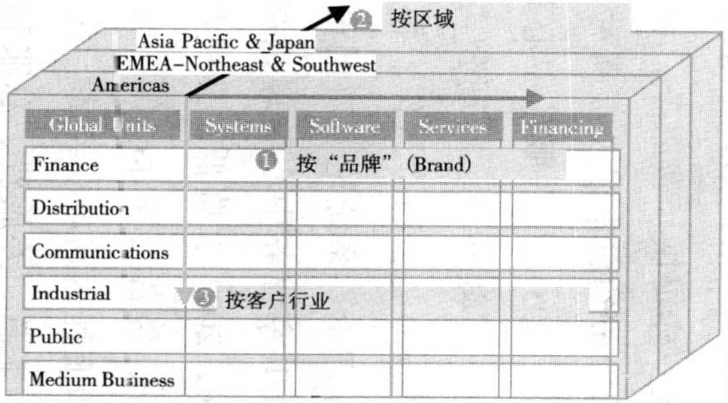 ① 按"品牌"（Brand）② 按客户行业 ③ 按区域 （Global Units, Systems, Software, Services, Financing；Finance, Distribution, Communications, Industrial, Public, Medium Business；Asia Pacific & Japan, EMEA–Northeast & Southwest, Americas）	基于三个或以上要素设置财会部门	有利于培养复合型会计专业人才；有利于企业资本投资预算	财务组织控制、沟通和协调难度加大	分权管理包括三类管理机构：一是按产品（或品牌）划分的事业部，是产品利润中心；二是按职能划分的专业参谋机构，是专业成本中心；三是按地区（或区域）划分的管理机构，是地区利润中心

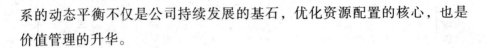

系的动态平衡不仅是公司持续发展的基石，优化资源配置的核心，也是价值管理的升华。

三、财务执行管理

世界著名管理学家彼得·德鲁克曾经说过："管理是一种实践，其本质不在于知，而在于行；其验证不在于逻辑，而在于成果；其唯一的权威说明就是成就。"2003 年，拉里·博西迪与拉姆·查兰的《执行》中文版面世，带来了"执行"这个广受关注的话题，告诉我们"执行"是如此重要，也使我们真正意识到企业的"执行"是一种问题，一种系统。所以企业财务转型的成功实施需要建立完善的财务运行体系，基于战略导向不断提升财务管理运作能力，为企业的发展提供强有力的支撑。完善财务运行管理应从以下几个方面入手：

（一）财务共享

通过实施财务流程再造和财务供应链整合，建立财务共享服务中心。所谓共享服务中心（Shared Service Center，SSC），是指"将非核心业务集中到一个新的半自主业务单元，这个业务单元就像在外部市场竞争的企业一样提供计费服务，设有专门的管理机构，目的是提高效率、创造价值、节约成本以及提高对母公司内部客户服务的质量"。（Bryan Bergeron，2003）共享服务中心是通过一个或者多个地点对人员、信息、流程进行有效整合，实现公司内各流程标准化和精简化的一种创新手段，也是企业整合财务运作、再造管理流程的一种崭新的制度安排。价值链管理理论、系统论、协同论和业务流程再造是企业实施财务供应链整合建立共享服务中心的理论基础。建立共享服务中心的好处包括（Cedric Read，2003）：降低总费用和管理费用；更高质量、更精确以及更及时的服务；经营流程标准化；营运资本的最优化等，其核心在于通过整合资源和流程达到规模经济。共享服务中心提供的前十项服务包括应付账款、应收账款、差旅费、总账和合并报表、工资、固定资产、现金管理和司库、员工福利和奖金、信贷和收款、财务分析和报告等（Andersen，2001）。规范、大处理量以及非关键的财务交易流程仍然占据着通过共享服务中心所提供的大部分服务，同时共享服务中心也提供典型的非财务服务，如薪酬和收益、信息技术操作、供应或支持以及订单流程等。实施财务供应链整合，建立共享财务中心可以实现人员、信息、流程（业务流程、会计流程、管理流程）的有机整合，创造和提升企业价值。据有关机构统计，目前全球 70% 以上的 500 强企业正在应用共享服务，90% 的跨国公司正在实施共享服务。这些企业通过实施共享服务实现了显著的成本降低：在美国成本平均降低水平达到了 50%；在欧洲成本平均降低水平则为 35%~40%（ACCA Research Report，2002）。

（二）价值管理

美国著名经济学家汤姆·科普兰和蒂姆·科勒（2003）明确提出企业价值源于它产生的现金流量和基于现金流量的投资回报能力。企业价值是企业一系列经营决策活动的结果，理解这个结果固然重要，但还远远不够。要真正实现企业的价值创造和价值增值，需要从经济定义的角度明确企业价值的驱动因素，并对这些因素进行有效的管理。企业价值的驱动因素包括：①现金流量。公司的价值取决于未来的现金流量，而不是历史的现金流量，因此需要从本年度开始预测公司在竞争优势持续期间的现金流量。准确预测现金流量需要预测者对公司所处的宏观经济、行业结构与竞争、公司的产品与客户、公司的管理水平等基本面情况和公司历史财务数据有比较深入的认识和了解，熟悉和把握公司的经营环境、经营业务、产品与顾客、商业模式、公司战略和竞争优势、经营状况和业绩等方面的现状和未来发展远景预测。从企业的整个管理过程来看，现金流量的产生主要取决于投资管理过程。②资本成本。在运用贴现现金流量模型对公司价值进行评估时使用的是加权平均资本成本这一概念。加权平均资本成本是公司融资决策的依据和结果，与公司价值呈反向变动，所以是驱动公司价值的一个重要因素。③竞争优势持续期间。任何公司经过一段时间的快速增长后，都会进入增长速度等于或小于经济平均增长速度的成熟期。当公司的资本投资回报率大于资本成本，即存在超额利润时，高速增长能提高公司价值；另外，某一领域的超额利润会吸引竞争者进入，导致竞争加剧，最终导致高速增长期的结束。因此要延长高速增长期，公司必须建立并提高进入壁垒和竞争优势，并采取必要的措施延长竞争优势的持续期间以提高公司价值。竞争优势的建立和保持需要公司以战略体系落地为目标，推进由"SBP（战略、预算、绩效）"三者构成的闭环反馈良性循环系统，建立战略"三维度"（盈利、成长、风险）预算管理模型，形成战略驱动的卓越绩效管理模式。总之，企业要想实现价值创造和价值增值需要以加强财务风险管理、倡导财务理念与文化管理、提升财务业务信息整合管理作为基础和保障；通过有效的投资决策和成功实施来增加现金流量；通过科学合理的融资决策来降低资本成本；形成由战略管理、预算管理和绩效管理三者构成的闭环良性循环系统，实现盈利、增长和风险的有机统一，来延长公司获得竞争优势的持续期间。

（三）财务报告

随着相关利益者越来越关注企业财富和价值的创造，越来越关注企业未来的成长以及企业未来长远的竞争、生存与发展能力，对企业财务信息的需求愈发迫切，因此财务报告与决策支持体系亟待完善。美国会计准则委员会在 1980 年发布的财务会计公告中提出，会计信息首先应满足"效益＞成本"这一普通性约束条件，其次对于使用者要具有可理解性和决策有用性，而相关性和可靠性是针对决策的首要质量，其中相关性包括预测价值、反馈价值和及时性，可靠性包括可核性、中立性和反映真实性。我国在《企业会计准则》中也规定，信息质量的两个重要特征是信息的相关性和可靠性。因此，理想状态下的会计信息应同时具备相关性和可靠性，而可靠性是基础，是中心，是会计信息的灵魂（葛家澍，2003）。因此，企业应建立财务信息质量确保机制来不断提高对外财务报告的财务信息质量。而决策支持主要指通过完善内部管理报告为企业战略提供财务评价、为管理层及经营者提供经营预测的模型和工具、为管理层提供动态的预算、预测信息和实时的经营信息。Read 和 Scheuermann（2003）提出决策支持流程分为六个阶段：即战略评估（评估企业战略能否为股东创造价值）、经营分析与风险评估（评价经营措施是否有助于战略目标实现）、规划与预测（阶段性计划）、会计与合并报告（财务信息传递）、业绩报告（各分部或经营单元的绩效考核）、认知与反馈（重要业绩指标的推广、内部信息共享与交流）。总之，企业应致力于统一数据口径，整合业务、统计与财务信息，加强财务数据分析与预审工作，重点关注对资本市场披露、对集团上报的重要数据，加强数据预审，保证数据披露质量。运用报表盈余管理改善外部披露信息，实现自定义管理需求，通过报表系统自动生成标准的定制管理报表，深化月报审核和重大事项报告制度，强化预防机制，完善财务报告制度，减少会计差错。满足预算管理、管理报告和成本管理对核算信息的要求，定期生成标准的内部报表。通过不断完善对内财务报告体系，发挥决策支持作用。

（四）财务创新

创新是一种适应，适应内部环境和外部环境；创新是一种超越，超越自己，超越同行；创新是一种态度，偶尔的创新是常见的，持续性、系统性的创新是非常不易的。财务创新的前提是要有高度敏感的市场意识，锐意进取、敢于突破的传统思维，始终关注国家政策和宏观经济走势，识别有效需求并迅速采取行动。财务创新主要包括文化创新、制度创新、目标创新和内容创新等方面。其中，以财务理念为核心的财务文化创新是前提和保障。理念作为一种态度、行为准则，是无形的；财务人员每天面对的会计制度、会计准则是有形的；但是面对同样的制度、准则，财务处理思维不同，最终结果也不同，"理念决定道路、理念成就结果"，企业最高形态的竞争，就是以理念为核心的企业文化的竞争，任何一个优秀的企业都有优秀的企业文化。因此企业财务转型首先需要从理念入手营造以价值为核心的学习型财务文化。财务团队理念决定了企业财务团队的角色定位和财务价值。随着财务理念的转变，财务角色及定位将从"账房先生"、"警察"、"业务合作伙伴"向"价值创造者"发展，这对于财务人员来说是巨大的挑战，成为价值创造者对财务人员的要求是能够为公司提供有价值的贡献和指导、处于有利位置集中控制和跟踪已达成共识的行动、绝非消极的只关注数字和控制活动。因此，企业就必须在财务理念转型的基础上对财务团队建设和财务人才培养体系的构建予以足够的关注，打造面向国际化的多层次财务人才体系，只有这样才能支撑财务转型的成功实施。

四、财务基础管理

财务基础管理主要包括财务流程与制度、财务组织与财务人员、财务信息系统管理三个方面（Andrew Kris，Martin Fahy，2003）。

（1）财务流程再造。面对信息技术和业务流程重建的挑战，基于帕乔利的会计理论发展起来的财务部门的工作流程已经不再适应网络时代财务运作信息化的实际情况，美国注册会计师协会主席罗伯特·梅得理克（Robert Mednick，2002）指出："如果会计行业不按照 IT 技术重新塑造自己将可能被推到一边，甚至被另一个行业——对提供信息、分析、签证、服务有着更加创新视角的行业所代替。"因此，用流程再造的思想指导财会人员重塑并控制财务流程具有重要的实践价值。财务流程再造包括简化、标准化、共享服务和外包四个逐步递进的阶段，这也是世界级企业业绩改变的过程（Cedric Read，2003）。当公司在集团范围内实现了简化和标准化两个阶段后，就朝着共享服务中心迈进了一大步，每一步都会给公司带来更多的利益，但同时也意味着更多的变革和更多需要克服的障碍。在企业集团资产规模膨胀、资金链条拉长、地域分布广泛等因素的驱动下，通过财务流程再造进行资金集中财务共享成为企业管理的迫切需求。这种需求自然会推动技术和系统的创新和发展，同时也对企业组织变革、人员能力转变、管理能力提升带来强烈的影响。

（2）财务人员再造。随着以财务数据业务化、财务核算集中化、财务业务一体化为基本特征的财务变革的实施，对财务人员提出了转型和再造的迫切要求。托马斯·沃尔瑟在《再造金融总裁》一书中指出财务总监职能包括五个方面：①合作与整合：将财务与业务合作，财务活动与业务活动整合，成为绩效报告、定价和产品开发的重要参与者。②战略分析：通过价值链分析使 CFO 在企业战略投资、竞争对手分析、经营核心过程评价、战略实施方面发挥重要作用。③管理控制：将财务行动与经营战略紧密结合，从仅关注财务报表到更加关注企业价值链分析，保障产品和服务的价值传递。④成本管理：提供多维度的合适的成本信息，并创造一个有利于成本控制和成本削减的环境。⑤体系与过程：设计有效的运营运作流程和财务体系框架，提供价值增值和整合性支持。玛格丽特·梅在《财务职能转变与公司增值》一书中提出财务总监职能转变包括七个方面：①展现以客户为中心、以服务为导向的能力；②应对信息技术发展的挑战；③由记账职能转向增值职能；④财务与业务的集成；⑤引入综合绩效评价标准；⑥制定整合信息战略；⑦价值管理。德勤公司则提出财务总监职能转变包括五个方面：①将市场和竞争转化为动态战略与愿景规划；②将战略转化为切实可行的目标、策略与业务计划；③建立合理的管理架构、优化财务流程、构建信息系统；④面向经营提供服务与决策支持；⑤引导核心财务目标的实现与绩效评估。在企业管理活动中，财务部门主导信息流和资金流的价值管理，其职责是构建全面实时的价值评价体系，从各个业务点及时获取价值流信息，集中处理后及时反馈给相应决策者，并根据价值流信息统筹监管企业资金的流向与流速等。综上所述，财务转型要求财务人员不断提升各种能力，包括核心能力（财务战略管理能力、系统能力、沟通协调能力）、专业能力（现金流管理能力、战略成本管理能力、资产管理能力、预算管理能力、财务分析能力）和综合能力（IT信息化管理能力、价值链管理能力、风险控制与管理能力、职业道德控制能力）。

（3）财务系统管理。企业应在管理、制度与技术融合的基础上，形成战略型财务管理信息系统。一方面，针对财务会计与管理会计不同属性构建相应的综合管理体制，并解决二者如何适应不同信息需求者方面存在的矛盾与分歧；另一方面，作为集成性财务管理信息平台，战略型财务管理信息系统不仅包括财务管理信息模块，还包括对业务管理信息模块的集成。战略型财务管理信息系统可以实现（林洪美，2010）：①服务支持前置化。通过系统端口前置，构建开放式信息平台，实现财务服务前置化，从预算编制环节到预算执行、分析、考核整个管理循环，业务部门均可在信息平台录入相关数据，查询所需信息，财务信息实时、公开、透明。服务支持前置化拓展了财务服务领域，提升了财务服务水平，通过集团公司财务业务的协同管理创造价值（Robert S.Kaplan, David P.Norton, 2006）。②决策支持信息化。通过不断完善对外财务会计和内部管理会计报告体系，提供更多的财务信息和非财务信息，并为不同信息使用者量身定制各种信息，使其对财务业务经营绩效一目了然，满足不同层级管理者的信息需求，提高决策信息质量，为集团公司决策系统提供有力的信息支撑。③财务管理集成化。通过信息平台建设，实现以"目标管理、预算管理、成本管理、绩效管理、风险管理"为内容的财务监控体系的信息化集成，凸显财务管理集成效应，构建集团公司战略管理平台。④管理流程控制标准化。将集团公司财务管理制度体系移植至信息平台，进行标准化运营与管理，使公司财务管理制度不会因人而异、因时而变。

总之，我国电信运营企业基于战略视角的企业财务转型需要逐步建立起以企业发展战略（Strategy）为导向，以优化配置财务资源（Resource）为核心，以强化全面风险管理（Risk）为保障，以持续创造企业价值（Value）为目标的财务集中管控模式。

第二部分 方向篇

第三章

我国电信运营企业实施财务转型的现状与问题分析

第一节　问卷发放、样本特征与分析方法

　　问卷调查研究是财务学和金融学的重要研究方法之一，取得的研究成果十分丰富。为了深入了解我国电信运营企业实施财务转型的现状，我们自 2007 年 6 月~2008 年 4 月对电信运营企业的部分企业经理、财务经理和财务人员进行了问卷和访谈。访谈对象包括：北京网通、河南网通、重庆移动、吉林电信和北京联通的部分企业经理和财务经理。问卷对象包括：四大电信运营企业的部分企业经理、财务经理和财务人员。截至 2008 年 3 月，我们总共发放了 250 份调查问卷，其中有效问卷 150 份，问卷有效回收率为 60%，涉及中国移动、中国电信、中国联通和中国网通（四大电信运营企业）。被调查对象中，中国移动占总人数的 26%，中国电信占总人数的 25%，中国联通占总人数的 24%，中国网通占总人数的 25%；被调查对象中，16%属于企业经理，60%属于财务部经理和总会计师，24%属于企业财务人员；被调查对象中，高层管理者占总人数的 18%，中层管理者占总人数的 67%，基层管理者占总人数的 15%；被调查对象中，拥有硕士学位者占总人数的 69%，拥有学士学位者占总人数的 23%，拥有博士学位者占总人数的 8%。问卷设计的问题包括单选、多选和评级三类。问卷主要通过 E-mail、邮局寄发以及培训课后发放等方式进行，问卷回收后，由专人负责整理、录入和复核。为了全面反映问卷的调查结果，深入了解和揭示我国电信运营企业实施财务转型的现状与问题，问卷分析通过描述性统计分析进行。我们对问卷涉及的问题总结为 10 个方面，进行描述性统计分析，以准确揭示问卷的全貌。鉴于问卷中的评级问题答案赋值分为 1、2、3、4、5 五个等级，因此，在描述性统计分析中，我们主要对问题以及选择的结果采用百分比的方式进行直观描述，对评级题附以均值（极大值为 5）反映样本的

平均状态，并且对于所有的问卷调查结果都按照降序进行排列。

第二节　我国电信运营企业实施财务转型的现状与问题分析

一、财务管理目标：亟待提升和改进

　　财务管理目标是指企业理财活动所希望实现的结果，是评价企业理财活动是否合理的基本标准（荆新，2003）。它是财务管理理论体系中的基本要素和行为方向，也是财务管理实践中进行财务决策的出发点和归宿。合理的财务管理目标有助于理财人员进行科学财务决策，有助于日常理财行为的高效和规范化，同时也有助于理财人员树立科学的理财理念。目前国内常见的公司财务管理目标主要包括：记账算账、市场占有率、收入成长、利润、投资报酬率、现金流量、价值最大化、社会责任。从本次问卷调查结果可知，52%认为公司财务管理的目标是利润最大化，47.33%认为公司财务管理的目标是价值最大化，44.67%认为公司财务管理的目标是收入最大化，只有7.33%认为公司财务管理的目标是履行社会责任。这说明电信运营企业的财务管理目标处于较低的位置，需要从观念转型入手，营造以价值为核心的财务文化。

　　公司价值最大化是电信企业理财目标的优化选择，该目标处于总体目标中主导目标的位置。但是，也不应忽略对主导目标起作用的辅助目标的确立。由于电信企业属于公众服务业，处在大的社会环境里，倍受社会各方与公众的关注。因此，履行社会责任也是公司理财的总体目标之一，并且从长远来看，企业履行一定的社会责任与企业价值最大化的目标并不相悖。社会责任的履行确实会耗费企业一定的资源，提高企业的经营成本，但从长远来看，这种资源的耗费有助于企业树立良好形象，为电信企业的可持续发展奠定基础。

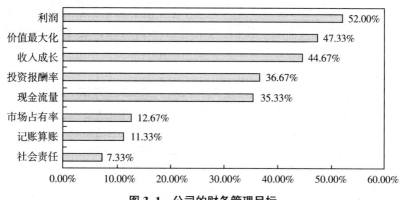

图3-1　公司的财务管理目标

二、财务管理功能定位：向战略型财务迈进

目前业界比较认可的财务管理功能定位包括战略型、管理型、综合型和核算型四种。从本次问卷调查结果可知，56.67%认为公司目前财务管理的功能定位是管理型，29.33%认为公司目前财务管理的功能定位是战略型，13.33%认为公司目前财务管理的功能定位是综合型，只有0.67%认为公司目前财务管理的功能定位是核算型。对于电信运营企业这样的大型央企来说，财务管理的功能定位应该向战略型财务逐步迈进。以公司战略和经营战略为导向制定具有前瞻性的财务战略，促进公司的可持续发展。

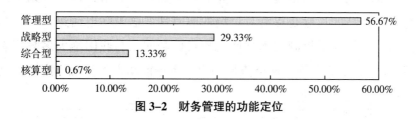

图3-2　财务管理的功能定位

战略型财务的"战略"二字，主要体现在：改善基本财务作业流程、提供高附加价值的经营业务分析、公司风险与机会的管理、绩效管理的建立和完善、公司价值管理、财务评估与控制，以及战略与业务计划的参与及推动。在考虑未来公司战略和经营战略的基础上，合理配置资源，进行中长期的盈利规划，把握和支撑公司未来的发展。从本次问卷

调查结果可知，对公司风险与机会的管理（51.33%）以及公司价值管理（50.67%）重视程度较高，但对于改善基本的财务作业流程（15.33%）重视程度较低。对于国企改制上市的电信央企来说，这才是公司成功实施财务转型的前提和保障。

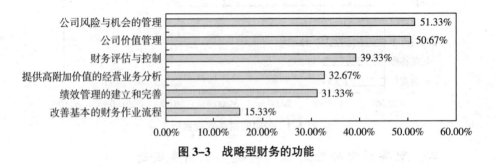

图 3-3　战略型财务的功能

三、全面预算：尚处于优化阶段

全面预算应该处于承上启下的地位，从目标利润出发，以预测和决策的结果为根据，是预测和决策的延续，同时又是控制的先导和考核业绩的前提。所以，全面预算主要和目标利润、成本管理和控制、绩效评价、现金流量和市场前瞻性有关。从本次问卷调查结果可知，53.33%认为公司推行全面预算管理的目标是目标利润，44.67%认为公司推行全面预算的目标是管控成本，40.67%认为公司推行全面预算的目标是绩效评价，31.33%认为公司推行全面预算的目标是现金流量，24.67%认为公司推行全面预算的目标是提高对市场的前瞻性。这说明电信运营企业的全面预算主要是为了控制成本从而实现目标利润（与我国绝大多数国有企业相同），对业绩评价、现金流量和提高市场前瞻性的重视程度还不足。

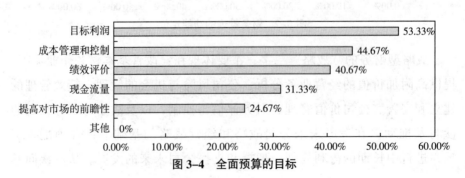

图 3-4　全面预算的目标

在全面预算实施过程中，预算编制是一个非常重要的基础环节，如果预算编制质量不高，全面预算管理的作用和功能就会大打折扣。编制全面预算的主要方法包括：固定预算、增量预算、零基预算、弹性预算、滚动预算和作业预算。从本次问卷调查结果可知，52%认为公司编制全面预算使用的主要方法是滚动预算，40.67%认为公司编制全面预算使用的主要方法是弹性预算，而只有19.33%认为公司编制全面预算使用的主要方法是作业预算，15.33%认为公司编制全面预算使用的主要方法是固定预算。先进预算编制方法在电信企业的推广使用和高度重视将会逐步提升管理的精细化程度。

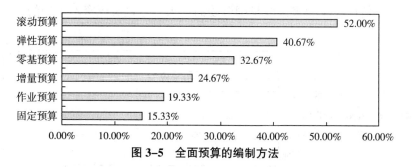

图3-5 全面预算的编制方法

全面预算管理是电信运营企业实施精细化管理的重要基础，已经成为连接战略管理与绩效管理以及落实精细管理的重要牵引环节，所以需要逐渐从成本目标控制手段向财务绩效评价工具和企业战略执行平台演进。目前，电信运营企业的全面预算已经基本从僵化阶段过渡到优化阶段，但从优化阶段迈进固化阶段将需要更多的努力和投入。

四、绩效评估：多种方法综合使用

绩效一般包括两方面的含义：一方面是指员工的工作结果；另一方面是指影响员工工作结果的行为、表现及素质。所以鲍曼和默顿维都（Borman & Motowidlo，1993）从个体的角度出发，将绩效分为任务绩效和关系绩效两个方面。任务绩效主要是指员工是否完成任务以及达到组织规定的绩效目标；而关系绩效主要是指员工在工作中与别人合作共事的程度、团队精神的好坏以及组织归属感的强弱等情况。绩效评估必须从多来源、多层面进行。绩效评估是一把"双刃剑"，好的绩效评估制度可以激活整个组织；但如果做法不当，可能会产生许多负面后果。目前公司使用的绩效评估方法包括：国有资本金绩效评价指标体系、关键业绩指标法（KPI）、360 度全方位绩效考核法、基于经济增加值的绩效考核方法和平衡计分卡。从本次问卷调查结果可知，56.67%认为公司的绩效评估在使用关键业绩指标法，20.67%认为公司的绩效评估在使用平衡计分卡，19.33%认为公司的绩效评估在使用 360 度全方位绩效考核法，11.33%认为公司的绩效评估在使用基于经济增加值的绩效考核方法。总之，对于以知识型员工为主、均已在港美两地上市的电信运营企业来说，平衡计分卡和经济增加值均应得到高度关注。并且运用经济增加值进行绩效评估对于电信运营企业来说既是国资委的要求，也是美国资本市场的压迫。

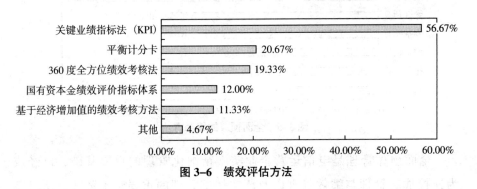

图 3-6　绩效评估方法

五、财务管理基础工作：规范化和系统化并举

基础管理是电信运营企业不可逾越的阶段，如果企业基础管理的基本功不好，市场竞争力就会大打折扣。从本次问卷调查结果可知（如表 3-1 所示），电信运营企业对财务管理基础工作关注程度较高，其中最关注统一会计核算制度，统一财务报告体系，规范业务流程，建立以会计核算为基础的会计体系，而对财会人员的培训和成本费用定额管理的关注程度稍欠。

电信运营企业需要借助内控和全面风险管理的正式实施，继续规范和加强财务管理基础工作。系统梳理管理流程，寻找漏洞和缺陷，使企业各项经营活动有制度、有记录、有流程、有标准、有监督、有控制。更重要的是，再好的管理架构也要由人来搭建，再好的制度也要由人来

表 3-1　财务管理基础工作

	均值 （降序排列）	极不重视 → 十分重视 （%）				
		1	2	3	4	5
统一会计核算制度	4.76	1.33	0.67	2.00	12.67	83.33
统一财务报告体系	4.73	0.67	0.67	1.33	19.33	78.00
统一经济业务核算规范	4.45	0.67	0.67	12.00	26.00	60.67
财会人员培训与经验交流	4.16	0.00	1.33	7.33	65.33	26.00
规范和健全成本费用定额管理	4.14	0.00	1.33	9.33	63.33	26.00

执行，所以财会人员的专业水平和综合素质直接决定着工作的效率和质量，这就要求企业采取措施不断提高财会人员的素质和水平，最终使财务管理工作走向规范化和系统化。这些都要求公司高层管理者必须高度重视和积极支持财务管理基础工作，加强内部控制建设，引导公司财务成本管理走向科学、规范、合理。

六、财务管理执行力：本质是增强领导力

拉里·博西迪与拉姆·查兰告诉我们："在大多数情况下，战略本身并不是原因，战略之所以失败关键在于没有得到很好地执行。"所以电信运营企业财务转型的成功实施需要从培育执行文化入手基于战略导向提升财务管理运作能力，成功实施"价值引导、成本管控、效益分析、需求挖掘"职能，将财务管理体系从传统核算型逐步转变为决策支持型，建立和完善财务运行体系，基于战略导向不断提升财务管理执行力，为企业的战略实施提供强有力的支撑。提升财务执行力主要包括提高公司理财能力、改善基本财务作业流程能力、财务报告模式对信息质量的保障能力、财务制度与政策的执行能力以及财务对业务的支撑能力。从本次问卷调查结果可知（如表 3-2 所示），电信运营企业财务执行力居中，其中对于提升财务对业务的支撑能力最为关注，而对于提升公司理财能力和改善基本财务作业流程能力的关注程度最低。这并不意味着公司已经转型成为战略型财务，而是由于激烈的市场竞争以及资本市场的双重压力促使电信企业快速实施财务转型，为业务发展提供决策支撑。所以，电信运营企业对于提升公司理财能力和改善基本财务作业流程能力也必须给予高度关注，因为这是基于战略导向不断提升财务管理执行力的基础。

表 3-2　财务管理的执行力

	均值 (降序排列)	极不重视 → 十分重视 (%)				
		1	2	3	4	5
财务对业务的支撑能力	2.96	0.00	1.33	2.00	48.67	48.00
财务报告模式对信息质量的保障能力	2.92	0.00	1.33	10.00	38.00	50.67
财务政策与制度的执行能力	2.92	0.00	0.00	1.33	60.00	38.67
改善基本财务作业流程	2.80	0.00	1.33	14.00	47.33	37.33
公司理财能力	2.79	0.00	1.33	16.00	45.33	37.33

七、成本管理：实现全面成本绩效管理

成本是企业所有员工选择作业活动发生的总耗费。成本可以分为已耗成本和未耗成本两类（乐艳芬，2004）。对于电信运营企业来说，已耗成本主要包括主营业务成本、营业费用和管理费用。未耗成本主要包括固定资产、存货和欠费。从本次问卷调查结果可知（如表 3-3 所示），电信运营企业对不同成本管理举措的重视程度相差较大，其中对于优化全面预算和加强欠费管理最为关注，而对于完善投资项目闭环管理体系、基于作业分配资源以及探索和试点作业成本法的关注程度较低。

表 3-3　成本管理的改进举措

	均值 (降序排列)	极不重视 → 十分重视 (%)				
		1	2	3	4	5
优化全面预算管理	4.63	0.00	0.00	1.33	34.00	64.67
加强欠费管理	4.48	0.00	0.00	6.67	38.67	54.67
建立以会计核算为基础的会计体系	4.42	0.00	1.33	2.67	48.67	47.33
财务流程的改善	4.41	0.00	1.33	8.67	38.00	52.00
加强物质资产管理	4.00	0.00	0.00	24.00	52.00	24.00
从信息技术投资中获取价值	3.96	0.00	1.33	21.33	57.33	20.00
完善投资项目闭环管理体系	3.60	3.33	3.33	38.67	39.33	15.33
基于作业而非职能部门进行资源分配	3.39	3.33	3.33	48.67	40.00	4.67
探索和试点作业成本法	3.35	4.00	4.00	49.33	38.67	4.00

由于固定资产占电信运营企业资产的比重高达 70% 以上，所以应是企业进行成本管理和控制的重点。公司须着手进一步规范固定资产管理

流程，建立完善的固定资产管理系统，对于工程项目管理要把好三个关：立项审核关、投资预算控制关、项目验收关。项目评估按照规范的步骤进行：审查（项目报告的初步调查、详细评估、分析风险、成本考察）、批准、落实、监控、项目完成后评估和审计。成本管理的基础是能够准确地进行成本计量，但是电信运营企业当前采用的成本计算方法不能准确计算每一种业务和每一类客户的真实成本和给企业带来的真实收益，所以就有必要对作业成本法进行深入探索，以便更精确地衡量产品和客户群的盈利能力，并且了解作业流程的成本信息并进行有针对性地控制，使得公司内部供应链的设计更加有效，最终致力于实现全面成本绩效管理。

八、内部控制与风险管理：建立长效机制

内部控制和风险管理是控制风险的两种不同的语义表达形式（谢志华，2007）。内部控制是指组织自身为了降低内部各层级之间代理问题而建立的一套风险控制机制。内部控制的目标是通过保证内部各层级委托代理关系中代理人信托责任的履行，进而保证组织目标实现的过程（丁友刚，2007）。而风险管理则包括风险计划、风险控制和风险应对。风险计划强调的是如何进行风险和收益组合的选择和确定，风险控制强调的是如何将风险最小化至无害水平，风险应对强调的是如何积极面对风险，三者共同构成一个完整的风险管理过程。有效的风险管理是建立有效内部控制体系的先决条件，风险的识别和对风险的应对是企业决策层的责任，并直接影响内部控制体系的设计和建立。从本次问卷调查结果可知（如表 3-4 所示），电信运营企业鉴于萨班斯法案、国资委和企业自身发展的要求，对完善内部控制和风险管理给予了高度重视，其中对内部控制认识不到位、执行监督和奖惩不力等问题重视程度较高，而对风险评估较弱、风险应对措施较少等问题的重视程度较低。这显示了电信运营企业的内部控制和风险管理长效机制的建立还处于初级阶段，需要进一步强化和完善，以为企业实施财务转型提供重要的制度保障。

总之，薄弱的风险管理和内部控制体系会：提高舞弊发生的可能、错误的财务报表、不良的公众形象、对股东价值的负面影响、招致证券监管机构制裁、诉讼或者其他法律纠纷、资产的流失、经营决策不能最

表3-4　内部控制与全面风险管理的完善对策

	均值（降序排列）	极不重视 → 十分重视（%）				
		1	2	3	4	5
信息系统与业务的衔接	4.68	0.00	0.00	8.00	16.00	76.00
内部控制认识不到位	4.52	0.67	0.67	4.67	34.00	60.00
风险监督与评价	4.13	1.33	1.33	14.00	49.33	34.00
执行监督、奖惩不力	4.11	0.00	1.33	15.33	54.67	28.67
风险管理环境尚未形成	4.03	1.33	0.67	16.00	57.33	24.67
机构设置不合理，权责不明晰	3.96	0.00	1.33	22.67	54.67	21.33
文档记录不全	3.96	0.00	1.33	18.00	64.00	16.67
风险评估较弱	3.92	1.33	1.33	22.67	53.33	21.33
风险应对措施较少	3.79	4.00	1.33	26.00	49.33	19.33

优化。而良好的风险管理和内部控制体系会：降低舞弊的可能、获得（或重获）投资者的信心、遵守法律和法规、降低资源流失的风险、以更高的质量和更及时的信息优化业务决策、暴露经营中的低效环节。

九、财务流程再造：改善业绩新途径

财务流程再造包括简化、标准化、共享服务和外包四个逐步递进的阶段，这也是世界级企业业绩改变的过程。从本次问卷调查结果可知（如表3-5所示），电信运营企业对共享服务、标准化和简化的关注程度高，而对于外包尤其是财务职能外包的重视程度低，这完全符合电信运营企业的发展阶段，意味着"集中管理、财务共享"已成为电信运营企业财务管理的核心。财务共享服务是实现公司内各流程标准化和精简化的一种创新手段，也是企业整合财务运作、再造管理流程的一种崭新的制度安排。其价值在于：通过实现数据集中，提升企业竞争能力；实现

表3-5　财务流程再造

	均值（降序排列）	极不重视 → 十分重视（%）				
		1	2	3	4	5
共享服务	4.42	0.00	0.00	7.33	43.33	49.33
标准化	4.37	0.67	0.67	8.00	42.67	48.00
简化	3.99	1.33	2.67	16.00	56.00	24.00
外包	2.87	13.33	8.00	57.33	21.33	0.00
财务职能外包	2.21	32.67	13.33	54.00	0.00	0.00

财务资源共享，促进会计核算的精确性，支持财务功能的转型；达到对资金流的实时监控目的，通过实时监控提高资金使用效率，降低运营风险。

十、财务转型实施过程：基于战略导向

从本次问卷调查结果可知（如表3-6所示），电信运营企业对财务转型实施过程中各项工作的重视程度相差较大，其中对于加强风险管理与内部控制、规范财务管理基础工作、完善全面预算管理最为关注，而对于探索作业成本管理以及积极尝试资本运营的关注程度较低。

表3-6　财务转型的实施过程

	均值 （降序排列）	极不重视 → 十分重视 （%）				
		1	2	3	4	5
加强风险管理与内部控制	4.83	0.00	0.00	0.00	17.33	82.67
规范财务管理基础工作	4.63	0.00	0.00	5.33	26.67	68.00
完善全面预算管理	4.63	0.00	0.00	3.33	30.67	66.00
财务业务信息系统整合	4.50	0.00	0.00	2.67	44.67	52.67
提升财务管理执行力	4.37	0.00	0.00	13.33	36.00	50.67
强化综合绩效管理	4.36	0.00	0.00	0.00	64.00	36.00
营造以价值为中心的财务文化	3.99	4.00	2.00	10.67	57.33	26.00
探索作业成本管理	3.22	10.00	8.00	32.00	50.00	0.00
积极尝试资本运营	2.87	13.33	10.67	64.00	0.00	12.00

从调查结果来看，这项调查是有意义的：①反映了中国电信运营企业实施财务转型的现状。②在一定程度上对文献资料和访谈的结果加以验证、补充和修正。③通过对问卷调查的结果进行深度和关联分析，可以发现存在的问题，为电信运营企业的财务转型实践指明可能的改进方向和思路。

第四章

我国电信运营企业实施财务转型的方向

第一节　规范财务基础管理

基础管理是企业发展最基本的条件，是电信运营企业不可逾越的阶段。如果企业基础管理的基本功不好，市场竞争力就会大打折扣。对于电信运营企业来说，财务管理基础工作主要包括财务观念转型、财务制度保障、财务人员培训、财务流程变革等方面。

一、财务观念转型

(一) 企业文化与财务文化

企业文化是以价值理念为核心的企业价值系统，及由此体现在企业的经营管理活动中，构成企业精神支柱，形成企业惯例、传统及员工自觉行为（刘光明，2001）。企业文化包括不同的文化形态：一是物质文化，包括企业产品、物质技术设备、工业水平、服务项目、环境设施等；二是制度文化，包括企业的组织制度、规章条例、奖惩措施、管理方式、仪式、人际关系等；三是精神文化，包括企业精神、价值理念、目标、宗旨、企业信誉和形象，员工专业技术素质、道德规范和行为趋向等（弗恩斯·特朗皮纳斯，2005）。企业文化内容广泛，是企业价值理念、思维方式和行为方式的总和。企业文化包括：激励功能、约束功能、形象塑造功能、导向功能和凝聚功能。企业文化的核心是企业的核心价值观，由于企业价值观是由多个要素构成的价值体系，其培育是一个长期的过程，是在企业成长的过程中不断沉淀积累的结果，是根据所从事行业的特点和外部环境的变化而不断批判和继承的结果。企业文化通过改变员工的旧有价值观念，培育他们的认同感和归属感，建立起成员与组织之间的依存关系，使个人行为、思想、感情、信念、习惯与整个组织有机地统一起来，形成相对稳固的文化氛围，以此激发组织成员的主观能动性，使企业具有极强的凝聚力和竞争力，在相互认同的工作方式和工作氛围里为共同的价值目标而努力，并实现其战略目标。由于每个组织都有自己特殊的环境条件和历史传统，也就形成了自己独特的哲学信仰、意识形态、价值取向和行为方式。于是，每个企业组织也都有自己特定的企业文化。世界500强公司胜出其他公司的根本原因，就在于这些公司善于给它们的企业文化注入活力。这些一流公司的企业文化同普通公司的企业文化相比注重四点：一是团队协作精神，二是以客户为中心，三是平等对待员工，四是激励与创新（曹海敏，2009）。企业最高形态的竞争，就是以理念为核心的企业文化的竞争。

财务文化则是在长期财务管理过程中，在财务群体中逐步形成并为大家认可、遵循，带有财务特色的价值取向、精神、道德、作风、思想意识、行为方式、规范、制度等因素的总和（裴富才，2009）。从广义讲，财务文化是人类社会在实践中创造的与财务相关的物质财富和精神财富的总和；从狭义讲，财务文化是财务人员在长期的财务管理实践中形成的财务意识形态以及与之相适应的财务管理制度和财务组织机构的综合体。财务文化包括财务物质文化、财务制度文化和财务精神文化三个层次（林洪美，2010）。财务物质文化是财务人员在财务活动中应用的方法、工具、技术和环境的总和。物质文化的塑造依赖于宣传和培训，通过"因学而治"，体现为"人治"。财务制度文化是财务人员在财务活动中应遵循的各种规章制度、纪律条例等行为准则的总和。制度文化的塑造依赖于激励和约束，通过"循法而治"，体现为"法治"。财务精神文化是在物质文化和制度文化的基础上形成的财务人员的思想意识、价值观念、行为规范和财务信仰的总和。精神文化的塑造依赖于辐射和融合，通过"无为而治"，体现为"心治"。财务文化的内辐射可以产生向心力，外辐射可以产生发散力，最终实现文化的全面融合。

"理念决定道路、理念成就结果"，所以电信运营企业实施财务转型首先需要从观念转型入手，培育以价值为核心的学习型财务文化。作为在中国香港、美国两地上市的上市公司，必须高度关注资本市场和投资者，因为上市传递着企业价值最大化的管理理念，企业价值最大化是资本市场唯一的游戏规则，资本市场会一直向企业传递价值理念，同时上市以后，更加透明的信息披露，也能够促使企业不断增加价值，并逐步以收入、利润导向向以现金流、企业价值导向转变，最终塑造和培育学习型财务文化。另外，电信运营企业成功实施财务转型还需要塑造一种把事情做到最好的执行文化。执行文化包括四个方面（胡泳，2006）：一是执行目的，就是要完成任务，实现年度指标；二是执行动力，就是要发挥全员积极性，包括理想信念、价值观、员工职业生涯设计、提升人力资本价值、3%的淘汰机制等方面，要由仅仅依赖领导者的个人魅力向依赖团队的整体执行力转变；三是执行过程，就是要准确理解和把握上级的战略意图和目的，但不能局限于某种僵化的形式和手段；四是执行结果。电信运营企业需从培育执行文化入手基于战略导向提升财务管理运作能力，成功实施"价值引导、成本管控、效益分析、需求挖掘"职能，将财务管理体系从传统核算型逐步转变为决策支持型，为企业的发展提供强有力的支撑。总之，财务理念与财务文化决定了企业财务团队的角色定位和财务价值。

（二）财务角色转换

过去几年，IBM 对全球范围内的部分进行财务转型的企业集团进行了调研，发现以转变财务角色为目的的占到了绝大多数，具体如图 4-1 所示。

随着财务管理观念的转变，财务角色将从"簿记员"、"警察"、"业务合作伙伴"向"价值创造者"发展，这对于财务人员来说是巨大的挑战。从过去的实践经验来看，不同国家的 CFO 在企业中扮演的角色有所不同：对于欧洲公司的 CFO，成本控制是重点，更多扮演总会计师的角色；对于美国公司的 CFO，设计和实施公司战略，进一步寻求公司发展的良机，扮演价值创造者的角色；对于日本公司的 CFO，负责财务战略的制定和实施，进一步提高公司价值，扮演业务合作伙伴的角色；而对于中国公司的 CFO，主要负责财务战略的制定和财务管控，多扮演警察和业务支撑的角色。电信运营企业作为在中国香港、美国两地上市的上市公司，对财务角色的定位应如图 4-2 所示。

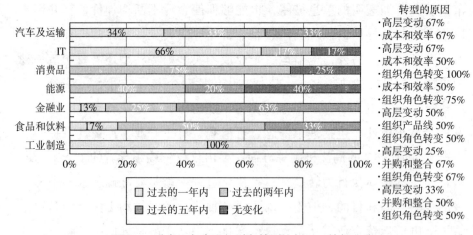

图 4-1　过去 5 年内进行财务转型比例——按行业分

资料来源：IBM Knowledge View。

财务信息的维护者与高效处理者	财务政策程序的规范人	业务的合作伙伴	业绩管理团队的关键成员	内控及风险管理大师	资金管理与理财顾问
按照标准的流程对经济活动进行准确的交易处理，及时整理面向投资人、税务与政府部门、债权人等法定或外部会计报表。针对管理需求进行多维度的成本管理会计核算，对财务与相关业务信息进行加工和再整理	制定各项会计核算、财务管理政策与管理办法，制定内部控制框架、财务交易处理的流程、系统和机制	为决策层和业务部门提供及时高效的成本管理报告、财务与成本分析、业务活动、经济性测算与评估、多维度的盈利能力分析；帮助评估新投资、新项目、价格分析、纳税筹划策略、预算平衡、财务计划等决策支持服务	准确地分析集团的价值动因，定义财务类的关键业绩指标，帮助评估企业整体业绩，分析差异原因，提出应对措施	严格履行统一规范的内控制度及政策，坚守财务业务流程中的内部控制职责，帮助决策层控制经营风险和财务风险	测算与控制资金成本，提高资金利用效率，管理流动性等金融风险，支持资本运作分析，最佳匹配和计划投融资与现金流量，进行低风险的资金短期运作。进行纳税筹划，确保税务遵从

图 4-2　财务组织的角色

（三）财务职能定位

现代企业集团的财务职能通常划分为集团专业财务、营运支持和会计核算三个层面。而国际最佳经验则是包括集团专业财务（集团战略的参与者、政策制度的指南者、公司价值的创造者）、营运支持（政策制度的执行者、业务决策的支持者）和财务服务平台（会计报表的生产者、财务数据的提供者）三个层面（如图 4-3 所示）。随着财务角色的演变，电信运营企业财务工作重心和精力也将发生重大转移，财务管理花在核算和编制报表上的时间越来越少，而花在有效培育和配置财务资源，处理与财务相关的各种管理关系，进行资金盈利管理，以及提供有价值的贡献和指导等方面的时间将越来越多。对于电信运营企业这样的大型央企来说，应该不断借鉴学习国际最佳实践经验，财务管理的功能定位向战略型财务逐步迈进。以公司战略和经营战略为导向制定具有前瞻性的财务战略，促进公司的可持续发展，实现持续的价值创造。

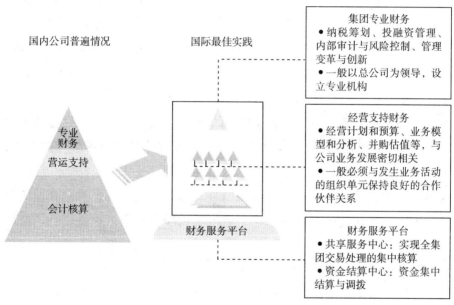

图 4-3　企业集团的财务职能

资料来源：IBM Knowledge View。

电信运营企业实现财务角色转换和财务职能提升有三个关键（杨国光，2006）：一是有效发挥出资人财务、集团专业财务、经营支持财务和财务服务平台的作用，实现多方利益的平衡，而不能仅仅停留在会计信息的记录、反映和控制层面。二是财务管理必须融入企业战略管理的全过程。在战略分析阶段，通过标杆管理，准确分析公司发展目标；在战略选择阶段，为确定业务组合、发展新业务提供财务敏感性分析等科学方法，揭示财务风险，评估业务机会的价值创造能力；在战略规划阶段，将战略目标落实到具体的财务规划和年度预算中，积极引导价值管理；在战略实施和控制阶段，通过绩效管理，落实战略实施要求，提出战略改进建议，建立现代财务管理体系。三是在以产品和业务创新为先导的商业模式创新中，充分发挥财务管理的目标导向、支撑服务和流程管控作用。

二、财务制度保障

(一) 以完善财务治理为手段，建立规范的两权分立的财务组织架构

企业组织结构变革是企业内部管理适应经济发展和市场竞争、保障成功实现战略转型的必然要求。企业的财务治理结构是企业治理结构的核心和重要组成部分，是内含于企业治理中关于财权配置的制度安排，涉及财务的决策权、控制权和监督权，必须纳入企业治理结构中去研究、运行和创新。财务治理结构从两方面影响企业治理（杨国光，2006）：一是形成特定的财务结构（广义和狭义的资本结构）；二是形成财务激励和约束机制，从制度上影响企业治理。资本结构是财务治理结构的基础，激励约束机制建设是财务治理结构的内核。要通过完善财务治理结构，通过财权的合理配置，形成有效的财务激励与约束机制，推动企业组织结构的变革，优化公司治理结构，有效平衡国有出资人、投资者、经营管理者、员工、合作伙伴和其他利益相关者之间的关系，调动多方积极性，更好地适应企业战略转型的要求。

电信运营企业应以完善财务治理为手段，建立规范的总会计师和财务经理两权分立的财务组织架构（如图4-4所示），以推进公司治理和组织结构变革。在这种组织结构下总会计师主要负责财务会计（对外提供三大报表）、成本管理会计（对内提供成本管理信息）、税务会计（税务筹划、税务报表、纳税、与税务保持良好关系）、数据处理（财务信息系统）等工作，而财务经理主要负责现金管理（现金持有管理、现金预算管理、集团内部现金统一管理、现金流量管理）、短期投资管理（短期有价证券管理）、存货管理和应收账款管理（欠费管理）、资本预算管理、资产管理与经营、财务分析（进行内部管理和价值投资）、融资决策与资本结构管理、股利政策（是否发放股利，发放股利的数额、时间和

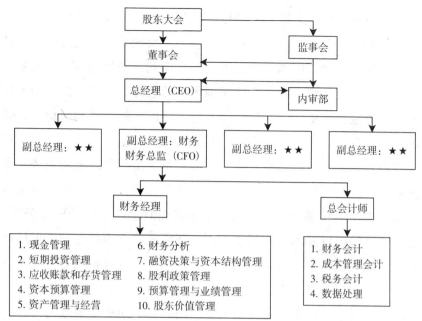

图4-4　电信运营企业财务管理的组织结构与核心内容

形式）、预算管理与业绩管理、股东价值管理等工作。总之，总会计师的主要职能是对外提供三大报表和对内进行控制和管理，而财务经理的主要职能则是管钱。财务经理的一举一动在总会计师的簿记一边得到记录，通过财务会计编制三大报表予以反映，通过成本管理会计进行核算分析从而达到控制、监督和促进的目的。

（二）统一会计核算制度，规范业务流程，建立以会计核算为基础的会计体系

会计核算是财务管理的基础，因为它是公司财务信息的唯一源泉，它不仅是一个理论问题，更是实践过程，而且也是财务集中管理的基础。实行统一、规范、标准的会计核算流程是所有一级法人和会计核算主体的一个共性问题，所以对电信运营企业也不例外。经济核算单位的基本特征就是经济行为价值链的重复运动，而连接这一运动的主线就是以会计核算为前提。现代企业制度是建立在信息化发展的基础上，其会计信息的集中已不成为问题，重要的是如何对集中数据过程进行规范和控制以及提取方法的设计。无统一的规范基础，无适时的会计信息收集和反映系统，无严密的内部控制制度，就不能保证会计信息的真实可靠。

　　上市公司会计信息最大的特点是公开、透明，其会计政策也是公开的。不仅如此，对这些会计政策，会计信息反映者必须通过国际公认的会计师事务所审计。美国"萨班斯—奥克斯利"法案第404条款要求在海外上市的电信运营企业在正常年报审计的同时，还需对公司内部控制方面的业务流程实施审计，进而实现对公司内部风险控制的检查，并且将其作为信息披露的内容。企业内控体系建立的基础离不开企业内部价值链的内容，这一内容的核心就是会计对每一步、每一项的经济业务进行记录和反映，所以，统一的会计政策是重要的，过程核算的反映也是重要的。上市公司必须有一个统一规范的会计制度、流畅的业务流程，才能为审计师提供好的审计环境。审计环境的建立不仅有利于审计师顺利开展工作，而且对电信运营企业自身的业务建设也相当必要。所以电信运营企业必须借此契机，致力于统一的会计政策、准确快捷的核算系统及内部控制系统的全面建立及完善。同时，公司需要规范的内容包括会计岗位要求、会计制度、成本控制流程、会计业务流程、会计业务处理事项以及中国、中国香港、美国三地会计报表的转换方式等，这将为分布在不同地点、不同文化、不同企业背景的企业财务人员提供工作依据，同时也为上级考核提供方便。统一的会计核算制度和财务报告制度体系（如图4-5所示），可为地市分公司层面一级核算、ERP的实施及

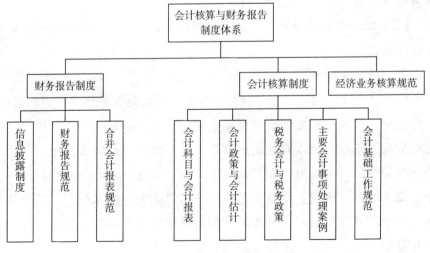

图4-5　会计核算与财务报告制度体系

财务信息规范披露奠定坚实的基础。会计核算是公司财务管理和经营管理的基础，通过会计信息系统的一体化建设，使得会计核算的效率和质量得到提高，使财务人员从具体、繁杂的会计核算事务中解放出来，有助于财务职能的转型。

（三）规范和健全成本费用定额管理制度

成本费用定额管理是电信运营企业进行精细化管理、数字化管理的有效工具。建立准确、完善的成本费用定额资料库是电信运营企业进行成本管理和成本优化预控的基础和依据。其主要作用如下：

（1）过程管理：从数据分析发现问题，提出解决建议。

（2）成本控制：定额水平横向比较，树立标杆，进行标杆管理；定额水平纵向比较，不断改善定额水平，实现标准成本管理。

（3）支撑企业预算编制和预算分析，为寻找改进的方向提供决策依据。

（4）为财务检查、审计提供基本素材、检查重点。

电信运营企业可结合自身实际情况依据应用范围和成本颗粒度，建立金字塔型的三层成本定额体系，具体包括公司级（涵盖企业主要成本项目，为公司优化资源配置和全面预算提供数据基础）、作业级（以作业、网元等项目作为成本定额的颗粒度，结合基础层和分摊层数据，进行成本管控和预算分析）和业务级（基础数据直接用于成本定额控制），三层成本定额指标具有较强的关联性，表现为下层成本定额指标支撑上层成本定额指标。由于驱动因素不同对同一成本项目可能存在成本定额多维度信息，多维度主要体现在：第一，成本项目颗粒度不同，如营销费用成本、代办费成本、代办固定电话手续费等；第二，成本驱动因素不同，由于共同成本较多，可以使用不同成本动因定额，全面综合反映该项目成本定额情况。不同维度成本定额反映出经济事项的特点和差异，有利于我们全面、客观地认识、观察和分析成本费用。总之，成本费用定额管理是电信运营企业实施低成本高效运营战略的有效工具，可与公司实际结合灵活运用。

（四）建立健全固定资产全生命周期管理流程和体系

电信运营企业是典型的资产和技术密集型企业，资产规模大，且资产中固定资产占绝对比重，技术更新较快，每年要投资大量资金用于网络建设和优化。我国电信运营企业与国外运营商相比，CAPEX 以及 CAPEX 占收比较大（如图 4-6 所示）。随着电信市场竞争的日益加剧，资本市场对企业的要求和压力不断增大，对企业投资效益和投资回报的要求也更加严格，企业投资决策尤其是固定资产投资的正确性、决策依据的可靠性、决策过程的科学性直接关系到企业的生存和发展。因此电信企业在"精细化、过程化、集约化"的管理理念引导下，就需要不断建立健全固定资产全生命周期管理流程和体系。

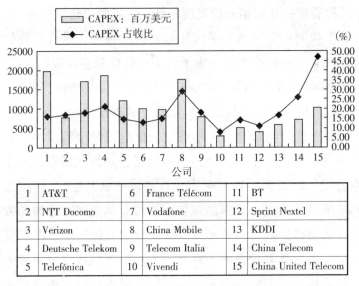

1	AT&T	6	France Télécom	11	BT
2	NTT Docomo	7	Vodafone	12	Sprint Nextel
3	Verizon	8	China Mobile	13	KDDI
4	Deutsche Telekom	9	Telecom Italia	14	China Telecom
5	Telefónica	10	Vivendi	15	China United Telecom

图 4-6　2008 年电信运营企业 CAPEX 及 CAPEX 占收比

固定资产全生命周期管理，是指从前期规划、设备选型、设计、采购、安装、调试管理开始，到交付运行后的设备运行状态监控、维护保养、调动、退役直至报废整个生命周期，进行计划、组织、协调和控制等一系列的管理活动，并在集中的资产信息基础上，向资产管理人员和公司的管理层提供强大的智能决策支持，从而为组织内决策层、职能层、执行层等提供集决策、管理、维护手段为一体的资产管理全面解决方案。固定资产全生命周期管理是一种全新的基于价值导向的管理理念，需要横跨财务、规划设计、物资、生产等部门，企业成立专门的责任部门，统筹整个资产管理；需要遵循资产全生命周期管理的理念，实行流程优化和流程再造，实现业务目标；需要建立相应资产评估和考核制度，提高资产管理的可控性。实施高绩效的资产全生命周期管理，就是通过全方位提升资产运营理念，完善资产管理制度和评价标准，形成较为完善的资产全生命周期管理体系（刘杉，2010），如图4-7所示。

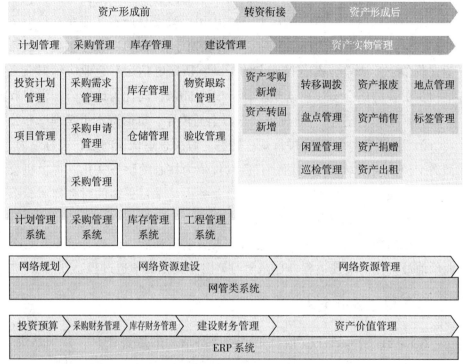

图4-7 固定资产全生命周期管理体系

所以，电信运营企业需要通过持续不断地完善企业投资规划与计划体系、健全项目前评估与决策体系、建立并完善项目后评价与考核体系，来实现固定资产全生命周期闭环管理；通过把握过程环节，强化精细化过程管理水平，形成动态分析与跟踪机制，以夯实固定资产全生命周期管理；通过实施基于价值导向的CAPEX精细化管理，来提升企业的CAPEX管理水平和资源使用效率，这也是提高企业核心竞争力的关键所在。

三、财务人员培训

再好的管理架构也要由人来搭建，再好的制度也要由人来执行，所以财会人员的专业水平和综合素质直接决定着工作的效率和质量。目前在电信运营企业内部对财务专家的需求空前高涨，主要是由于：①执法者要求更高的标准：美国 SOX 法案，中国香港交易所；②股东期待财务控制委员会提供更多的保障和独立性（相对于管理层）；③业务负责人希望在价值创造决策方面获得更多的帮助。所以电信运营企业应给财会人员提供更多的机会（如攻读 MPAcc、攻读 MBA，向优秀地市公司学习和进行异地经验交流等），通过培训学习全面传导、贯彻资本市场理念和公司价值最大化理念，彻底进行观念转型，解决思想认识问题；通过纵向、横向交流解决地域文化问题，营造以价值为核心的财务文化。提供机会让财会人员学习更多的业务知识，让业务人员学习更多的财务知识，以便于双向的沟通和交流，让他们在提高能力的同时更好地为公司价值最大化目标服务。公司不同层次的财务人员素质和能力的提升过程，是企业价值最大化的实现过程，也是学习型财务文化的塑造过程。

四、财务流程变革

在市场经济条件下，信息是市场经济活动的重要媒介，特别是快、准、全的信息。随着电信市场竞争的日趋激烈和外部环境的快速变化，传统财务部门提供的信息在可靠性、相关性、可理解性、及时性等重要的价值特征方面已不能满足相关利益者的要求，因此财务部门加强信息化建设就成为必然。信息技术在企业的扩散会导致企业技术进步和生产效率的提高，会导致财务流程、财务制度和组织结构的变革。这样会使得投资于信息化和组织变革所带来的收益将不仅仅局限于财务部门，整个企业都将从中受益。财务运作信息化所形成的竞争力的基础在于：一方面，技术在财务部门的扩散和逐步渗透；另一方面，财务部门为适应信息技术变革而调整组织结构所形成的财务运作信息化外部性效应（胡玉明、鲁海帆，2006）。通过这两个方面的不断改进，企业市场竞争要素逐步得到强化，从而形成了财务运作信息化的持续竞争优势。

电信运营企业传统的财务流程其核心思想是基于几百年前帕乔利的财务会计理论发展而来的分类系统思想，所提供的数据也是分类汇总数据，它从业务流程中采集基本数据，数据的主要载体是原始凭证，会计核算则严格按照"填制和审核凭证—登记账簿—编制会计报表"的顺序，经过对原始凭证进行数据加工生成各类总账和明细账，然后以账簿和记账凭证为依据，分别编制内部和外部会计报表提交给相关利益者。传统财务流程的主要缺陷在于：①传统财务流程基于落后的劳动力分工论思想。②传统财务流程无法正确和全面地反映企业经营状况。具体表现在：仅仅采集组织经营活动数据的子集，忽略了大量的管理信息；以高度汇总的方式重复存储数据，难以反映经营活动的本来面目；产生大量的单一信息，无法满足信息使用者的需要。③传统财务流程不支持实时控制。具体表现在：采购管理和控制不能得到有效的保障；库存积压、控制失灵；销售核算和管理控制缺乏力度；财务部门不能及时准确地提供管理者关心的财务信息。④集团财务流程制约了集团的发展壮大（张瑞君，2008）。面对信息技术和业务流程重建的挑战，深入分析传统财务流程和业务流程的缺陷，对于优化财务流程，用流程再造的思想指导财会人员重塑并控制整个流程具有重要的实践意义。

要重建电信运营企业的财务流程，就必须将传统的功能驱动的财务流程转化为业务事件驱动的财务流程。传统财务流程的功能驱动，表现在对各种功能规定数据的处理和输出方法，是一个顺序化的信息处理过程，在业务处理过程中，通常将会计系统分解为固定资产核算、收入核算、成本核算、报表编制等若干子系统，每个系统各负其责。这种方式存在的重要缺陷之一就是只反映经济活动的结果，从中无法看到每项经济活动发生、执行与结束的整个过程。而且，传统财务流程采用单一化的信息披露模式，提供的只是基于原始成本的相关信息，并且是只能满足使用者共同需要的信息，无法提供满足个性化需求的信息。随着经济环境的变化，在决策时专用的精细化信息比通用信息显得更为重要。

业务事件驱动型财务流程基于业务事件，集成了包括财务数据与非财务数据在内的所有业务数据，形成一个数据仓库，既能够提供各种视图所需的全部信息，又不会产生数据重复存储、数据不一致等问题，是一种会计范围经过扩充的数据信息更丰富、功能更强大更灵活的财务流程。业务事件驱动型财务流程运用三库理论（事件数据库、方法库、模型库）和事件驱动的实现方法来满足不同信息使用者个性化的决策需求（张娜依，2009）。①事件数据库：在业务事件驱动型会计信息系统中，数据库是所有操作的数据平台，是集成了全部事件的数据仓库。事件是会计分类的最小单元，以二维表记录形式存储，存储的是与事件直接相关的、以字段表示的每一实体属性。事件包括五个基本特征（胡玉明、鲁海帆，2006）：a. 发生了什么业务，涉及哪些资源；b. 什么时候发生；c. 涉及什么人；d. 事件发生的地点；e. 有什么风险。业务事件驱动型财务流程实施的关键是如何对事件进行描述。当业务活动发生时，所有原始数据通过业务事件处理器集成于数据仓库中，任何授权用户都可以调用数据库中的数据以获取所需的个性化信息。②方法库：方法库的目的在于储存各种有关信息提取的规则，例如各种信息确认原则、多重属性计量标准、会计准则以及非会计准则等。③模型库：模型库提供用户解决问题所需的各种数据模型和管理模型，如财务报告模型、预测模型、决策模型、财务分析模型等，同时支持用户根据自身需要自定义一些模型。根据事件驱动原理，业务事件驱动型财务流程平时不对原始数据进行加工处理，而是把信息使用者所需的信息按使用动机的不同划分为若干种事件储存在计算机中，当使用者需要某项专用信息时，只要驱动相关信息代码，就可随时满足需要（张娜依，2009）。由于数据仓库的引入，数据同出一源，信息集中，避免了数据的不完整和重复情况的发生，最大限度地实现企业范围的数据共享，简化并优化流程，实现了实时获取信息、实时处理信息、实时报告信息，各级管理者可以实时、动态地获取信息，支持管理和经营决策。随着网络技术、数据库技术、XBRL技术和基于 REA 模型会计信息系统相关问题逐步得以解决，业务事件驱动型财务流程取代传统财务流程已成为必然。

在中国的电信运营企业中，中国移动和中国联通都是较早引入数据仓库应用的电信运营企业，中国电信紧随其后。相比之下，于 2002 年开始部署建设数据仓库的中国移动则取得了骄人的成绩，不仅建设了世界最大数据仓库系统，而且建设性地提出了"分级式数据仓库理论"，为我国移动通信数据仓库的建设与应用积累了不少经验。中国移动的数据仓库规划于 2001 年，当时，随着移动通信产业的快速发展，移动用户的激增，移动通信运营商需要掌握的数据也随之变得异常庞大，为更好地及时分析、查找、评估和解决经营分析系统各环节的数据质量问题，保证数据质量的稳定可靠，中国移动于 2002 年开始建设数据仓库，并于 2005 年建成了拥有超过 842TB 容量的世界最大的数据仓库。数据仓库按照两级系统、三层架构的原则建设了一级数据仓库系统数据提取机制，中国移动可以通过一级数据仓库系统抽取大量详细数据从而直接产生管理报表，也可以及时发现省公司市场经营的异常情况，提升监管力度以保证市场的正常运作（乐宁，2006）。可以说，高起点的数据仓库的建设不仅为中国移动从粗放型管理向集约型管理提供了技术基础，同时对于提高中国移动的数字化管理水平，提升企业的核心竞争力及精细化管理能力都具有极为重要的意义。总之，电信运营企业的财务部门借助于信息技术，通过流程的变革和再造，可以使企业战略与企业财务、企业业务与企业财务相融合，为企业提供更为相关的信息，从而为企业持续创造价值创造条件。

总之，如果公司财务管理基础工作做不好，就好比一副慢性毒药，不但会掩盖原有的风险，还会引发新的风险。例如，资产调拨的物流与信息流不一致，东西搬迁了，财务账上却没能及时记录，这不但会给日常资产管理带来混乱，造成账实不符，还会增加人为舞弊的风险，导致资产流失。而且如果会计信息不准确，法律风险也很大。所以公司高层管理者必须高度重视和积极支持财务管理基础工作，加强内部控制建设，协调并处理好公司内部的各类涉财关系，加大对财务理念、成本理念的灌输，当好"全员理财"、"全员成本管理"的总导演，引导公司财务成本管理走向科学、规范、合理，以适应公司转型的要求。

第二节　优化全面预算管理

现代企业管理的发展已经打破了传统职能管理的界限，将企业视为一个整体，在战略目标的指导下从事企业内部的综合协调管理，强调企业计划、组织、控制等职能的一体化。因而，在现代企业管理中，如何进行各部门之间的协调就变得非常重要。加拿大麦吉尔大学管理学院教授亨利·明茨伯格系统地提出了协调方式发展三阶段论，认为企业协调方式经过了相互调整方式、直接监督方式和标准化方式三个阶段。而协调方式发展的最后一个阶段所包含的思想与全面预算管理的思想是一致的，或者可以说，全面预算管理是实现标准化方式协调的一个很好的手段。全面预算管理将企业的发展战略、目标规划、操作细则以"责权利"为杠杆有机地结合起来。不仅可以全面反映企业的整体经营状况，同时把"承诺、目标、责任、执行和效益"始终贯穿于企业日常经营管理活动中。可以说，全面预算管理是企业迈向管理科学化和现代化的一种重要方法。

一、全面预算管理的演进历程与主要特征

全面预算管理最初起源于 1920 年，是由美国通用汽车公司最先将其作为企业管理的一个重要组成部分。预算管理与管理学的发展大致同步，主要经历了三个阶段。第一阶段，面向企业内部，注重提高内部效率，着眼于减少消耗和损失；第二阶段，面向市场，根据市场需求安排企业生产；第三阶段，面向顾客，以战略为导向，以满足客户需要为出发点。从现代企业发展的进程来看，预算管理的形成与完善，是企业管理逐步实现现代化的过程。西方预算管理的发展大致可分为下面几个阶段：

第一阶段：基于内部效率导向的预算管理阶段。伴随着泰罗的科学

管理理论在实践中的广泛应用，成本管理会计如何为提高企业的生产和工作效率服务，便开始提到议事日程上来。于是，"标准成本"（Standard Cost）、"预算控制"（Budget Control）和"差异分析"（Variance Analysis）等与泰罗的科学管理方法直接相联系的技术方法开始被逐渐使用。1921年6月，美国国会颁布了《预算与会计法》，对当时的私营企业推行预算控制产生了极大的影响。为了全面介绍预算控制的理论，麦金西于1922年出版了美国第一部系统论述预算控制的著作《预算控制论》。以标准成本、预算控制和差异分析为主要内容的成本管理会计，其基本点是在企业的战略、方向等重大问题已经确定的前提下，协助企业解决在执行过程中如何提高生产效率和生产经济效果问题（胡玉明，2002）。所以说，以泰罗的科学管理学说为基础的管理会计对促进企业提高生产效率和生产经济效果具有积极的推动作用。

第二阶段：基于市场导向的预算管理阶段。管理学家钱德勒在其《看得见的手——美国企业的管理革命》中，生动地描述了现代工商企业产生的原因和演化的过程，以及预算制度在企业中是如何发挥作用的。从管理角度来看，工业文明的重要产物之一就是诞生并完善了现代组织结构。马克斯·韦伯在《社会与经济组织理论》中提出组织采取科层制是保证组织效率的前提和根本。制度化管理的推行和权责分明的科层制组织的形成，为预算管理的推行提供了基本前提条件，而预算管理的实施与普及也是促成组织科层化、管理科学化的重要保障（王斌，2006）。科层制组织的管理控制需要借助于预算，预算成为连接组织内外的管控工具。一方面，它连接组织的内部分工和责任；另一方面，它连接外部市场，以市场需求为导向，利用预算进行组织资源的规划和控制。

第三阶段：基于战略导向的预算管理阶段。以现代管理科学为基础，一方面丰富和发展了其早期形成的一些技术方法；另一方面又大量吸收了现代管理科学中运筹学、行为科学等方面的研究成果，预算管理进入了新的发展阶段，内涵和外延都得到了拓展和完善。预算管理开始强调和追求"效益"（Effective），强调首先把事情做对，然后再把事情做好。效率与效益是两个不同的概念。效率是指尽可能以最少的资源消耗实现目标，而效益则是指综合目标的实现（Anthony A.Atkinson，1995）。在市场经济环境下，效率只有接受市场的检验才能转化为效益，否则，不仅不是效益，而且还是损失。所以企业要实现其战略目标，必须以市场为导向，同时兼顾效率与效益。预算管理的功能从最初的计划、协调生产发展到现在的兼具控制、激励、评价等功能的一种综合贯彻企业战略方针的经营机制，从而处于企业内部控制系统的核心位置。著名管理学教授 David Otley 认为全面预算管理是为数不多的几个能把组织的所有关键问题融合于一个体系之中的管理控制方法之一。

第四阶段：超越预算或改进预算管理阶段。随着企业全面预算管理的推行和实施，在认识预算、预算编制、预算执行和预算分析、预算考评等方面出现了诸多问题。从世界范围看，企业预算管理制度改革存在两种完全相反的见解。一种以美国学者与实务工作者为代表——改良预算（Better Budgeting）；另一种以欧洲的实务工作者为代表——超越预算（Beyond Budgeting）。其中，改良预算是围绕经营管理中企业预算制度及其自身的改革导向而进行各种尝试，是比较典型的改良派，虽然在本质上也对传统预算管理进行批判，但并未对预算管理及其自身作全盘否定，而是在维持原有框架的基础上寻求更好的改良策略。而超越预算就是彻底摒弃预算，企业组织不通过编制预算来管理该组织的业绩，将各决策环节的权力以授权管理的形式分权化。它认为传统预算管理不仅不能适应新的经营环境，妨碍组织的变化与创新，甚至对组织经营有危害作用，主张将预算管理的作用、内容和范围局限在对现金流量的预测和计划上，控制与激励作用则由其他绩效管理制度取代。传统的全面预算和改良预算都是使用计划来完成公司范围的协调，而超越预算是通过市场的力量来确保协调（Hope，Fraser，2000）。Atkinson 等人（2004）提出：①为了合理配置资源应继续利用传统的预算管理框架；②将预算管理与战略管控相结合；③将预算管理与业绩评价紧密结合，并分析业绩变动的主要驱动因素以及主要原因；④采用先进的管理会计工具进行综合绩效评价。

全面预算管理是以战略为导向，通过数量化的方式对企业未来的经营活动及财务活动进行规划、控制的管理过程，其主要特征包括：

（1）战略性。全面预算管理是一种战略管理，而预算本身就是一种战略。首先，预算目标的定位，体现了企业的战略重点。没有战略意识的预算不可能培育企业的核心能力和增强企业的竞争优势，从这个角度来说，预算管理应该具有整体性、长期性和相对稳定性。其次，预算的战略性还应该体现不同类型企业的战略重点的差异。企业战略可包括低成本战略、差异化战略和目标集聚战略。战略的不同确定了企业的发展思路与方针的差异，所以不同行业的企业和处于生命周期不同阶段的企业预算管理目标与重点有所不同。再次，预算管理的战略性体现在沟通了企业战略与经营活动和业绩指标之间的关系，使得战略意图得以落实，长短期预算计划得以衔接。最后，预算将企业战略目标转化为分阶段目标，进而以权责利为基础再转化为各层级、各部门、各岗位、各个人的目标，从而使企业战略在逐步细分的同时也得到具体落实。从这个角度可以说，全面预算管理是战略执行的重要方法和工具。总之，预算支撑战略执行，战略引导预算实施。基于战略导向的全面预算管理系统如图4-8所示。

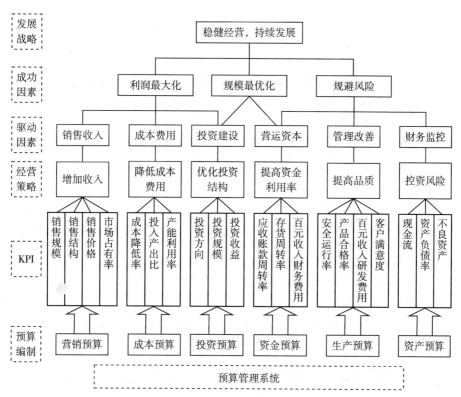

图4-8　基于战略导向的全面预算管理系统

（2）机制性。预算作为一种机制，是指由预算体制所决定的企业内各责任主体的责、权、利结构，以及这种结构对企业内部各责任主体所产生的利益诱导和责任约束（王斌，2006）。在现代企业制度下，出资人与经理人之间是一种委托代理关系，这种代理关系的纽带是资本，资本意识的核心就是实现价值最大化的终极目标。建立完善的公司治理结构的基本任务就是为了确保和实现股东利益。规范的公司治理结构，明确出资人、经理人的责权利关系，是一个结构化的"游戏规则"，主要包括三个方面:《公司法》、《公司章程》和《公司预算规则》。其中，《公司预算规则》是以《公司法》和《公司章程》作为依据，具体落实股东大会、董事会、经营者、各部门乃至每个员工的责权利关系，并明晰它们各自的权限空间和责任区域的制度体系和工作机制。建立健全企业预算管理制度是完善企业公司治理结构的体现，高效的预算管理必须以规范的现代企业制度和法人治理结构为前提，而预算管理的实施也将不断促进现代企业制度的建立和公司治理结构的完善。

（3）人本性。全面预算管理是通过预算主体作用于预算客体的过程，而全面预算管理的主体——预算管理主体和预算执行主体两个层面的主体人之间的关系处理和协调，直接关系着全面预算管理的成功实施。因此，全面预算管理在其编制、执行、修正与改进、考核与分析的过程中，应始终贯彻人本管理思想。以人本为中心的全面预算管理只有明确人在企业中的地位，明确各责任单位权责利的关系，才会极大地调动各责任单位、具体责任人的积极性、创造性与责任感，从而实现人管，而非管人，进而使全面预算具备自我约束、自我激励、自我完善的机制，这就进一步为资源配置与使用的高效率性以至最终企业战略目标的顺利实现奠定了充分而坚实的基础。

（4）系统性。全面预算管理是一个整合性管理系统，不仅是出资人、经理人之间的"游戏规则"，还体现出经营者与其下属员工之间的责权利分配系统。随着企业的发展，分权是一种必然趋势，但分权后带来的另一问题是可能因此而失控，因局部利益进而影响整体利益。因此，全面预算管理必须兼顾分权与协调的问题，这里的协调既包括企业内部资源与外部市场之间的协调，也包括企业内部各种资源之间的相互协调，所以全面预算管理必然是一种系统管理。它应以企业的组织系统为基础，从全局出发，综合分析企业组织系统与外部经济环境的适应关系，同时研究企业内部各个子系统之间的逻辑关系，从而实现整体目标最优的系统性管理（王化成，2004）。

总之，全面预算管理是一种管理机制而非仅仅是一种方法，它一方面与市场机制相衔接，通过预算目标的确定反映市场对企业的要求；另一方面与企业内部管理、内部组织及其运行机制相衔接，通过责任中心的确定、预算指标的分解与落实、预算调整与执行考核，反映企业对市场要求的应变和措施，反映企业在市场竞争中的位置。以战略目标管理为导向、体现企业全方位要求的全面预算管理模式，打破了传统管理模式的约束和局限，构建了一整套全新的管理运行机制。全面预算管理作为一种管理机制，通过预算目标的分解、编制、汇总与审核、执行与调整、评价与考核，对企业起到规划发展、协调行动、沟通认识、控制经营与激励业绩等方面的作用。预算的编制和管理表明了在一定期间内公司管理层对所有部门、所有员工的期望和要求。全面预算管理的过程，就是明确任务、发现问题、协调努力、不断改进的过程。因此，预算管理既非财务部的特权，也非财务部的专利，而是企业整个运营系统的总协调和配合，任何一个部门或环节上的松怠都将影响企业全面预算的执行，进而可能影响企业的发展。彼得·德鲁克曾经如此评述预算："预算不是一场数字游戏，而是围绕战略目标的设立而进行思考的过程。"

二、全面预算管理系统的逻辑框架和主要功能

全面预算管理是一种集战略化、机制化、人本化和系统化理念为一体的现代企业管理模式，通过对业务、资金、信息、人员的整合，明确、适度的分权和授权，战略驱动的业绩评价等，来实现资源合理配置、作业高度协同、战略有效贯彻、经营持续改善、价值稳步增加的目标。全面预算管理通过交互式的有效沟通和预算管理的预测、协调及控制作用，使企业的预算目标更明确，并能以更高的管理效率、更优的发展质量、更有效的资源配置来实现企业的战略发展目标。全面预算管理充分体现了"权力共享前提下的分权"的哲学思想，预算本身并不是最终目的，

更多的是充当一种在公司战略与经营绩效之间联系的工具。实施全面预算管理不仅是形式上的创新,更是一项管理上的创新。

(一) 全面预算管理系统的逻辑框架

全面预算管理系统的基本框架是预算管理理论和预算管理实践之间的桥梁,是解释预算管理历史与现状、预测预算管理未来的参照系,也是全面总结和传播我国预算管理经验的工具。其理论基础为:①一般系统理论。一般系统理论包括系统论、信息论和控制论。全面预算管理是企业的计划和控制系统,包括编制预算、监督预算执行和矫正预算差异三个要素。预算编制所涉及的内容,除了组织结构、预算管理机构、表格体系之外,关键是与战略相衔接、确定预算指标总量和分解预算指标。监督预算执行包括三个环节:计量——反映预算执行进度和结果,比较/分析——将预算与实际相比较、分解差异、追溯导致差异的原因及其责任归属,反馈报告——将计量与比较/分析的结果以内部管理报告的形式上传。预算目标的实现从预算执行过程来看主要依靠预算反馈(于增彪等,2001),所谓预算反馈就是定期对预算执行实际进度的报告,将实际进度与预算比较,并对重大差异采取矫正措施,最终实现预算目标。矫正差异有直接和间接之分,直接矫正就是上级强制下级(或预算执行者)采取某种措施,以消除差异;而间接矫正则是下级根据上级设定的激励制度自觉采取某种措施以消除差异。现代公司以间接矫正为主,通常将"矫正差异"称为建立激励制度,包括设计和预算奖惩两个环节(于增彪等,2007)。②行为科学理论。行为科学中心理学、社会学、经济学与全面预算管理密切相关。心理学中的"行为学派"认为个体行为是个体所处环境与个体特征相互作用的结果,因此如果将预算管理系统拟人化,就有可能以更加广阔的视角研究和揭示预算管理系统的内在机理(于增彪等,2007)。环境是各种作用因素与条件的总称,全面预算管理系统的有效实施离不开良好的企业内外管理环境的支持。由于各企业内外环境千差万别,所以企业全面预算管理系统尽管框架相同在具体操作上也存在较大差异,并且由于其具有特定功能,所以在企业内部必定造成经济、心理和社会后果(Covaleski,2003)。完整的全面预算管理系统如图4-9所示。

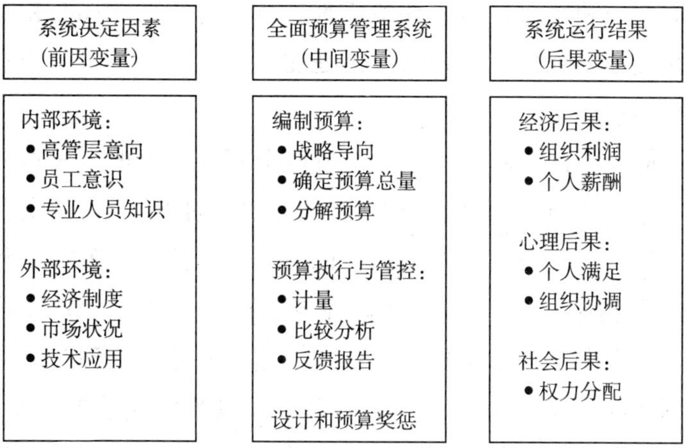

图 4-9　全面预算管理系统的逻辑框架

资料来源：中国会计学会管理会计专业委员会：《我国企业预算管理的引进与发展》，《会计研究》，2008 年第 9 期。

总之，在全面预算管理系统中，战略计划是预算管控的目标与方向，预算编制是预算管控的基础与关键，预算执行和预算反馈报告是预算管控的实施与重点，设计与预算激励是预算管控不可缺少的环节与保证。全面预算管理系统是管理控制系统的一种模式或方式，对于不同行业和类型的企业，经营理念不同，全面预算管理系统的控制重点和控制形式也会有所不同。

（二）全面预算管理的主要功能

对全面预算管理的功能进行总结和提升主要体现在战略管理、风险控制、成本控制、绩效考核、价值管理五个方面：

（1）从战略管理上来说，首先必须将预算制定与企业战略紧密结合。只有这样才能使公司的战略得到更好地贯彻，才能促进企业内部各部门之间的合作与交流，减少相互间的冲突与矛盾。其次必须制定始终如一的方针指导设计高效、合理的战略性配置资源的流程。只有这样才能更清晰地传递公司的战略，并且在资源的分配过程中节省时间，加大对项目以及运作的资金投入使战略的实施更加行之有效。例如，跨国制药界的巨人默克公司（Merck & Co., Inc.），运用其过去调研项目所收集的数据资源，实施按照选择性定价原理为基准的资源分配方法。此系统整合了经济、财务、统计和计算机方面的预测来为 Merck 制定出适用于高风险、高投资调研和项目发展的评估标准。这种分析对 Merck 和其他此类长期处于开发领先地位的公司来说好处在于，它使分析者的结论在项目建议书中能够起到有价值的影响。

（2）从成本控制上来说，首先必须将全面预算管理与成本控制紧密结合。只有这样才能使预算制定人员得到高质量的信息，做出合理的预算。例如，美国运通公司（American Express）在其位于美国亚利桑那州菲尼克斯城的金融业务总部实行了作业成本管理，收集其 52 项业务活动的成本信息，根据业务量进行分类。通过这一做法，经理人员掌握了以前无法得到的业务量及成本的准确信息，并以此作为基础来编制预算，监控业绩。其次，必须降低预算的复杂性以及预算制定周期。预算复杂性的降低可以使得预算更加便于操作，从而降低预算的实施成本；另外，对预算机制的优化可以缩短预算制定周期，在降低成本的同时又不会影响公司的核心增值业务以及预算的质量，不仅能够降低财务部门的成本还能够降低所有预算制定部门的成本。

（3）从风险控制上来说，全面预算管理可以促进企业计划工作的开展与完善，减小企业的经营风险与财务风险。预算的基础是计划，因此全面预算管理能促使企业的各级经理提前制订计划，避免企业因盲目发展而遭受不必要的经营风险和财务风险。全面预算管理可以初步揭示企业下一年度的预计经营情况，根据所反映出的预算结果，预测其中的风险之所在，并预先采取某些风险控制的防范措施，从而达到规避与化解风险的目的。例如，20 世纪 80 年代，美国施乐公司（Xerox Corp.）专门设立了技术风险基金来为核心业务之外的项目提供投资资金，并在公司的投资预算中事先加以考虑，在执行过程中根据预算执行结果与风险状况进行日常监控与决策。当项目开始盈利后，施乐公司将出售主控部分，其他买主将接手此业务。

（4）从绩效考评上来说，科学的预算目标值可以成为公司与部门绩效考核指标的比较标杆。预算管理在为绩效考核提供参照值的同时，管理者也可以根据预算的实际执行结果去不断修正、优化绩效考核体系，确保考核结果更加符合实际，真正发挥评价与激励的作用。例如，美孚石油公司（Mobile）通过实施 EVA 管理，利用平衡计分卡进行绩效测评等方式，将奖金、利润分享及股票期权计划同业绩目标达成紧密联系，其业绩目标正是来自于公司及部门预算中的数据。

（5）从价值管理上来说，全面预算管理的整个过程中所有的变动最终都会反映为财务指标，每一项的调整都会在它的系统里面反映为对财务指标的影响，所以说，全面预算管理的整个过程是进行价值管理的过程。只有确保价值目标——战略——价值驱动因素及关键绩效指标——行动计划——资源分配和实施价值管理的关键步骤保持内在的一致性，才能实现价值目标。例如，国内某电信企业根据战略发展的要求，采用平衡计分卡原理，从财务、客户、内部流程、学习和成长等方面确立了各层级的主要预算指标以保证上一级预算指标的实现，从多视角构建了预算指标体系，整个过程中所有的变动最终都反映为价值实现与增值指标。

三、企业在经营管理过程中碰到的预算管理问题

2001年3月，英国 Cranfield 大学对全球15家跨国公司的高层管理人员与30家投资银行的高级分析师进行关于预算管理的调查访问。15家跨国公司包括壳牌石油、福特汽车、敦豪快运、沃尔沃汽车、思科网络等公司。通过汇总分析被访者对企业现有预算管理的评价，可以发现他们在预算管理方面面临的问题主要体现在三个方面：认识预算，预算编制，预算执行、监控和调整。具体如表4-1所示。

表4-1 跨国公司在经营中碰到的预算问题一览表

预算问题	具体表现
认识预算	1. 预算更多地注重成本的减少，而不够注重价值的增加
	2. 人为设置部门之间的障碍，缺乏必要的知识共享
	3. 预算没有很好地支持公司的战略，甚至与之产生冲突
预算编制	1. 预算编制过程过于耗时、成本太高
	2. 作为预算编制基础的许多假设尚未得到充分地论证
预算执行、监控和调整	1. 预算管理中只是强调上下级的垂直命令与控制
	2. 缺乏预算调整机制，预算制定后几乎不再进行修改
	3. 预算管理缺乏创新意识，如没有随着组织架构的改变而改变
	4. 预算管理缺乏弹性，对市场变化的反应迟钝
	5. 预算管理中存在许多非增值性的流程，缺乏效率
	6. 预算管理中公司管理层所做的许多决策使员工感到缺乏重视
	7. 预算管理中存在许多"不正当"的行为

笔者通过文献研究对中国企业在经营中碰到的预算问题进行总结，主要体现在四个方面：认识预算，预算编制，预算执行、监控和调整，预算考评和激励。具体如表4-2所示。

表4-2 中国企业在经营中碰到的预算问题一览表

预算问题	具体表现
认识预算	1. 认为预算与公司的战略关系不大，缺乏明确手段对公司整体战略、发展目标和年度计划的进展状况进行细化
	2. 认为预算是财务部的事情，并不能有效地提高本部门的运营效率
	3. 认为预算编制中基于市场因素的不断变化，可能使预算流于形式
	4. 对投资活动预算的重要性认识不足，出现大量的不审慎投资，导致投资损失
	5. 认为预算管理的重点仍局限于生产领域（如生产营销和费用预算），对现金预算、资本性支出预算、其他环节预算的重要性认识不足
预算编制	1. 各部门的经营目标定的过低，没有达到先进性的标准
	2. 各部门编制的计划比较零散，部门内部和部门之间的计划缺乏协调性，容易发生公司资源分配的冲突
	3. 预算指标缺乏科学性、合理性和足够的可控性
	4. 预算制定的目标与负责人员的职责不相匹配，企业组织结构与预算管理不协调
	5. 无法确认编制预算所需的时间和人力的投入，预计投入的人力和时间过于漫长
预算执行、监控和调整	1. 各部门的经营目标在执行过程中没有相应的工具进行监控和考察其进展状况
	2. 普遍没有设立专门的预算管理机构，缺乏组织保障，造成预算管理出现断层和漏洞
	3. 普遍没有建立完整的预算管理制度，缺乏制度规范，影响预算管理机制有效运行
	4. 预算目标中使用的分摊方法为各管理人员无法控制
预算考评和激励	1. 部门绩效考核缺乏基础和比较对象，预算执行的奖惩不够明确或预算约束不严
	2. 考核指标不完善，奖惩制度不健全

跨国公司和中国企业在推行和实施全面预算管理过程中面临的问题不尽相同，主要是由于企业所处的环境、发展阶段、管理制度、企业文化等不尽相同所致，但这些问题是普遍存在的。只有对原有的企业管理体制进行调整，管理流程进行优化，突破企业发展的"瓶颈"，才能在既定的公司治理结构内提高内部治理效率，也才能实现管理水平的螺旋式提高。

四、电信运营企业建立"战略三维度"预算模型

对于海外上市的电信运营企业来说，全面预算管理不仅是正常经营管理的需要，更是如何规范披露公司经营预期信息的重要前提和实现财务集中管理的有效途径。全面预算管理作为一种先进的管理控制模式和方法在电信运营企业的内控系统中处于核心位置，在实践中已取得一定的成效。推行全面预算管理对电信运营企业的主要作用在于：①将企业的经营战略落实到具体的用户拓展、网络建设和优化、客户服务平台建设等经营活动中去，并利用预算这一手段监督和评价经营活动的实施；②可以优化企业的资源配置，控制成本费用支出；③作为一种上下结合、全员参与的管理方式，可以将企业所有管理者和员工的心智凝聚起来，使企业上下目标一致，共同为实现年度的绩效目标和企业的中长期战略而奋斗。所以说，全面预算管理是企业实施目标管理的方法和工具，可以增强企业对市场的前瞻性，同时管理和控制成本。

从四大电信运营企业来看，推行全面预算管理的动力主要来自集团公司（或总公司）高层，而能否顺利推行，则在于省、市两级公司管理层对此项管理变革的认识和重视程度。王斌（1999）最早根据产品生命周期理论，将全面预算管理分为资本预算为主（市场进入期）、销售预算为主（市场增长期）、成本预算为主（市场成熟期）和现金预算为主（市场衰退期）四种模式。电信运营企业应选择以销售预算为主，以战略体系落地为目标，推进"SBP（战略、预算、绩效）"战略管理闭环的实施，形成战略驱动的卓越管理模式，建立基于战略、以价值为导向、多种预算方式相结合的全面预算管理系统（如图4-10所示），以配合公司实施国际化战略。"基于战略"是指任何预算都必须符合公司战略，这是一切管理行为的出发点，战略目标是预算编制的逻辑起点；"以价值为导向"是指每位员工在实施每个业务行为前都要认真考虑，这一行为能否为公司创造价值，如果南辕北辙，走得越快，对公司价值的损害越大。

全面预算管理是一项涵盖企业的投资、经营和财务等所能涉及的所有方面的科学控制行为，具有"全面、全额、全员"的特征，它必须围绕市场中心渗透到企业管理的所有方面，以成本效益为核心统揽企业的

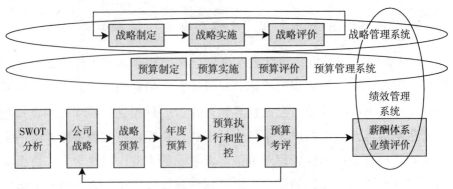

图4-10 全面预算管理整合企业战略管理和绩效管理

全局。电信运营企业应按照总量控制、切块安排、重点突出的原则，把资源重点配置到有利于公司增加收入的项目上来。根据公司发展所处阶段的不同，预算侧重点也将相应变化。在规模发展阶段，经营重点在于拓展市场份额，预算管理重点在于收入预算。随着公司市场增长日渐趋缓，发展重点必须逐步转入通过加强内部管理来提升收益，预算管理也相应需要从收入扩展转向成本挖潜，通过成本的精细化管理促进效益的提升。另外，电信运营企业的全面预算还必须从三项管理上下工夫：一要加强工程项目管理，把好三个关：立项审核关、投资预算控制关、项目验收关；二要加强物资资产管理，建立统一的库存物资管理体系，合理降低库存，完成固定资产清账和处理工作，落实固定资产管理责任；三要加强欠费管理。在此基础上，通过 MIS 系统预算控制管理功能，实现预算工作的"系统化、扁平化、信息化、精细化"。通过推行全面预算管理，推动市场、网络、投资、财务等管理流程的变革，果断地从经验型管理的模式中跳出来。用数字分析说话、用数字分析决策、以服务市场为中心、以创造更大价值为目的，使其成为员工自觉自愿的行为。

电信运营企业当前的全面预算管理主要发挥了成本费用控制功能，在调整组织结构、优化业务流程、强化风险管理、引领价值提升等方面的功能发挥不明显，突出表现在经营预算与资本预算相分离，不利于企业管理活动的价值协同。因此，电信运营企业实施财务转型首先需要营造以价值为核心的财务文化，全面传导、贯彻资本市场理念，从规模、利润导向向公司价值导向转变。价值是由三个基本规则所推动的：①获得超过资本成本的回报（盈利）；②增加业务和投资基数（增长）；③管理和接受适当的业务风险和财务风险（风险）（安德鲁·布莱克等，2005）。电信运营企业制定和实施以战略为导向的全面预算只有同时关注增长、风险、盈利三重管理任务，才能使企业走得更稳、更远，才能保证价值目标的实现。因此，公司战略和全面预算的三项任务就是：管理成长、追求盈利和控制风险。三者的最优结合才能保证公司着眼于长远发展战略和可持续增长。公司规模的稳步扩大是公司提高竞争力和抗风险能力的基础，但规模增长不是最终目标，规模增长的同时伴随盈利能力增强时才具有经济意义。盈利规模增长和盈利能力提升是出资者和管理者共同追求的目标。因此，业绩指标设计上不仅要兼顾盈利成长，还要考虑股权资本创利能力的提高以及风险与收益的均衡。

（一）管理成长——资产管理

企业发展是企业提高其竞争实力谋求长期生存发展的有效方法，许多企业都把扩大产品市场份额、保持企业销售的快速增长作为企业的发展战略和追求的目标。增长通常表现为销售收入的扩张和总资产规模的增长。企业的快速增长需要消耗大量的企业资源，如果长期增长过快而无力解决其日益扩大的资金短缺，企业会出现技术性支付困难。据相关数据显示，因增长过快而破产的企业数目和因增长衰退而破产的企业数目大致相当。规模增长的诱惑令 CEO 们无法抗拒，从而导致增长过速。管理增长就是从战略的角度规划企业的增长速度，既要确保必须的战略增长速度，又要防范超速发展导致的速度陷阱，保持公司速度与耐力的平衡。因此，企业应采取适当的措施，保持合理的增长速度，以达到可持续均衡增长的目的。希金斯的可持续增长公式对于合理的增长速度的量化是一个理论界普遍认可的模型。其提出可持续增长公式：$g = PRAT$（式中：g 为可持续增长率；P 为销售净利率；R 为留存收益率；A 为资产周转率；T 为资产权益比率，又称权益乘数），由此可知，可持续增长率的高低取决于公式中四项财务比率的大小。其本质在于企业在不发行新股、并保持原有资本结构的前提下，仅靠内部留存收益所能够达到的最大增长率，该模型强调不耗尽企业财务资源，充分体现了通过获取盈利支持可持续增长的理念。实务界普遍认为可持续均衡增长是指：①不是所有的增长都有益，优秀的增长是高质量的，目前有些运营商存在的以成本换收入的增长是无益于企业可持续发展的。②即使能带来盈利的增长也必须有所为、有所不为。可持续的增长应着眼于那些符合战略方向、促进价值的持续稳定增长、并能提高公司核心竞争能力的领域拓展和规模扩张。③超常增长必然会带来一系列不良后果，如过度经营、资源紧张、资本结构异化，等等。企业管理者在成长管理中必须高度关注战略现金流与自由现金流的匹配，表现在：投资现金流与目前业务所产生的自由现金流匹配、融资现金流与企业未来融资灵活性的匹配、现金流的战略储备与未来投资机会的匹配等。

电信运营企业是典型的资产密集型企业，这类企业不生产实物，但需依靠实物资产形成相应的资源，为用户提供电信网络服务。资产管理的水平，直接影响企业提供服务的质量，进而影响企业的核心竞争力，因此必须对电信运营企业资产进行全程、精细、动态的管理。通过加强资本性支出预算管理，合理配置资源，优化财务结构，提升企业整体效益；严格控制债务融资预算规模，以资产负债率控制为核心，合理安排资本性支出。

在推动成长管理时，电信运营企业的财务部门应重点考虑下列问题：

A. 财务战略如何与公司整体战略保持一致？

B. 财务部门多长时间更新一次战略以反映业务目标的变化？

C. 财务部门是基于客户还是业务去衡量公司的盈利能力？

D. 财务部门如何提供与洞察公司成长战略相关的信息？

E. 公司资源能够支撑的可持续增长率？

（二）追求盈利——利润管理

从价值管理的角度分析，电信运营企业应从资本存量经营、资本增量经营、资本配置经营和资本收益经营四个方面着手追求盈利的可持续成长，并保证做到：①高于资本成本的超额收益率。经济增加值是衡量企业价值创造能力的核心指标，2008年世界500强中的21家电信运营企业中，经济增加值为正的有9家，其中中国移动的价值创造能力居于首位。为负的有12家，说明这12家公司产生的经济利润并不能弥补资本成本，并未给投资者真正创造价值，如图4-11所示。②基于可接受风险的盈利。盈利的质量在很大程度上体现出对流动性风险的控制能力。盈利数字本身无法准确反映企业的价值创造潜力，只有以风险杠杆挤压水分之后的现金性利润，才是连接企业投资决策、筹资规划和股利政策的关键所在。③对于盈利的计量要立足于企业的可持续经营，必须解决好短期和长期的矛盾问题。总之，高增长率并不一定都能创造价值，相反在下列两种情况下它恰恰可能是价值损害者：一是快速的增长会使一家公司的资源变得相当紧张，在增长率超过自由现金流量增加比率时，企业可能陷入增长性死亡；二是在回报率差（ROIC-WACC）小于零时，增长率越大，价值毁损越厉害。所以电信运营企业应坚定创值增长经营战略，引入新的投资理念，大力发展"现金牛"业务。

在进行盈利管理时，电信运营企业的财务部门应重点考虑下列问题：

A. 规划、预算、决策流程是否进行了整合和简化？程度如何？

B. 在预算、报表流程中使用外部数据的广泛程度如何？

C. 绩效考核体系的制定是否合理，是否体现了先进性和公平合理性？

D. 是否能够有效理解业务驱动因素和绩效目标之间可量化的关系？能否预测业务驱动因素的变化对绩效目标的影响？

E. 是否基于异常状况进行报表分析？效果如何？

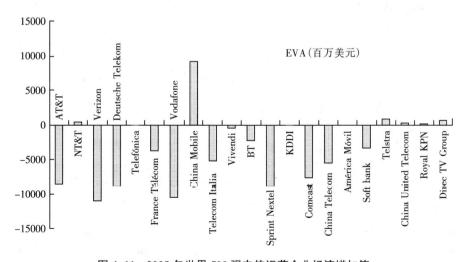

图 4-11　2008 年世界 500 强电信运营企业经济增加值

(三) 控制风险——风险管理

控制风险，强调以稳健的财务政策和财务控制来支撑公司的可持续发展，反对用仅有的资本博取高风险收益，防止资本结构劣化和由此产生的提高资本成本，调高公司风险水平。没有方向的增长和没有刹车装置的速度是绝对危险的。风险控制作为增长的制衡器，在一定程度上会压制增长、降低速度，但这将最终有利于企业的稳定经营和健康成长。所以风险控制应该是在"增长"和"盈利"之间进行权衡时杠杆的支点。基于战略的视角对风险的关注应包括：制度风险、信息风险、业绩风险、流动性风险等（汤谷良，2004）：①制度风险表现为制度实际执行偏离规范要求的程度。制度的首要功能是避免决策风险，避免控制失灵。制度失灵是风险的导火线。②信息风险表现为信息不对称、信息失真、信息迟缓等导致决策、控制过程和业绩评价等方面出现问题。③业绩风险表现为实际业绩偏离目标、预算等标杆值的程度。经营业绩与目标、财务预算指标偶尔发生偏差十分正常，但是如果实际值与目标值、预算值长时间发生很大偏差或重大波动，这是企业危机的征兆。④流动性风险表现为现金流无以偿还到期债务或维持当前运营水平所需的必要支出而导致的风险，主要关注企业支付能力的保障程度。

在推动风险管理时，电信运营企业的财务部门应重点考虑下列问题：

A. 公司是否针对可能的机会和威胁制定风险管理策略？

B. 公司内部控制完善程度如何？

C. 公司高管人员对内部控制和风险管理的支持程度如何？

D. 公司是否建立风险预警系统？是否能够使用嵌入在实际工作流程中的风险分析工具？

E. 公司对业务流程进行自动化控制的程度如何？

总之，管理增长是从战略角度规划企业的增长速度，既要确保必须的战略增长速度，又要防范超速发展的风险，保持公司速度与耐力的平衡；追求盈利主要是立足股东，确保公司运营、规模增长对股东盈利的持续支撑；风险管理是从制度上保障企业的控制力、信息畅通，尤其是资金链的安全与效率（汤谷良，2004）。这三者关系的动态平衡不仅是公司持续发展的基石，是战略规划和资源配置的核心，也是价值管理的实现过程。

对于电信运营企业来说，资产管理需要关注资产的整体优化配置，例如资本预算与投资增长速度的控制、集团内部资金统一调度、清产核资以及落实子公司经营者资产责任等，资产经营责任的确定是预算管理的基本前提，没有资产的确认与计量，没有投资与资本支出，难以构成完整的全面预算体系；利润管理需要关注集团整体业绩而不仅仅是省、地市公司的业绩，它通常通过利润目标与经营预算、集团整体的税务筹划等来实现。预算管理通过利润导向以及目标利润确定依据，使集团整体形成上下一致的利润规划，并将这一规划落实到年度预算中；风险管理主要应关注省、地市公司的经营风险与财务安全性等方面。风险控制需要通过预算手段与经营过程的预警来解决，预算反馈分析与报告应成为集团总部对省、地市公司进行风险监控的主要手段。因此，电信运营企业可以基于三维度的发展战略确定关键业绩指标（KPI），以各维度的KPI作为战略预算的编制起点和资源分配优先顺序的依据，并最终完成预算的编制（如图4-12所示）。

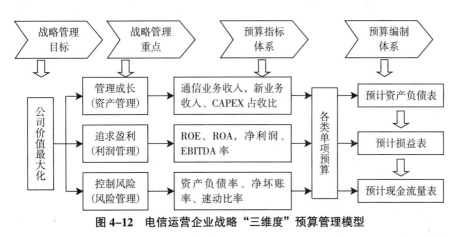

图4-12　电信运营企业战略"三维度"预算管理模型

本模型强调基于三维度（关注资产管理、利润管理、风险管理）的发展战略设计和选择多元化的、联动的、风险与收益相互制衡的预算指标体系，预算指标来源于关键成功因素，通过关键业绩指标加以体现。关键业绩指标的确定一方面必须体现战略导向的预算管理特征，表现出对成长、盈利和风险的持续高度关注；另一方面，关键业绩指标的选取要遵循SMART原则，并确定考核的标杆值，关注绝对值指标和相对值指标的同时应用，进行平衡管理。基于三维度的关键业绩指标体系最终直接可以作为企业编制经营预算、资本预算、现金预算和财务预算的基础和依据。战略"三维度"预算管理模型有利于电信运营企业增强集团公司（母公司）控制力，统筹优化配置资源，平衡协调管理，并实现事前规划、过程控制和业绩考评的有机统一。

五、电信运营企业优化全面预算管理的流程

全面预算管理的真正意义不在于预算工作本身，而在于形成战略规划、预算控制和绩效评价三者严密结合的闭环系统，为企业的生产经营和战略执行起到有力的推进作用。通过考察电信运营企业多年的预算管理实践，发现预算编制准确性不高，预算执行者低估收入、高估成本，夸大完成预算的困难，低估利润；在争取投资项目立项时压低支出预算，项目获批后，又不断高报投资需求扩大投资规模以谋求自身和局部利益。主要原因：目标不一致和利益冲突；信息不对称；规避不确定性带来的风险；防备上级的层层削减和层层加码；缓解以预算为基数评价业绩造成的压力；预算的编制缺乏依据，成本预算没有按照成本动因进行分解，过分依靠历史数据；等等（沈丹等，2010）。要想让全面预算管理真正在电信运营企业发挥作用，成为连接战略管理与绩效管理以及落实精细管理的重要牵引环节，并逐渐从成本目标控制手段演进为财务绩效评价工具和企业战略执行平台，需要做到：

（一）对全面预算管理的认识

管理层的高度重视和全体员工观念的彻底转变是推行和完善全面预算管理的根本前提和重要保障。公司内部"左邻右舍"的配合是实施全面预算管理的基本条件。任何一项大的管理变革在推行初期，一部分人必然会采取消极或反对态度。根据变革管理理论，一项大的管理变革在推行初期，一般有20%的人支持，20%的人反对，60%的人持谨慎观望态度。变革成功的关键在于能否使60%的观望者转变态度。因此营造以价值为核心的财务文化，宣贯公司价值最大化的核心理念，可以让管理者和员工重新认识全面预算管理，并将价值理念融入全面预算管理体系的实际应用中，如图4-13所示。

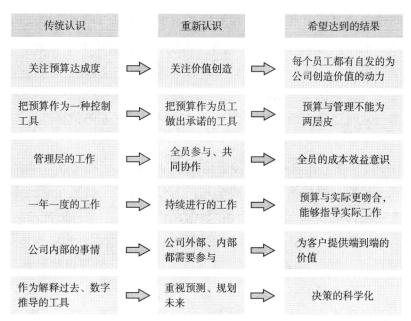

图 4-13　基于价值导向对全面预算管理的重新认识

（二）全面预算的编制

对于电信运营企业来说，预算编制具有两大功能：一是资源的预分配功能，即按照业务的重要性和优先程度完成预算资源的分配，实现对工作的筛选和控制；二是业绩的预评估功能，即通过预算编制程序，完成对企业经营状况的预测和规划，落地企业战略，为决策层提供定量化的决策依据。在全面预算编制过程中，电信运营企业应坚持做到结合经济发展环境、结合市场竞争形势、结合公司经营战略、结合统计分析数据；全面预算编制要与战略规划衔接，通过战略分解与业务流程梳理实现"战略—KPI—业务流程"的对应；逐步建立基于业务量的预算编制体系，为分析资源使用的效率提供信息支撑；通过落实业务流程、业绩动因、业务动因的责任中心，实现预算资源的归口管理，即"谁干事、谁花钱、谁编制预算"和"谁管事、管什么事、编什么预算"。财务部是预算编制的组织与汇总审核单位。对于全面预算的管理坚决反对：财务部门同时领导预算、编制预算、管预算。电信运营企业可以以各个责任中心为主体编制预算：在编制预算之前，要求各个责任中心编制工作计划任务书，明确预算年度的主要经济活动与所需的资源，在工作计划与预算之间建立起对应关系，提高预算编制质量，且为预算审核和预算执行监控提供依据；将预算编制情况纳入预算考核，包括预算编制及时性、预算准确率等。当然，如果开展的业务可以对应到不同的项目，按照项目维度进行成本预算的编制、审批、控制、分析及考评，可以在业务和财务部门之间搭建沟通的桥梁，并通过紧密联系业务的预算科目体系实现项目资源与部门总预算的衔接。

对于处于平缓增长中的主导通信企业来说，为了提高预算编制的科学性和准确性，对数据来源的要求是：①可获得性：数据在预测需要的某一时间段内可获得。②完整性：数据在预测需要的某一时间段内没有缺失。③一致性：数据在预测需要的某一时间段内含义及口径保持一致。④可解释性：数据在预测需要的某一时间段内变化情况可以解释清楚，并对异常值有合理的解释及修正方法。在此基础上电信运营企业应建立科学合理的预测方法体系，针对不同的预算采用预算标杆、标准定额成本、趋势分析、专家判断、固定预算、增量预算、零基预算、弹性预算以及滚动预算相结合的编制方法，同时考虑经济环境、市场环境、行业政策、税收及财务政策、业务所处生命周期等因素的影响。马嵘（2006）对编制各种预算时应尝试采用的方法进行总结：①收入预算应采用增量预算法。电信行业尚属于成长期，其收入一般呈递增趋势，编制收入预算时应采用增量预算法，收入预算的预算指标通常包括：销售规模、销售结构、用户数、资费、业务量、市场占有率等。②网络规模驱动的成本预算采用固定预算法。电信企业资本开支较高，折旧摊销、线路租赁等固定成本大，折旧费用预算可根据年末资产存量、次年有无折旧逾龄资产、次年完工工程项目的预计交付时间和预算金额等信息来预测。耗电量预算可用上年各基站平均耗电量（基站电费单价一般都已在签订的合同条款中确认）为依据来确定。③收入规模驱动的成本预算采用弹性预算法。对于收入规模驱动的变动成本项目，如坏账、网间结算成本等可直接与收入总额挂钩，按实际完成收入的一定比例确定费用预算。对于收入规模驱动的半变动成本，如广告宣传费、代办佣金等，编制预算时需将其分拆成用户保持和开发成本两部分，用上年存量收入的较低比例测算老用户保持成本，用预测的次年增量收入的较高比例测算新用户开发成本，以更好地体现电信企业成本和收入的依存度。④内部约束型成本费用预算可采取零基预算或增量预算法等。人工成本预算可按照用人计划和薪酬计划采用零基预算法，从实际需要与可能出发，逐项审议预算期内各项人工成本的内容及开支标准是否合理，在综合平衡的基础上编制人工成本预算。网络维护费用预算主要包括：折旧及摊销、人工成本、维护成本、业务费、管理费用等。由于网络维护中心的工作任务是为营销中心、客户中心提供服务，它们的工作价值不能直接以收入或利润体现，而是要体现在使用合理的资源配置、合理的成本费用开支来实现优质高效的专业化维护目标，因此网络维护费用预算可结合次年维护作业计划，采用零基预算法；车辆使用费预算可根据人员增加、业务量增长等因素采取增量预算法；差旅费预算以往主要依据两个因素编制，即出差人数和人均年出差费用标准，这种与生产要素脱节的预算容易造成成本费用不可控，而实际上差旅费预算的构成应涉及出差任务、出差日报销标准、出差次数或工日等。如无线网络优化中心的差旅费主要产生于日常基础网络优化、工程建设网络优化、专题专项网络优化三个方面，则差旅费预算=日报销标准×网络优化出差工日（杨轶敏，2010）。此外，为了避免预算缺乏弹性对运营产生影响，可通过实施滚动预算（每月或每季度进行一次）的方式，高效灵活配置资源，保证企业运营的稳定有序。

　　电信运营企业为了提高预算编制的准确性，可以采用下面四种方法来解决问题（以丹东移动为例）。方法一：标杆法。标杆管理是指通过设立自身历史的、同期同行的各级对照标准（包括先进水平、平均水平等），评价当前经营管理发展状况，进行定期通报和预警。对于丹东移动来说，标杆是指本公司历史最好水平、辽宁省公司其他分公司最好水平、中国移动集团公司所属分公司最好水平等。如果有一套详细的标杆，在编制和审核预算时就有了参照系，结合本公司的情况就可以编制出预算，而不至于与实际情况出现过大偏差。方法二：发现动因。为了准确地编制和审核预算，必须考虑成本动因或预算动因。所谓成本控制、预算控制说到底是控制动因，如果不能发现动因，不仅不能有效地进行预算控制，而且连编制都不会准确。如何在预算编制中考虑动因呢？一种可供借鉴的方法是编制业务活动计划，特别是对于费用预算的编制意义更大。

对于那些数额较大，或者数额不大但很重要的费用项目都应该编制业务活动计划。例如培训费，就应该编制培训计划，有多少个项目、每个培训项目多少天、有哪些人参加、请什么样的老师、吃住标准等，都应该在业务活动计划中列明。业务活动计划的作用就是保障财权和事权的统一。例如培训计划列明 10 天，每天请老师的费用 5000 元，如果实际培训 8 天就结束了，那么财务部只能拨付 8 天的经费。如果实际培训需要延长 2 天，12 天才结束，财务部就应拨付 12 天的经费。如果在预算管理中不考虑动因问题，就会大大削弱财务部门在预算管理中的作用。方法三：增加预算分析环节。预算不准确是常态，而且预算的执行者并不反对不准确的预算，他们反对的是上级不分青红皂白用不准确的预算来考核他们，作为奖惩他们的依据。所以在企业预算管理中应该增加预算分析环节，通过预算分析，将预算执行的结果区分为主观因素的影响和客观因素的影响。在理论上，因主观因素造成积极影响的，应该奖，造成消极影响的，应该罚；因客观因素造成积极影响的，不应该奖，造成消极影响的，也不应该罚。在有预算分析的情况下，即使预算编制得不准确，也可以加以调整。方法四：构建定额成本数据库。例如广东电信为了解决预算编制数据源取数问题，在成本消耗定额标准的测算和制定上进行了积极的探索，2007~2008 年采用定额成本法设计财务预算管理模型，对各项费用指标设置驱动因素，对属下各单位的成本控制起了较好的指引作用。同时，其财务部门在业务部门的大力配合下，已建立起成本动因辅助账，构建了成本基础定额数据库，只有建立在科学标准与合理定额基础上的预算、准确的数据源，才能避免预算编制和审核过程中冗长的部门博弈，也容易得到上下部门的认可。此外，电信运营企业应在引入作业成本理念的基础上积极探索基于作业的预算方法，将财务精细化管理落到实处，避免传统预算过程经常出现的编造费用指标的情况，结合成本动因便于期末考核和查找差异发生的原因，预算方法贴近了业务事项发生时的客观规律，更容易从驱动因素的角度进行评估和控制。

（三）全面预算的执行与监控

全面预算执行的全方位监控包括三层含义：一是预算执行监控必须渗透到企业的各个业务过程、各个经营管理环节，覆盖企业所有的部门和岗位，不能有任何"盲区"和"盲点"，真正做到精细化。二是要有健全的监控措施。既有事后的监控措施，又有事前、事中的监控手段；既有约束措施，又有激励手段；既有财务指标设定、现金流量控制及会计报告信息的及时跟踪，又有会计检查、人事委派等措施。三是与会计、审计等工作相结合，形成多道保安防线。凡涉及现金流入、流出的预算事项的执行至少要建立双人、双职、双责制度；重大预算事项的执行要有严格的审批和授权手续；内部审计部门要独立开展对预算执行情况的全面监督和检查（张晓铁等，2004）。由于预算的执行涉及企业的所有部门，所以全面预算管理的控制要以各责任中心的自我控制为主体，在财务部门的参与和监督下进行。对电信运营企业来说，全面预算应依据权责原则分解预算责任，遵循"谁可控，谁承担责任"的原则，对于部门不可控的费用由公司承担，不纳入部门预算和考核。各部门依据承担责任的不同，形成不同的责任中心。市场部、集团客户部、县级公司等业务部门既承担收入又承担成本费用责任，是利润中心，应用可控利润对其考核；工程、运行维护、基础网络等部门是成本中心，还承担部分投资决策权，应用成本费用和工程造价额度对其考核；行政、人事、财务、党群等职能部门是成本中心，应用成本费用预算对其考核。

电信运营企业建立完善的全面预算执行与监控机制，应主要包括：①建立全面预算预警机制。通过科学选择预算预警指标和合理确定预警范围，及时发出预警信号，积极采取应对措施。积极利用现代电子信息技术手段监控预算执行，提高预警与应对水平。②完善授权审批流程体系。缺乏严格的预算执行授权审批制度，可能导致预算执行随意；预算审批权限及程序混乱，可能导致越权审批、重复审批，降低预算执行效率和严肃性。电信运营企业应通过建立完善的预算审批内部控制机制确保预算的管控力度。③建立定期述职制度。公司各责任中心的负责人以公开报告的方式陈述自己所负责部门的预算执行情况，深入分析差异形成原因并提出相应的改进策略，帮助管理层全面了解情况，明确责任重心并传递压力（石磊等，2009）。④搭建财务稽核体系。遵循普遍覆盖与重点监控相结合的原则、通过以财务为核心辐射全公司经济业务的方式建立多维度的财务稽核体系，统一预算编制和执行的口径，确保数据信息的准确性、及时性和完整性以及成本费用和业务动因归属在预算编制和执行过程中的一致性，为编制内部管理报告提供精准的数据支撑。

对电信运营企业来说，预算控制必须落实到各项专业预算中，张晓铁等（2004）对预算监控重点和监控内容进行了系统总结，具体如下：①收入预算——监控重点（市场部等）：主营收入和回款预算的完成情况以及运营收入在管理环节存在的问题。监控内容：用户的发展任务是否按期完成；业务量的变化及原因；各项业务（包括新业务）的资费情况与变化；用户欠费情况及对欠费的管理；收入管理环节的跑、冒、滴、漏等。②成本费用预算——监控重点（各个部门）：成本费用实际发生额与预算额的差异，各项可控成本费用支出的变化，对预算外以及超预算成本费用支出的控制等。监控内容：是否按规定及时足额计提折旧；付现成本费用的支出是否履行了必要的审批流程和授权手续；预算外以及超预算成本费用支出是否履行了特定的审批流程和手续；成本费用开支是否符合国家会计法规和企业财务制度的规定；对可控费用是否建立与预算管理相配套的监控办法和程序并得到严格执行（蒋华园等，2007）。③资本性支出预算——监控重点（网络部等）：投资方向、投资结构、投资项目确定是否合理；投资相关的资金管理流程和制度健全与执行情况；投资计划的下达与落实、工程在建状况等。监控内容：运维成本预算的发生情况、投资规模和项目的执行情况；运维成本的实际发生情况；投资项目管理流程和制度是否健全并严格执行；固定资产转固情况；财务、审计等部门对项目管理的参与与监督情况。④采购预算——监控重点（市场部、网络部等）：采购活动是否按照预算的事先安排进行；采购资金与采购成本是否与预算相符。监控内容：是否对低值易耗品和备品备件采购分别进行控制；是否建立与采购有关的制度和流程并严格遵照执行；与资金支付相关的凭证、审批手续是否健全与完整；采购商品的质量是否符合要求；实际采购金额与预算的差异及追溯造成差异的重要原因。⑤财务预算——财务预算是业务预算、资本性支出预算和现金预算的汇总，也是企业预算年度财务状况、经营业绩与现金流量状况的综合反映，主要包括预计资产负债表、预计收益表、预计现金流量表。监控重点（财务部）：经营目标完成情况；资金流入与流出的合理性；重要成本费用的管控情况；预期收益的实现情况；整体财务状况的改善程度等（张晓铁等，2004）。

全面预算分析的执行主体是各预算责任单位，财务部门在预算执行分析上扮演的角色是引导和监督而不是代替预算责任单位进行预算分析。具体步骤：首先，财务部门对财务数据进行分析；其次，财务部门将预算执行结果回馈给各预算责任单位，由其进行预算执行状况分析，并逐级分解和细化；最后，由财务部门专人汇总预算分析报告并提交预算反馈报告，为有效的管理决策提供支持信息。全面预算分析主要包括数据分析、运营分析和差异原因分析（石磊，2009）三个重要组成部分。①数据分析。预算数据是公司运营状况的数量体现，利用数据分析可以直观反映公司战略的执行和实施状况、KPI业绩指标的完成情况以及各项作业活动的效率高低和增值状况。②运营分析。运营分析应以定性分析为主、定量分析为辅，全面反映公司在特定经营期间的运营效率和效果。③差异原因分析。差异原因分析应紧密结合国家宏观经济环境和地区经济的发展态势、电信行业走势的变化、公司战略层和管理层战略的转变、竞争对手战略调整等影响因素，分析业绩变动的主要驱动因素以及业绩变动的主要原因，为战略规划调整及预算调整提供有力的决策支持信息。由于电信运营企业外部经营环境和内部资源条件的变化，预算调整是预算实施过程中的必然问题和基本环节，预算调整一般需要经过申请、审议和批准三个主要程序。预算执行与管控坚持严肃性和灵活性相结合的原则，对于年度预算一经下达必须维护其严肃性，不得随意调整，但对于月度滚动预算可根据实际进度适时进行预算调整。除刚性指标外，在预算总额不变的前提下，弹性指标各项目之间可以根据实际情况在一定幅度之内进行调整。具体刚性指标可包括折旧、摊销和线路租赁费用等，弹性指标可包括营销费用、水电费、通信终端成本等项目，刚性指标一般不得超支。但无论何种情况，在预算开始执行之后，任何对预算数据的调整和修订，都应该是谨慎的、可控的、保留痕迹并可追溯的。

（四）奖惩全面预算执行结果

奖惩全面预算执行结果是对各责任中心预算执行结果和预算管理情况进行综合评价并进行适当的奖惩。"你测评什么，你就得到什么"，如果不对预算执行结果和预算管理情况进行考核并奖惩，那么预算就起不了应有的作用。通过考核，一方面可以发现和分析预算执行和管理中存在的问题；另一方面可以根据考核结果对部门和员工进行奖惩，激励有利于实现经营目标和改善预算管理的行为。建立预算考核体系应该明确规定考评指标体系、考评结果的运用范围、财务数据所依据的会计政策和会计估计、预算数据的审计要求，使考评结果能够为修正下一年度预算指标、兑现激励方案提供准确的数据基础。预算考核既是预算结果的责任归属过程，又是各预算执行主体间利益分配的过程，考评体系的设计思路和指标选定将直接引导被考评单位的经营管理方向。因此，电信运营企业可建立有效的考核激励机制，通过绩效评价、薪酬核定以及盈利激励三重作用实现（邵广禄，2010）（对预算少报受罚，多报不奖，适当降低各类预算完成率指标考核权重，鼓励自我提升，突出贡献奖励）将引导预算单位追求和建立预算趋准机制，并将预算编制视为实现经营目标的管理过程，而不仅仅是讨要资源和缓解业绩评价压力的重要手段。

余增彪（2001）认为实践中预算松弛对预算负面影响较大，所谓预算松弛行为是在委托代理关系中，在一种信息不对称且利益相背离的情况下产生的逆向选择行为。预算松弛的存在使预算水平与相关部门的真实业绩能力相背离，从而使预算这一绩效评价标准失去本身应有的客观性，又为预算执行者提供了掩盖实务的弹性空间（张鸣、张美霞，1999）。张先治（2009）提出预算松弛能够影响到预算编制的合理性、预算执行的可控性和预算评价的准确性，通过报酬契约的设计可部分减少预算松弛的程度。预算松弛是管理控制中的机能失调行为，存在预算松弛会降低员工努力和企业总体绩效，使预算作为绩效评价标准本身失去其应有的客观性，并使企业资源配置低效率。基于此电信运营企业可采用诱导真实预算数据的模型（彭雪云，2010），通过预算激励引导正确的预算信息。将管理者的收入分为两部分，即基本报酬和绩效奖惩。其中基本报酬与业绩无关，保证管理者获得必要的薪酬；绩效奖惩等于基本奖励加附加奖励或惩罚。为了诱使管理者上报真实收入预算，设置绩效奖惩模型如下：

基本奖励 = 预算值 × B（依据预算值确定的奖励系数）

附加奖励 =（实际业绩 – 预算指标）× A（超额完成预算指标的奖励系数）

附加惩罚 =（预算指标 – 实际业绩）× C（未完成预算指标的惩罚系数）

其中：三个系数的关系：$0 < A < B < C$

此外，由于电信运营企业成本预算资源呈现"三小两大"的特点，即总成本占收入比重小、付现成本占总成本比重小、可控付现成本占付现成本比重小；折旧占总成本比重大、付现成本刚性大。可以根据企业实际情况建立对材料成本、用户欠费、房租、电费四项成本进行专项考核的奖罚机制，以提高预算执行与管控的效率和效果。

（五）以全面预算管理为切入点，全面提高企业管理水平

全面预算管理只是企业管理模型的一个组成部分，全面预算管理的推行不仅是管理手段的实施，更重要的是通过这种管理手段将公司的管理思想和规范化的管理理念带入各级管理者工作中，从而推动公司提高管理水平，实现可持续发展。电信运营企业管理体系包括：公司发展战略规划、组织管理、市场营销管理、网建网优管理、人力资源管理、财务成本管理六大部分，其中战略管理系统是企业管理的核心与关键，如图4-14所示。

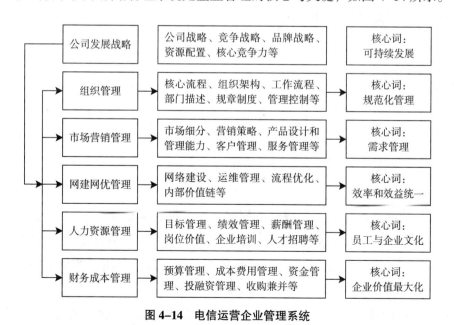

图4-14　电信运营企业管理系统

综上所述，电信运营企业实施全面预算管理是卓越的精细化管理模式，不仅可以实现公司效率和效益的统一；更重要的是，这一现代创新管理模式推动和支撑了我国电信业的财务转型和企业转型；同时，企业员工的思维习惯、价值观念、企业文化也在不断得到提升。但我们应该看到，全面预算管理从实施到完善不可能一蹴而就，一步到位，从国外发达国家的成功经验来看，全面预算管理从实施到完善至少需要 5~6 年的时间，只有不断发现问题，解决问题，加强各部门的沟通、协作，优化企业全系统流程，才能不断提高运营商的全面预算管理水平和企业管理水平。哈佛商学院工商管理教授尼廷·诺里亚与达特茅斯学院塔克商学院战略与组织行为学教授威廉·乔伊斯等人，对 160 家企业进行连续 10 年的跟踪调查研究发现，近 10 年来有 200 种管理方法在企业中得到了运用，但这些方法中没有哪一个能确保企业经营的成功，而企业成功的法宝在于四个首要实践——战略、执行、文化、组织结构全部卓越，以及四个次要实践——人才、创新、领导力、并购中任意两个的有机结合，形成密不可分的管理体系。全面预算管理体系也不例外，只获得理念和方法并不能确保企业成功。今后，预算行为、国有资本经营预算、将预算作为内部管理报告的前瞻性信息等方面，将会成为电信运营企业全面预算管理关注的重点。

第三节　强化综合绩效管理

企业的持续发展需要战略规划的成功推进，而在这一过程中为了保证能够及时获得各种控制信息，必须进行绩效管理。绩效管理是一个管理体系，是一个周而复始、不断提高的过程，是一个闭环的反馈系统。绩效管理本身不是目的，只是为了获得一个更高的业绩水平而使用的手段。传统的绩效管理与战略脱节，以财务报表为基础侧重于财务绩效评价，无法准确反映企业的核心竞争力，更无法根据市场需求的变化及时调整考核指标体系，从而合理调配资源，提升企业核心竞争力。而能否正确地实施公司战略从而提升公司竞争力已经成为众多中国企业能否在开放的国际化市场上获得成功的关键。

一、绩效、绩效管理及绩效评价

绩效是业绩和效率的统称，包括活动过程的效率和活动的结果两层含义，一方面是指员工的工作结果；另一方面是指影响员工工作结果的行为、表现及素质。所以鲍曼和默顿维都（Borman & Motowidlo，1993）从个体的角度出发，将绩效分为任务绩效和关系绩效两个方面。任务绩效主要是指员工是否完成任务以及达到组织规定的绩效目标；关系绩效主要是指员工在工作中与别人合作共事的程度、团队精神的好坏以及组织归属感的强弱等情况。绩效具有多因性、多维性和动态性（杨健奎，2007）。所谓多因性是指绩效的好坏受制于主客观多种因素，包括SOME，即 S-Skill（技能），O-Opportunity（机会），M-Motive（激励），E-Environment（环境）；多维性是指从多个维度进行绩效评价；动态性是指绩效会随着时间的推进发生变化。因此需要用系统观评价企业的绩效。

绩效管理是一种解决或缓解委托—代理问题的制度模式，是基于战略导向，依据组织体系，通过总部与责任中心、责任中心与员工之间达成的业绩合同或协议的履行、双向互动沟通及评价而进行的管理。绩效管理体系主要包括：绩效管理的主体、绩效管理的客体、绩效评价目标、绩效评价指标、绩效评价标准、绩效评价报告和激励报酬七个方面。绩效管理过程包括：绩效计划、绩效实施、绩效评价和反馈、绩效结果应用四个环节。目前理论界基于对绩效管理的客体认识存在差异形成了三种组织模式：①管理组织业绩。②管理员工业绩。③管理组织和员工业绩。专家一致认为在绩效管理体系中，绩效评价是其核心内容之一。美国组织行为学家约翰·伊凡斯维奇认为，绩效评价可以实现以下八个方面的目标：对员工和团队对组织的贡献进行评估；为员工的薪酬决策提供依据；组织对员工绩效考评的反馈；为员工的晋升、降职、调职提供依据；为招聘选拔和任务分配提供依据；了解员工和团队培训和教育的需求；对培训和员工职业生涯规划效果的评估；为工作计划、预算评估和人力资源规划提供信息。2000 年，Kagnus Kaldetal 对北欧公司的绩效评价状况进行了全面系统的调查，对其主要作用总结如图 4-15 所示。

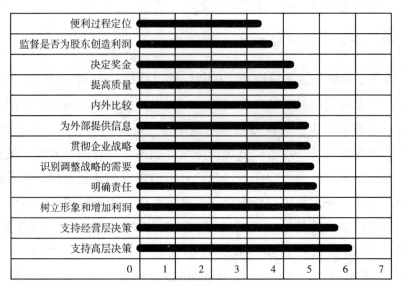

图 4-15　绩效评价作用分布图

企业绩效评价是对企业在一定时期内利用其有限的资源从事经营活动所取得的成果进行测评（黎毅，2004）。在现代企业经营环境中，企业绩效评价主体呈多元化的格局。狭义上讲，企业绩效评价主体包括经营者和所有者；广义上讲，企业绩效评价主体包括所有相关利益者。明确评价主体就可以明确所需提供信息的种类和质量。企业经营活动是通过签订一系列契约实现，评价主体为了评价一段时期内企业与各相关利益者契约完成的质量，就会选取特定的指标体系，对照特定标准，采用特定方法，评价企业业绩，解决不同相关利益者在契约履行过程中的资源界定和利益分配问题。企业绩效评价系统的目标是整个系统运行的指南和目的，没有明确的目标，整个绩效评价系统将处于无序状态。

纵观国内外诸多成功企业，发现基于绩效导向的管理机制是企业成功的秘诀。许多具有较强业绩理念的领先企业具有超强的投资回报率（如图 4-16 所示）。

排名		财富（Fortune）杂志评选年度最受推崇公司	1993~1998 年平均股东报酬率（%）	1998 年股价上涨率（%）
1998 年	1997 年			
1	1	General Electric	34.2	37.8
2	3	Coca Cola	26.1	−0.1
3	2	Microsoft	68.9	111.5
4	—	Dell Computer	152.9	241.4
5	7	Berkshire Hathaway	33.8	52.2
6	—	Wal-Mart Stores	27.6	106.8
7	6	Southwest Airlines	6.6	38.2
8	4	Intel	50.6	20.1
9	10	Merck	37.0	37.0
10	8	Walt Disney	16.9	−9.7

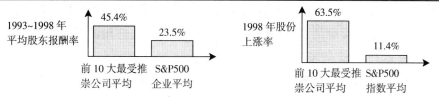

图 4-16　许多领先企业具有非同一般的投资回报

二、绩效评价体系的演进与发展

国外企业绩效评价历史悠久，对其研究源于所有权与经营权的分离。19 世纪以前绩效评价十分罕见，从 20 世纪初至 20 世纪 90 年代，财务评价几乎是企业绩效评价的全部内容，评价结果也与经理人的报酬挂钩。这期间主要研究成果有（陈萍等，2010）：美国学者亚历山大·沃尔提出的信用能力指数概念；美国学者米切尔关于美国经理人的报酬与绩效的关系；威廉·比弗提出的财务失败预警模型；布朗创立的杜邦财务分析法等。自 20 世纪 90 年代起，针对传统业绩评价体系的缺陷，国外学者对业绩评价理论进行了深入研究，出现了经济增加值、平衡计分卡、战略计分卡、绩效棱柱等最新研究成果。

绩效评价体系的演进大致可以分为四个阶段，每一时期的绩效评价体系都是由企业所处的社会经济环境和企业的管理要求所决定，绩效评价的差异性集中体现在绩效评价指标体系（乔均，2007）。

（1）19 世纪以前，观察性绩效评价阶段。企业规模很小，对其进行绩效评价意义不大，故绩效评价以观察为主。

（2）19世纪至20世纪初，成本绩效评价阶段。这一时期绩效评价重点是降低生产成本，用成本指标对成本绩效进行评价。1911年，美国会计工作者哈瑞设计了最早的标准成本制度，以标准成本的执行情况和差异分析结果作为绩效评价的主要指标，形成了标准成本绩效评价方法，标志着人们观念的革命性转变，真正实现了成本的全过程管理。

（3）20世纪初至20世纪90年代，财务绩效评价阶段。这一时期又可分为三个阶段：即以销售利润率为中心的财务绩效评价阶段、以投资报酬率为中心的财务绩效评价阶段和以财务指标为主的财务绩效评价阶段。20世纪初，多元化经营和分权化管理为业绩评价的进一步创新提供了契机，为了加强资本所有权控制和公司内部控制，1903年，美国杜邦公司的财务主管唐纳森·布朗发明了至今仍然广泛应用的杜邦分析体系，其中最重要的就是投资报酬率指标，并将其分解成两个重要的财务指标——销售利润率和资产周转率。1923年，通用公司的董事长阿尔弗雷德·斯隆提出的分权管理就是借用了布朗的杜邦分析体系。20世纪60年代，许多控股公司出于成本效益及管理方便的考虑，借助"投资中心"或"利润中心"实施对子公司的管理与控制，又逐渐引入预算、税前利润和剩余收益等指标。20世纪80年代，西方许多企业开始更多地转向企业长期竞争优势的形成和保持，并在经营绩效评价体系中引入了非财务指标，如产品生命周期、顾客满意度等指标。这一阶段绩效评价的重点仍然是财务指标，非财务指标仅仅作为补充和参考。

（4）20世纪90年代至今，战略性绩效评价阶段。随着3C时代的到来，企业外部竞争环境和内部条件都发生了重大转变，传统的利润指标由于具有短期性和易操作性等特征，已经无法全面反映企业的资源和经济实力，更难以反映企业的核心竞争力。1991年，美国思图·斯特咨询公司提出了EVA绩效评价与激励系统。1992年美国著名管理会计学家罗伯特·卡普兰和复兴全球战略集团总裁戴维·诺顿共同提出平衡计分卡（BSC）的理念，从四个方面对企业进行综合绩效评价，包括顾客、财务、内部经营流程、学习和成长。接着英国特许管理会计师协会CIMA提出了"战略计分卡"（Strategic Scorecard）概念，通过引入"企业治理 = 公司治理 + 业务治理"的理念，考虑了不同治理层次的主体在进行战略管理时的不同职责。认为企业治理是为董事会或经营者在促进其遵循战略方向、完成业绩目标、控制适度风险、监督组织资源与组织责任的一致性的责任与体系。企业治理展示着一个企业组织的整体责任框架，包含了制度的符合（即公司治理）和业绩的提升（即业务治理）两个维度。战略计分卡提供了一种制定战略的流程，注重企业所面临的重大问题，使董事会也参与到战略实施框架中，对战略制定和实施的全过程进行全面的监督考察。按照英国管理会计研究会 CIMA 首席执行官 Roland Kaya 的看法，平衡计分卡和战略计分卡的综合运用，可以提高企业成功的机率。2002 年，安迪·尼利和克里斯·亚当斯开发了基于利益相关者的战略绩效评价系统——绩效棱柱（Performance Prism），其框架基础是利益相关者价值概念，而非股东价值，用棱柱的五个方面分别代表组织绩效存在内在因果关系的五个关键要素：利益相关者满意、利益相关者贡献、组织战略、业务流程和组织能力。绩效棱柱理论从多方面来评价企业的业绩，强调利益相关者价值的重要性，把重要的利益相关者放在核心位置，有效地处理了企业与各个利益相关者之间的关系。

三、综合绩效评价方法——经济增加值与平衡计分卡

（一）传统以财务业绩为主的绩效评价

从宏观上说，当前世界经济的基本特征是国际化、金融化和知识化；从微观上说，人类社会从工业时代转入信息社会，企业的经营环境发生了巨大变化。"今天有三种力量，它们或者独立，或者合在一起，正在驱使今天的企业越来越深地陷入令多数大董事和经理惊恐不安的陌生境地。"（哈默、钱皮，1998）这三种力量就是顾客（Customers）、竞争（Competition）和变化（Change）。企业经营环境的巨大变化必然对企业绩效评价提出新的要求。而传统的基于财务报表的绩效评价制度，大多数离不开对财务指标的分析，如杜邦分析体系、沃尔的财务状况综合评价、国有资本金绩效评价指标体系等。虽然它们有助于了解企业获利能力、偿债能力、营运能力、成长能力，但它们只能发现问题而不能提供解决问题的方案，只能做出评价而难以改善企业的整体状况，并且这些方法的应用都以财务报表为基础，许多因素导致企业财务报表不能全面反映

企业的经营活动；会计用特有语言描述企业的经营活动；以权责发生制作为会计事项的处理原则；审计准则以及以此为基础的审计活动可能强化财务报表本身的内在缺陷等。传统财务绩效评价作为一种基于对过去经营数据的评价，只能获取滞后指标，不能及时捕捉到最近乃至更远的会计期间企业经营管理者的行为对企业带来的影响。即使对于过去的行动，财务绩效评价也只是评价企业经营活动的一部分而不是全部。对于今天和明天为创造未来财务绩效而采取的行动，财务绩效评价不能提供充分的指导。许多对企业经营管理有重要影响的非财务因素，难以进入财务报表并进行可靠的财务绩效评价。企业财务绩效评价会造成企业经理过分重视取得和维持短期的财务成果，急功近利，在短期绩效方面投资过多，而在长期价值创造方面，如在无形资产和智力资产方面的必要投资过少（胡玉明，2002）。传统财务业绩评价侧重于企业内部，满足股东、债权人或管理者的需要，忽视了对企业外部因素的评价。财务指标没有直接考虑权益资本成本，因此占用权益资本的机会成本就未被揭示，使得企业经营者易产生"免费资本"的幻觉，以至于不断出现投资失误、重复投资、投资效益低下等不符合企业长期利益的决策行为。传统财务业绩评价未能站在战略的高度充分揭示业绩改善的关键动因，无法与企业的长期战略目标相联系。传统财务绩效评价制度还有违权变性原则（直接材料、直接人工、制造费用的计入和分配）、一致性原则（提高效率—大量生产—存货积压，降低成本—购进劣质材料，有利于本部门而非企业整体利益）、重要性原则（开发和运用无形资产—雇员的技术、客户的满意度和忠诚度等）。总之，以存在内在缺陷的财务报表作为基础进行财务绩效评价不可避免存在诸多缺陷。

为了使企业能够应对顾客化、竞争化和变化，对企业经营业绩的评价必须突破单一的财务指标，采用包括财务指标与非财务指标相结合的多元化指标体系。由此，经济增加值和平衡计分卡等综合绩效评价体系应运而生。

（二）经济增加值

1. 经济增加值（Economic Value-Added，EVA）及驱动因素分析

何谓 EVA？简单地讲，EVA 是减除资金成本的运营回报，即税后的

净营业利润减去债务和权益资本的使用成本后的差额。

可以用公式表示为：

EVA = 税后净营业利润 − 加权平均资本成本率 ×（债务资本 + 股权资本）

= 税后净营业利润 − 资本成本

EVA 与传统的财务分析工具相比，考虑了权益资本的机会成本。用通俗的话来讲，即股票融资与债务融资一样是有成本、要付出代价的，它是对一个企业真实经济利润的判断，其理念符合现代全面财务管理的终极目标，即实现股东财富和公司价值最大化。管理学之父彼得·德鲁克在《哈佛商业评论》上的一篇文章中指出："作为一种度量全要素生产率的关键指标，EVA 反映了管理价值的所有方面。"这些要素将会给公司的偏好、体制和文化带来持续的变化。

通过对 EVA 进行驱动因素分析，可以发现影响价值变动的主要因素和制定引领价值提升的管理策略，从而真正实现企业价值最大化的终极目标。经济增加值驱动因素与价值管理策略如图 4-17 所示。

2. 基于 EVA 的绩效管理体系的构成要素

思图·斯特公司将 EVA 管理评价系统归纳为四个构成要素（4Ms），即评价指标（Measurement）、管理体系（Management）、激励制度（Motivation）以及理念体系（Mindset）。

（1）评价指标（Measurement）：EVA 是准确衡量业绩的尺度，对无论处于何种时间段的公司业绩，都可以做出最准确恰当的评价。思图·斯特公司已经确认了 160 多种对 GAAP 所得收入及收支平衡表可能做的调整措施。这些措施涉及到诸多方面，包括存货成本，货币贬值，坏账储备金，重组收费，以及商誉的摊销等等。针对每个公司的具体情况，才能确认那些真正能够改善公司业绩的调整措施。

（2）管理体系（Management）：在 EVA 体系下，可以容纳几乎所有层次的管理决策，包括战略规划、资金分配、收购或分拆定价、制定年度计划以至日常的经营决策。EVA 公司的管理人员清楚了解增加价值只有三条基本途径：一是可以通过更有效地经营现有的业务和资本，提高经营收入；二是投资期望回报率超出公司资本成本的项目；三是可以通过

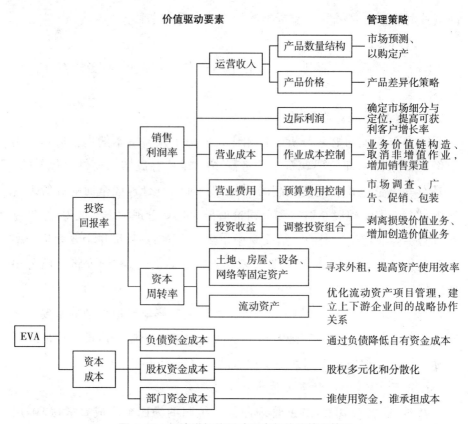

图 4-17   经济增加值驱动因素与价值管理策略

出售对别人更有价值的资产或通过提高资本使用效率，如加快流动资金的运转，加速资本回流，从而释放沉淀资本。

（3）激励制度（Motivation）：通过建立与 EVA 评价体系相结合的管理人员激励机制，可以促使管理者以股东利益最大化为目标进行管理决策；如今许多针对管理人员的激励报偿计划过多强调报偿，而对激励不够重视。无论奖金量是高还是低，都是通过每年讨价还价的预算计划确定。在这种体制下，管理人员更加关注制定一个易于完成的预算任务——并且因为奖金是有上限的，他们不会超出预算太多，否则会使来年的期望值太高，甚至使其信誉受损。EVA 体系提出现金奖励计划和内部杠杆收购计划。现金奖励计划能够让员工像所有者一样得到报酬，而内部杠杆收购计划则可以使员工对企业的所有者关系真实化。

（4）理念体系（Mindset）：通过实施 EVA 管理评价系统，可以将

"为股东创造最大价值"这一经营理念分解和传输到企业的各个层次。在
EVA 制度下，所有财务营运功能都有共同的基础，为公司各部门员工提
供了一条相互交流的渠道。EVA 为各分支部门的交流合作提供了有利条
件，为决策部门和营运部门建立了联系通道，并且根除了部门之间互有
成见，互不信任的情况，这种互不信任特别会存在于运营部门与财务部
门之间。

Harnischfeger 公司的 CFO 弗朗西斯·科比（Francis Corby）说，自从
公司采用 EVA 之后，管理层并没有拒绝一个可行的资本投资要求。生产
管理人员明白，如果新投资项目的收益低于资本，他们的奖金将受到影
响，所以他们不会为了使项目通过而故意夸大项目的预期回报。所以说，
EVA 是一种新的企业管理模式，也是全面财务管理的基石；是一种经营
战略，也是一种企业文化；是一种激励机制，也是一种业绩测评体系。
它可以帮助任何行业中的任何企业，为股东、员工和客户带来优异的成
绩。以 EVA 为基础的价值创造过程是现代公司管理的一场革命。

3. 基于 EVA 的绩效管理体系的运作特点

（1）EVA 管理能够对扭曲的会计信息进行调整，从而公平地进行行业
绩评价。按照 EVA 管理模式进行公司业绩评价时，不仅要减除股票融资
与债务融资的资金成本，还要对扭曲的会计信息进行调整。这种处理方
法可能与传统的会计处理方法不同，但对经营者来说更加公平，有利于
企业的技术进步和创新，使得经营者在短期内加大此类投入来换取长期
的盈利。而对国有企业来说，某些收益不再是免费，必须得到应有的投
资回报。一般说来，调整项目包括：科研开发支出、战略性投资、收购
的会计处理、费用的确认、折旧、重组费用、税收、资产负债表的调整
等等。当然，调整项目是否需要，可按照下列原则来判断：①调整项目
是否真有影响；②调整项目是否可控；③管理者能否影响相关的支出；
④对执行者来说是否容易理解；⑤所需的资料是否容易取得。

（2）EVA 管理加快了虚拟组织的形成和推广。EVA 管理迫使管理者
对经营活动中使用的所有资金都考虑资金成本，并最大限度地有效配置
资源，从而实现股东财富和公司价值最大化。随着企业之间竞争的日趋
激烈，管理者必须寻求提高 EVA、提高自身竞争力的途径。这样，由于

互联网技术的日益普及、信息技术的快速发展，以及企业经营环境发生了相应的变化，就加快了虚拟组织的形成和推广。

（3）EVA 管理适用于各种机构。EVA 管理适用于上市公司和非上市公司，适用于股份制和非股份制企业，适用于制造业、服务业、银行业等各种行业，适用于大企业、中小企业，也适用于国有企业。目前，全球已有 300 多家公司成功地运用了 EVA 管理体系，例如西门子、索尼、惠普、可口可乐、思科、制造发动机的 Briggs & Stratton 公司、从事批发业的 Grainger 公司、从事汽车租赁和物流管理的 Ryder Systemg 公司、从事金融信息服务的 Dun & Bradstreet 公司、巴西最大的媒体公司 Globopar 公司、美国营利性医院 Tenet Healthcare、Centura 银行、Telestra 电信公司、美国邮政总署、新加坡港务局等，这些成功的案例表明了 EVA 在本质上可以应用于各种机构。在我国，国务院国资委从 2003 年开始就宣传、启动和测试中央企业的 EVA 指标，尤其是 2010 年已全面导入 EVA 对中央企业进行经营业绩考核。实施 EVA 并不仅仅是在计算利润时多扣除一种成本，当一家公司真正实施了 EVA，就意味着彻底改变了人们的行为，这就远远超出了 EVA 的计算本身。

（4）EVA 管理注重企业的可持续发展。EVA 管理不鼓励以牺牲长期业绩的代价来夸大短期效果，也就是不鼓励诸如削减科研开发费用的行为；而是着眼于企业的长远发展，因为在 EVA 体系下，一旦投资项目正式启动，管理层就必须为已投入资本承担资本成本，这就鼓励企业的经营者选择能给企业带来长远利益的投资决策，例如：新产品的研究和开发、人力资源的培训和教育等等。此外，EVA 管理不仅符合企业的长远发展利益，而且也符合知识经济时代的要求。因为在知识经济时代，以知识和信息为基础的无形资产将成为提高企业价值、决定企业成败的主要动力，这样对知识型员工的激励、管理和开发就成为企业成败的关键因素，他们的创造力是公司价值增值的源泉。而且，劳动不再是以成本的形式从企业收入中扣除，资产不再是企业剩余的唯一分配要素，智力资本将与权益资本和债权资本一同参与企业的剩余分配，甚至前者将处于更重要的地位。

（5）EVA 管理代表着共同利益。EVA 管理的最终目标是实现股东财富和公司价值最大化的目标。这样人们就会提出质疑，强调追求股东财富，是否会忽略了其他利益相关者的利益？这些利益相关者主要包括：管理者、债权人、员工、顾客、公司所在的社区、周围的环境，甚至还包括股东自身的长远利益。实际上，实现股东财富最大化是保证其他利益相关者的长远利益的最好方式，也是一种唯一的方式。因为股东财富最大化可以引导资源用于最有效率和最有价值的领域，企业是社会财富的创造者，为股东创造财富的过程也是为社会中每一成员创造财富的过程，只有这样才能保证社会的安全和稳定。如果企业不去追求股东财富最大化，就会导致资源的浪费和整个社会的恶性循环，那也就根本无法保证其他利益相关者的利益。再者，如果损害了其他利益相关者的利益，那么管理者也不能够为股东创造持久的财富。正如经济学家罗纳德·高斯所说，公司是"一组契约的集合"，当然这些契约可能是显性的，也可能是隐性的，如果公司在强调追求股东财富的同时，忽略和损害了其他利益相关者的利益，那必然会引起其他利益相关者的不满，从而导致 EVA 的降低。

（6）EVA 管理注重以人为本。美国 Stern & Stewart 咨询公司的高级副总裁 Al Ehrbar 指出："从本质上说，EVA 不是关于金融学或者经济学的知识，而是关于人的知识。"因为人的创造力和对成功的渴求才是企业价值的真正来源，所以实施 EVA 管理必须注重以人为本。一方面，EVA 管理注重加强对人力资本的投资。随着现代经济大发展，知识日益凸显出其重要的地位，而人是知识的载体和创造力的源泉，因此只有不断地学习和创新才能为企业创造更多的价值。EVA 管理不鼓励以牺牲长期业绩的代价来夸大短期效果，而是着眼于企业的长远发展。另一方面，EVA 管理是一种开发潜在的成功业绩的工具。美国哈佛大学的管理学教授詹姆斯说："如果没有激励，一个人的能力发挥不过 20%~30%，如果施以激励，一个人的能力可以发挥到 80%~90%。"对知识型员工来说，正确有效的激励可以最大限度地开发潜在的成功业绩。EVA 激励机制完全不同于传统的激励机制，它建造的模拟权益奖金计划根据 EVA 来回报管理者和从公司总部到基层业务一线的所有人员，从而使得管理者和员工与股东有着一样的心态，像股东一样思维和行动。

4. 实施基于 EVA 的绩效管理，实现价值最大化

与西方国家相比，中国资本市场的发育程度较低，因此有人对在中国实施和推行 EVA 管理的实际意义提出了质疑。实际上，中国资本市场的相对落后只是暂时现象。以 EVA 为基础的业绩测评体系能够公平地进行从经理到员工的业绩测评；EVA 为解决公司治理结构问题提供了最有可操作性的方案；EVA 建造的模拟权益奖金计划是世界一流的激励报酬制度，可以激励从公司总部到基层业务一线的所有人员，改善自己的业绩，从而吸引、激励和留住人才；以 EVA 为基础的激励制度能够提高员工的积极性和士气，在企业内部形成一种凝聚力和激励力，创造一种使股东、管理人员和员工持续努力，人人关心 EVA，为公司创造价值的文化氛围。所以说，EVA 代表的是一种长期管理体系，它的实施和推行不应受短期行为和暂时现象的影响。

（1）确定 EVA 责任中心。EVA 责任中心是指公司内部一些不同层次的经营单位，例如：一个车间、一个部门、一个事业部、一个子公司等等。按照会计制度中"持续经营"假设的规定，可以对这些经营单位所创造的 EVA 进行计量和管理。整个公司是最大的 EVA 中心，以最大限度地提高 EVA、实现股东财富和公司价值最大化为主要目标。在公司下面包括各个层次的 EVA 中心，这样可以使各个层次的管理者都有一个恰当的视角，在决策和后果、报酬和业绩之间建立起密切的联系。

（2）对各个 EVA 责任中心进行驱动因素分析。将与各个 EVA 责任中心相关的驱动因素加以连接，形成一条责任链，用来解释公司整体 E-VA 的变化，与最基层的驱动因素相关的是一系列重要经营指标，这些指标与基层员工的行为息息相关，将这些指标反映的经营信息与财务指标加以联系，就可以直接解释 EVA 的变化原因。为了提高企业的整体 EVA 水平，各个责任中心的管理者能够快速找出影响 EVA 的关键因素，并了解哪个因素是他们可以通过自己的行为直接影响的。对研发部门来说，该因素可能是能否及时开发适合市场需求的新产品；对制造部门来说，重视产品质量和生产效率是关键；对采购部门来说，会力图缩短供应链，并提高其运行效率；等等。每个 EVA 责任中心都有一套指标用以测评、报告并改善本中心的业绩，然而所有管理者都必须先明确本中心

的业务是否有助于提高企业整体的 EVA。这种将 EVA 与责任中心业绩指标相挂钩的系统与企业员工培训计划相结合，使公司治理体系在企业最小管理层面上有效运行，并使基层员工成为企业成功不可或缺的力量。另外，EVA 驱动因素的分析结果可以时刻提醒人们，最大限度地提高 EVA、实现股东财富和公司价值最大化是他们的目标，而其他成果和指标只有当有助于实现这一目标时才是有用的。

（3）建立有效的 EVA 激励机制。EVA 激励机制与传统的激励机制有所不同，它的核心是制定 EVA 模拟权益奖金计划。由于这种奖金计划可以激励从公司总部到基层业务一线的所有人员，改善自己的业绩，所以他们在共享财富的同时，为公司创造了更多的价值。EVA 模拟权益奖金计划的运作思路是，按照 EVA 增加值的一个固定比例来计算管理者的奖金，再加上基本现金奖金，使得他们的整个报酬更有竞争力。他们能获得的奖金数额不封顶，奖金所占 EVA 的比例是事先设定的，最理想的是至少 3~5 年，这一比例不会因为随着时间推移，营业计划和经营表现的改变而改变。总而言之，EVA 奖金计划是真正的模拟权益奖金计划，它可以像回报股东那样去回报管理者。这就鼓励管理者提出积极的计划指标，因为他们不会因为短期的失败而受到惩罚，并且他们将为每一点成就而得到额外的奖金，所以他们会尽最大努力去提高 EVA，团队合作也会因此而加强，同时，管理者和所有员工会像合作伙伴一样寻求并实施使 EVA 最大化的策略，因为这是他们得到报酬的基础。EVA 奖金计划是比实施股票期权更好的激励方案，尽管它们都具有长期激励作用，但有着显著的差别。目前，实施股票期权在中国公司还刚刚起步，当然，非上市公司和国有企业不可能用股票或股票期权进行激励。但是，即使他们可以用这些方法，股票激励也并非是一个好的解决方法。首先，股票期权受市场价格的影响较大，奖励的获得受外在因素的影响，与经营者的努力不成正相关的关系，所以，股票期权有可能导致管理者片面追求估价上升而产生短期行为；其次，受到股票期权激励的是公司的一些高层管理人员，不能对公司的所有员工起到激励的作用；再次，股票期权的激励方案没有对获得的业绩按责任中心进行细分，这样会使激励效果被稀释；最后，股票期权的激励方案会导致公司的管理者对到底是哪些财务和业绩因素推动股票价值迷惑不解。有些人错误地认为，利润评价指数、现金流是驱动价值的因素；事实上只有 EVA 才最好地解释了股东价值的创造。而 EVA 奖金计划却克服了这些缺陷，所以在现阶段探讨 EVA 管理对我国建立有效的公司治理结构，推进激励和约束机制改革有着重要的实践意义。

（4）倡导以 EVA 为基础的企业价值文化。正是这种企业价值文化，可以导致公司所有人员观念的变化，从而引起行为的变化。在传统的体制下，由于缺乏正确的衡量标准，导致价值扭曲的存在，价值的扭曲往往以牺牲公平和效率作为代价，这种令人触目惊心的例子比比皆是。例如：由于国有资产贬值私有化和管理层的管理要素价值不被合理认同，从而导致国企老板的 59 岁现象的产生，就是价值天平倾斜所造成的。因此，我们有必要倡导价值的重要性，利用经济增加值等价值衡量工具来推动企业价值文化的形成。另外，只有在公司内部建立一种全体员工认同的以 EVA 为基础的企业价值文化，才能使股东和其他相关者的利益保持高度的一致，从而充分发挥团队的优势，最大限度地开发所有人员的潜能，共同为了提高 EVA、增加公司的价值而尽自己最大的努力。当然，通过 EVA 来营造一种企业价值文化是一项艰巨的工作，但是在今天这种高度竞争的经济环境下，只有不断变革和创新，才能生存和持续发展。

总之，尽管 EVA 的计算相对来说比较简单，而且易于沟通和理解，但要将其付诸实施却是一个复杂、长期的过程。EVA 作为一种业绩测评体系，既需要一些复杂的设计以精确反映企业业绩，又要能与没有财务背景的经营管理者进行有效沟通；EVA 作为全面财务管理的基石，必须从财务的角度对企业的制度建设、运作流程以及作业体制进行全方位的思考；EVA 作为一种经营战略，在管理实践中，不仅要成为经营管理者日常工作中进行业绩评估的工具，还要使各个责任中心的管理者能够了解他们能直接影响的关键驱动因素；EVA 作为一种激励机制，激励薪酬对应的业绩目标既要富有挑战性，又要可以实现，而且 EVA 评估、目标设立和薪酬激励体系必须在企业的各个层面上实施；EVA 作为一种企业文化，要使 EVA 成为企业的沟通语言和共同理念，能够重塑公司员工的行为，从而在激烈的市场竞争中立于不败之地。

（三）平衡计分卡

1. 平衡计分卡的提出及其发展

公平理论由亚当斯（Adams）于20世纪60年代提出，此理论的奠基人是美国心理学家费斯廷格。公平理论的基本内容是，职工的劳动积极性（激励）不仅受绝对报酬的影响，更重要的是受相对报酬的影响。早期的公平理论的研究重点在于分配公平，即个人间可见的报酬的数量和分配的公平，分配公平可以使员工产生满意感。但近期的研究多指向扩展公平或公正的含义，如对程序公平的研究。程序公平是指用来确定报酬分配的程序的公平度。研究表明，分配程序、管理方法的公平性更能激发人们的工作积极性，提高员工满意感和工作承诺。奎姆（Kim）等人比较了分配公平和程序公平对合作程度和组织绩效的影响，认为程序公平更能提高员工之间合作的意愿和组织绩效。总之，公平理论从社会心理学的角度提出，对大多数员工而言，激励不仅受绝对报酬的影响，还受到相对报酬的影响；不仅要强调分配结果的公平，而且更要强调分配程序的公平。对于以知识型员工为主的企业来说更是如此。

20世纪的最后20年里，全球经济面临着无数的不确定性，竞争日趋激烈。许多公司开始意识到，他们在满足客户需求的同时必须不断提高工作效率和业绩，而以财务指标为导向的传统业绩评价方法往往使他们失去方向性，因为它忽略了影响未来财务业绩的非财务驱动因素，如文化、人员和内部流程等。1992年，罗伯特·卡普兰（Robert Kaplan）博士和复兴方案国际咨询企业创始人兼总裁大卫·诺顿（David Norton）博士，在总结了12家大型企业的业绩评价体系的成功经验的基础上，提出了平衡计分卡（Balanced Score Card，BSC）这一日后被广泛采用的管理工具。平衡计分卡是一种在整合企业的战略目标和平衡绩效测评的基础上，抓住关键成功因素、监控计划执行进度和揭示绩效指标的未来目标的管理体系。平衡计分卡提供了一种全面的评价体系，它分别从财务、客户、内部流程和学习与成长四个视角向组织内各层次的人员（从高层管理者到一般员工）传递公司的战略以及每一步骤中他们各自的使命，最终帮助组织达成其目标，从而有效地克服了传统方法的局限性。

平衡计分卡的发展经历了两个阶段（孙永玲，2003）。

（1）作为绩效管理工具的阶段。在第一阶段，平衡计分卡展现在人们面前的是一套全新的绩效管理体系，这套体系注重的是绩效指标的完善与平衡。把计分和绩效评价作为一种管理手段，这种思想和实践由来已久。为了进行绩效评价，就需要设计一些测评企业健康状况的指标（如员工满意度、客户满意度等），以及设定要达到的目标，然后将实际结果与预定目标相比，找出差距及其原因，并且寻找解决方法。这就是我们通常所说的凭借数字和事实进行管理。长期以来，企业的绩效测评往往仅限于测评财务指标。众所周知，财务指标是一些滞后的指标，这些指标只能说明你过去的行动取得了哪些结果，至于驱动你业务的一些关键因素有没有改善，你朝着战略目标迈进了多少，从财务指标仍然无从知晓。平衡计分卡在财务指标基础上又引入了客户，内部流程和学习与成长这三个方面的指标，这些新指标衡量的正是企业良好业绩的驱动力。这种管理方法并没有抛弃财务指标，而是这四个指标合起来，构成了内部与外部，结果与驱动因素，长期与短期，领先与滞后等多种平衡，从而为企业的绩效管理，提供了立体、前瞻的测评依据。

（2）作为战略管理工具的阶段。在第二阶段，平衡计分卡演化为一种战略管理工具。平衡计分卡创始人罗伯特·卡普兰博士和大卫·诺顿博士相继在《哈佛商业评论》1996年和2000年发表《将平衡计分卡作为战略管理体系》和《你被战略困扰吗？绘制战略地图》，在这两篇论文中，他们开发了"战略地图"这个管理工具。这两位管理专家认为，战略管理之难莫过于执行，而执行战略之难莫过于让员工懂得战略。在他们倡导的"战略中心型"组织中，战略不是企业高层管理人员的事，而是每个员工的事。只有公司的每个员工都领会了公司的战略，整个企业才能变成一架协作有序、不可阻挡的战略机器。他们开发的战略地图能够清晰地勾勒出企业把行动和资源——包括公司文化和员工知识等无形资产——转化为有形的顾客和财务结果的过程。在战略地图中，平衡计分卡的财务、客户、内部流程和学习与成长四个维度形成了一环套一环的因果关系链，这个链条的一端是企业希望获得的结果，另一端是这些结果的驱动因素。

2. 平衡计分卡的定义和价值

孙永玲将平衡计分卡定义为（孙永玲，2003）："平衡计分卡表明了企业员工需要什么样的知识、技能和系统（学习和成长角度），才能创新和建立适当的战略优势和效率（内部流程角度），使公司能够把特定的价值带给市场（客户角度），从而最终实现更高的股东价值（财务角度）。"支撑这个定义的，是定义中没有提到的绩效管理和考核体系。它不仅强调分配结果的公平（财务维度），而且更强调分配程序的公平（学习与成长维度、客户维度、内部流程维度）。

平衡计分卡不但改变了传统的运用单一财务指标进行绩效考核的思想，而且还能推动企业自觉去建立实现战略目标的管理体系，在员工、客户和内部流程等领域取得突破性进展（秦杨勇，2005）：首先，作为绩效管理的工具，平衡计分卡克服了单纯利用财务指标的局限。它能有效地向公司管理层传达未来业绩的驱动因素，以及如何通过对客户、内部流程和员工等方面进行投资来实现新的股东价值。其次，作为战略管理的工具，平衡计分卡把战略放在了公司管理过程的核心地位，它以一种深刻而一致的方法描述了战略在公司各个层面的具体体现，从而具有独特的贡献和意义。在开发平衡计分卡和战略地图之前，管理人员缺乏一套被普遍接受的、用来描述战略的框架，而无法描述的东西是很难实施的。因此这种通过平衡计分卡和战略地图来描述战略和实施战略的方法是一个重大的突破。平衡计分卡是一种优秀的战略管理和业绩评价工具。它提供了一种全面评价系统，通过对企业在财务、客户、内部流程和学习与成长等四大层面的绩效测评，将抽象的战略有效地转化为具体的员工行动，从而大大提升了战略的执行能力和绩效表现。

3. 平衡计分卡的要素与内容

平衡计分卡包括多个基本要素，即维度、目标、绩效指标、目标值、行动方案和任务。其中，维度是观察组织和分析战略的视角，每个维度都包含战略目标、绩效指标、目标值、行动方案和任务，平衡计分卡的维度具体包括财务、客户、内部流程、学习与成长四个维度；目标是由公司战略细分的关键战略目标，每个战略目标都由一个或者多个绩效指标组成；绩效指标是衡量公司战略目标实现结果的定量或定性尺度；目标值是对期望实现的绩效目标的具体定量要求；行动方案由一系列相关的任务或行动组成，目的在于达到每个指标的期望目标值；任务则是执行战略行动方案过程中的特定行为。

平衡计分卡作为一种全新的绩效管理体系，通过对企业在财务、客户、内部流程和学习与成长四大维度进行绩效测评，将抽象的战略有效地转化为具体的员工行动，从而大大提升了战略的执行能力和绩效表现。其中，财务衡量指标用于说明组织已采取行动的结果，而客户、内部流程及学习和成长则代表着组织未来财务绩效的驱动因素。平衡计分卡的实施将企业的目光从过去对财务目标的关注转向关注公司未来的发展战略，从而实现绩效与公司战略的有机结合。它主要着眼于以下四个维度（如图 4-18 所示）。

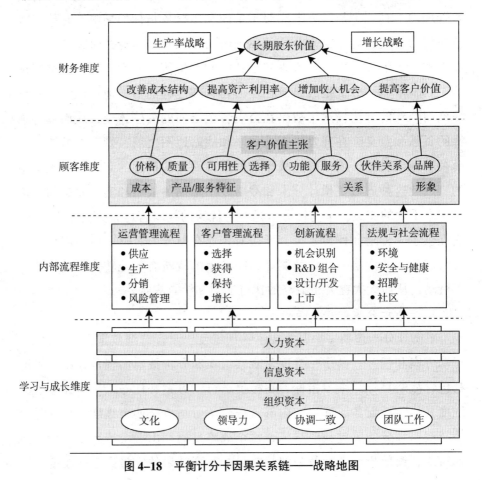

图 4-18　平衡计分卡因果关系链——战略地图

（1）财务维度。其目标在于解决"股东如何看待我们"这类问题。企业各个方面的改善只是实现目标的手段，而不是目标本身，企业所有的改善都应当集中体现为财务目标。因此平衡计分卡将财务目标作为其他三个目标的出发点和归宿。在企业不同的生命周期阶段，其财务业绩评价的侧重点应有所不同。处于成长期的企业，其财务目标侧重于销售收入增长率，以及目标市场、顾客群体和地区销售额增长等；处于成熟期的企业，大多采用与获利能力有关的财务目标，如经营收入、毛利、投资回报率和经济增加值等；处于衰退期的企业，更注意现金流动，以使现金流量达到最大化。各个企业和业务单位的战略一般都包含四个财务主题：收入的增长、提高资产利用率、改善成本结构、优化资本结构。这样与战略相结合，企业可制定出战略性计划的细分目标，而针对每个细分目标，又可细分出多个衡量标准，以分析企业财务绩效的影响因素，适应企业不同生命周期阶段的具体需要（胡玉明，2002）。财务维度的衡量指标通常包括利润、销售收入、现金流、净资产收益率、资产负债率、经济增加值等。

（2）顾客维度。其目标在于解决"客户如何看待我们"这类问题。任何公司经营战略的核心都是增加客户价值，因此就必须高度关注如何吸引客户、保留客户、加深与客户关系等问题。企业一般有三种价值定位：产品领先、经营优势和客户关系，价值定位能够帮助企业确定战略重点。追求产品领先的企业必须高度关注产品和服务的功能、特征等；追求经营优势的企业必须高度关注竞争性定价、产品质量、订单完成速度、送货及时性等；追求客户关系的企业必须高度关注加强与客户的关系质量，如提供充分和额外的服务等。企业通过努力扩大市场份额、留住老客户、获取新客户、提高客户满意度，并不能保证一定会从客户身上获取利润，这样做只是得到更多回报的一种手段，提高客户盈利率才是最终目的。通过精细化衡量企业可以确定高回报的老客户、具有增长潜力的新客户，以及长期无利可图的客户，进而针对不同类型的客户采取相应的策略。顾客维度的衡量指标通常包括：市场占有率、客户留住率、客户获得率、客户满意度、客户盈利率等。

（3）内部流程维度。内部流程维度着眼于企业的核心竞争力，其目标在于解决"我们的优势是什么"这类问题。企业的内部运营影响顾客需要的满足，关系企业的财务绩效，企业的每项经营活动都是由一系列独特的、为客户创造价值和产生财务绩效的过程所组成，波特的价值链可以帮助我们明确企业独特的客户价值观和实现财务绩效的整个过程，通常包括三个流程，即创新流程、运营管理流程和客户管理流程，另外，企业为了更好地履行社会责任需要增加和关注法规与社会流程。为了增加客户价值并实现财务绩效目标，企业必须做到：通过开发新产品和服务，进入新市场和发现新的客户群；在成本、质量、订单周期、资产利用、资源配置等方面获取经营优势；通过不断改进和完善售后服务，为客户提高附加价值。通过价值链分析，平衡计分卡能使企业管理者根据外部竞争环境及顾客要求重组企业内部业务流程，提高企业的核心竞争能力。内部流程维度的衡量指标通常包括：时间、质量、成本、及时性、内部运营效率、生产周期、一次完工率、次品率、返工率等。

（4）学习与成长维度。其目标在于解决"我们是否能持续为客户提高并创造价值"这类问题。企业的学习与成长维度，是为前三个维度取得绩效突破提供持续的推动力量。学习与成长主要包括三项内容：人力资本、信息资本和组织资本（孙永玲，2006）。这个方向指标的改善，对企业财务方面的影响，非常间接而缓慢，但是对于这个方向的投资属于策略性投资，最终有利于公司价值最大化目标的实现和企业的可持续发展。①人力资本。人力资本是 21 世纪最宝贵的资源，因此，员工成长相当于增加企业的无形资产，培养企业未来的获利能力。当员工的有形资产（如薪酬、福利待遇等）和无形资产（能力、机会等）得到提升，员工就会感到满意，因为自身的价值得到了提升，满意的结果就是提升了员工的生产率和员工的延续率，这些会在企业内部流程和外部顾客身上表现出来，最终确保财务数字出现。②信息资本。平衡计分卡作为一种新型的管理工具对企业的外部环境反馈信息的要求很高，如果企业内部没有一个灵敏的管理信息系统的支持，就很难及时地获取市场上的有关信息并迅速地传递给企业管理层。并且，如果没有一个有效的管理信息系统，企业的战略、各层次的目标和目标值以及实施状况就无法达到需要的透明度。所以实施平衡计分卡的前提就是必须建立灵敏、高效的管理信息系统。③组织资本。组织资本体现的是一个组织的文化。组织文化可以简单定义为"我们这里做事的方法"。组织文化表现员工日常的工作行为。组织内部的个人和集体行为既受到组织文化的影响，也会影响到组织的文化。对于实施平衡计分卡的企业而言，倡导建立一种以行动为导向的企业文化，这种行动必须围绕着公司的战略实施，来自于为完成目标和指标而产生的动力。学习与成长维度的衡量指标通常包括：员工满意度、员工留住率、员工创新能力、企业内部信息沟通能力、教育和培训、员工意见采纳百分比等。

综上所述，平衡计分卡将结果与动因联系在一起，实现了结果和过程的统一，也实现了任务和程序的公平。其中，财务维度是终极目标，客户维度是关键，企业内部业务流程维度是基础，企业学习与成长维度是核心。企业只有不断学习与成长，才能持续改善企业内部的业务流程，更好地为企业的顾客服务，从而实现企业最终的财务目标。

四、电信运营企业构建 EVA 与 BSC 相结合的战略绩效评价模型

随着企业创造价值方式的改变、价值链日趋复杂化、快速的科技与经济变化以及难以预测的竞争态势，我国电信运营企业需要着力思考如何建立以战略为核心的企业组织，如何建立沟通战略的架构和语言并确认战略的完整性与执行方式，如何将战略目标层层展开落实到部门与个人，如何量化指标来反映公司的选择和目标，如何界定战略绩效驱动因素，如何反映并建立可控的支持差异化、低成本、目标聚焦的竞争优势，如何进行目标和资源的平衡以实现价值最大化目标等问题。电信运营企业目前主要采用的 KPI 关键业绩指标体系无法准确反映企业的核心竞争力以及价值实现状况，更无法根据市场需求的变化调整考核指标体系，从而合理调配资源，在竞争中立于不败之地。电信运营企业在绩效管理中存在的现实困惑可以用"四个缺乏"、"三个障碍"、"两个不能"来描述（王静，2008），即缺乏多环节管理，缺乏管理的广度，缺乏管理的深度，缺乏管理的远度；存在远景障碍，存在目标整合障碍，存在资源配置障碍；不能有效平衡短期利益和长期利益、局部利益和全局利益，不能充

分关注企业的战略管理。因此，如何运用适当的管理工具，提高电信运营企业的绩效管理水平，从而有效评估战略制定的推进程度和实施效果，对战略执行过程进行运营诊断，及时发现企业运营的问题和不足，最终达到增强企业战略执行力，持续提升企业价值的目标，就成为电信运营企业关注的共同问题。

近年来，国内学者一直在积极探索适合我国电信运营企业的绩效评价方法，杨宗昌等人（2003）的研究始于建立电信企业绩效评价指标链结构，隋学深（2003）构建了电信企业的财务和非财务指标绩效评价体系，张磊等人（2005）构建了电信企业绩效评价指标体系，徐大志、汪国平等人（2004）利用平衡计分卡模型建立了电信企业绩效评价体系，田志龙等人（2006）运用电信企业经营卓越阶段（TSOE）竞争评价模型，即客户领先、运营卓越、资源高效和创新领导，构建了基于价值导向的中国电信企业转型绩效评价体系，目前也有学者开始尝试探索 EVA 与 BSC 在电信企业绩效评价中的整合应用。

目前平衡计分卡绩效评价方法已在国际电信企业得到了广泛应用，许多国际电信企业均在利用平衡计分卡模型实施绩效考评。例如德国电信（Deutsche Telekom）、韩国三家最大的电信企业 SK Telecom、Korea Telecom 和 LG Telecom 均引入了平衡计分卡法进行测度，并取得了良好的管理效果，国内的三家运营商也开始纷纷尝试使用平衡计分卡绩效评价方法。平衡计分卡的优点在于实现电信运营企业内部和外部、过去与将来的平衡，将企业的目光延续到未来的可持续发展，不仅对目前的经营环境做出反应，而且能够预测环境的变化，发现和抓住未来的市场机会。在实施平衡计分卡的过程中，分析公司的业务现状（包括企业或业务的生命周期、SWOT 分析、价值定位分析）和确定公司的价值定位（产品领先、经营优势、客户关系）属于确定企业竞争战略的过程。而根据公司战略设定平衡计分卡四个维度的战略绩效目标则包括确定各自的目标、绩效指标、目标值和行动计划等，从而构建电信运营企业的战略执行地图。

目前经济增加值作为综合绩效评价指标也已在国内外电信运营企业中使用，中国电信自 2006 年起，使用 EVA 对省公司进行绩效考评，考虑到各省之间的可比性，2010 年公司采用 EVA 率进行相对考核，考核权重为 15%。国资委已决定从 2010 年开始在中央企业全面推行经济增加值考核，与前两个 3 年任期考核相比（如图 4-19 所示），经济增加值强调价值管理理念和资本成本意识，在考虑资本成本的前提下，重点考察企业提高价值创造的能力和实现科学发展的水平。国资委针对经济增加值考核提出了"三个导向"和"四项重点"。"三个导向"是：第一，突出企业的资本属性，引导企业增强价值创造能力，提升资本回报水平。第二，突出提高发展质量，引导企业做强主业、控制风险、优化结构。第三，突出可持续发展，引导企业更加重视自主创新，更加重视战略投资，更加重视长远回报。"四项重点"是：第一，提升现有资本使用效率，优化管理流程，改善产品结构，减少存货和应收账款。第二，抓紧处置不良资产，不属于企业核心主业、长期回报过低的业务，坚决压缩，及时退出。第三，提高投资质量，把是否创造价值作为配置资源的重要标准，确保所有项目投资回报高于资本成本，投资收益大于投资风险。第四，优化资本结构，有效使用财务杠杆，降低资本成本。要将价值管理融入企业发展全过程，抓住价值驱动的关键因素，层层分解落实责任。电信行业属于现代服务业，相对于一般传统行业，资本成本率稍高，因此，采用 EVA 后，企业是否还能保持过去在人们心目中的盈利地位，是

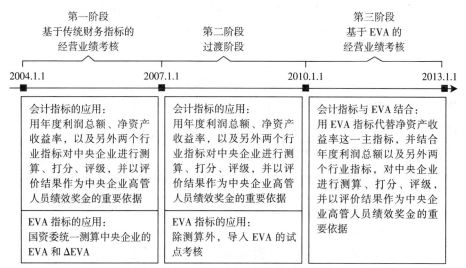

图 4-19　国资委对央企考核的三个阶段

资料来源：卢闯等：《导入 EVA 考核中央企业的公平性及其改进》，《中国工业经济》，2010 年第 6 期。

对电信企业的巨大挑战。对于电信运营企业而言，过去"丰厚"的利润掩盖了一切，一旦采用 EVA 后，丰厚利润将被稀释，通过精细化管理出效益会成为调整的重点。针对目前电信运营企业的现状，应主要在税后营业利润增长上下工夫，通过管理水平的提升、技术的创新、网络的拓展等，提高服务水平，提高销售收入，降低成本费用，当然，减少资金占用，提高资金、资本、资产利用率以及增加物流、信息流和资金流的周转速度和效率，对电信运营企业至关重要。

鉴于经济增加值作为绩效评价指标有诸多不足之处：如资本成本计算比较复杂；无法解释企业内在的成长机会；由一个指标构成，只能说明整体价值创造状况，不能看出企业各个方面对价值创造的贡献度；对经营业绩的评价作为事后报告；等等。笔者认为电信运营企业应构建 BSC 与 EVA 相结合的战略绩效评价模型，以 BSC 为总体的业绩管理框架，将企业战略目标引入绩效考核指标体系，通过财务、客户、内部流程、学习和成长四个维度的测评绩效指标，不仅实现将财务指标和非财务指标有机结合，弥补现行绩效考核体系中只使用单一财务考核指标的不足；同时，四个维度间的因果驱动关系把企业长期目标和短期行动联系起来，凸显了企业战略目标的实施途径。此外，使用 EVA 价值指标，考虑了所有者投入资本的成本，与现行考核体系中的利润总额、ROA、ROE 等传统考核指标相比较，能更准确地计算出企业为所有者创造的财富，使经营者更加注重经济增长的质量。

电信运营企业 BSC 与 EVA 相结合的战略绩效评价模型应包括两个层次，第一层次是 EVA 组成部分，第二层次是 BSC 组成部分（如图 4-20 所示）。二者的连接点在于实现公司价值的可持续成长，这又通过公司愿景加以连接，并把愿景转化为战略行动，行动是通过四个维度得以实现。经济增加值的主要驱动因素在通过愿景连接平衡计分卡的同时与平衡计分卡的财务维度紧密融合。

第一层次：EVA

电信运营企业计算 EVA = 税后净营业利润 – 资本成本 = 税后净营业利润 – 资本占用 × 加权平均资本成本

电信运营企业计算 EVA 率 = 投入资本报酬率（ROIC）– 加权平均

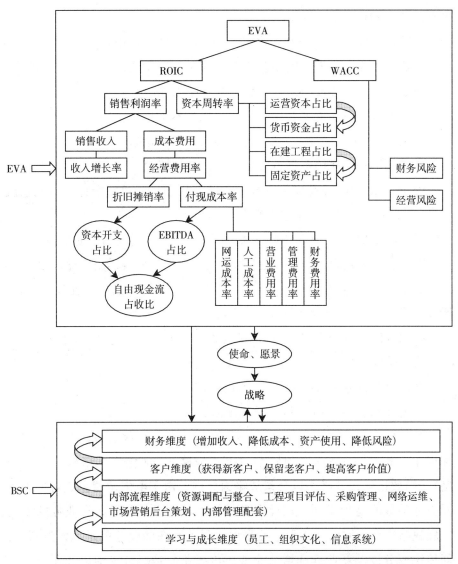

图4-20　电信运营企业 BSC 与 EVA 相结合的战略绩效评价模型

资本成本（WACC）

其中：

税后净营业利润 = 税后净利润（含少数股东损益）+ 财务费用 ×

（1 − 25%）

税后净营业利润调整包括：

一次性支出但收益期较长的费用——予以资本化处理，如研发费用、大型的广告费用等；

反映负息债务成本的财务费用——不作为期间费用扣除；

营业外收支——不反映主营业务业绩，予以扣除；

补贴收入——不反映主营业务业绩，予以扣除；

会计准备——不反映企业的真实损失，不予扣除；

递延税金——不反映实际的税务支出，不予扣除；

商誉摊销——摊销不符合实际情况，不作摊销。

资本占用 = 所有者权益（含少数股东权益）+ 负债合计 -（无息流动负债 - 内部往来）- 在建工程平均余额

无息流动负债 = 流动负债 - 短期借款 - 一年到期的长期负债

在建工程平均余额（含工程物资）=（期初余额 + 期末余额)/2

加权平均资本成本 =（债务资本成本率 × 债务占总资本比例）×（1 - 所得税率）+（股权资本成本率 × 股权占总资本比例）

中国电信运营企业 EVA 率及其驱动指标比较如图 4-21 所示。

第二层次：BSC

电信运营企业综合绩效评价指标设计包括：

1. 基于财务维度的目标与绩效指标

财务维度的战略目标包括：提高盈利能力（经营战略，即收入增长和成本管控）、提高资产利用率（投资战略）、优化资本结构（融资战略），绩效指标设计必须以公司战略为导向。由于电信运营企业对各种不同业务的战略定位不同，因此财务指标的设计必须基于各类业务的不同发展战略进行。对电信运营企业来说，目前存在的业务单元可分为两类：即传统业务以及新业务和增值业务。传统业务是指传统的话音业务、短信业务等。这类业务是电信运营企业目前收入的主要来源，但随着竞争的加剧，利润空间和市场成长空间正在逐渐缩小。由于这类业务已经处于保持期，所以其战略应为保持战略，争取在维持现有水平的基础上有所提高。新业务与增值业务，这类业务目前正处于市场开发与推广期，具有很大的成长空间，是未来电信运营企业差异化竞争的重点，也是未来利润的主要增长点，所以其战略应为成长战略。

（1）提高盈利能力——经营战略。提高盈利能力主要通过增加收入

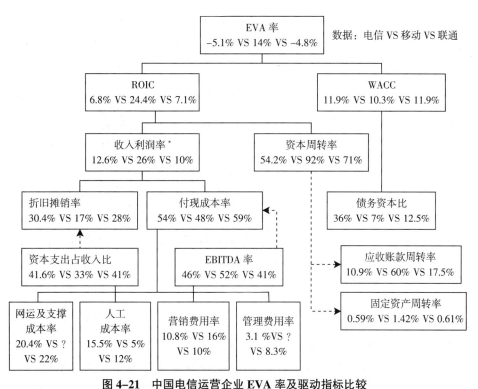

图 4-21 中国电信运营企业 EVA 率及驱动指标比较

注：* 计算方法说明：收入利润率=（EBIT-T)/收入。

资料来源：2008 年年报，中国移动的网运和管理费用数据缺失是因为未披露；中国电信数据为 "股份公司+网络资产公司" 数据。

和成本管控来实现，这也是资本市场对电信运营企业的业务收入增长率、付现成本、资本支出等财务指标倾注较多关注的原因。当然，这些指标是企业经营业绩最直接的体现，其中业务收入的增长是提升企业业绩的根源，因此也是最为关键的。在竞争日趋激烈的市场环境下，电信运营商想尽各种方法提高业务收入，细分市场、资费套餐、价格战、调整电信业务服务构成成为运用最多的手段，其中价格战不仅不利于自身发展，而且会损害整个产业发展的环境，因此依靠价格战增加业务收入的举动并不能获得投资者的认可。同时，从企业价值运营角度加强成本管控。

A. 加强成本管控，不是刻意降低成本规模，而是提高成本的产出效益。成本降低不是盲目的，在能给企业带来收益的前提下，成本合理增加也是应该的。使企业的盈利水平能保持一定幅度的增长，而不是简单地进行成本刚性管控。

B. 合理配置营销费用。成本配置向重点区域、重点产品（宽带和有效益的转型产品）和重点客户（政企客户和高端家庭用户）倾斜，大幅减少传统话音业务的终端和营销成本资源投入，加强客户维系成本投入，严格管控坏账成本等无效成本，对终端成本补贴、放号酬金的成本支出定期结合发展用户质量对成本投入效益进行分析，推进营销政策和业务模式合理调整，促进资源合理调配。同时注重成本投入时点效益的把控，营销成本投入进度适度提前于收入进度。

C. 精确管理维护费用。将维护各专业工作与相应的分类资产挂钩，逐步建立完整的维护成本定额体系，督促维护单位和维护责任人执行，尝试从整体使用和项目管理角度建立维护成本使用效益评测机制，使网络运营维护成本的精确管理落到实处。

（2）提高资产利用——投资战略。电信运营企业应凭借转型契机对现有存量资源充分盘活和利用，实现基站的共建共享，有效控制投资规模，逐步降低折旧与摊销费用占收入的比例，从源头扭转固定成本比重过高、企业抗风险能力较弱的局面；推进节能减排工作，通过节能设备更换和节能技术的使用，有效降低企业能源消耗；通过电信技术的不断提高，提高设备集成能力，减少设备对空间的占用；结合低碳生活理念，大力推进账单、业务受理无纸化；做好企业用户欠费管理工作，制定科学的信用和收账政策，对用户的缴费方式和习惯进行引导，加大银行代收及用户预存和自助缴费的比例，有效降低用户欠费和坏账成本。

（3）优化资本结构——融资战略。电信运营企业应凭借 EVA 价值观念的引入和考核实施，通过各种融资方式的优化组合使用不断优化资本结构，降低资本成本，成为真正的价值创造者。

电信运营企业财务维度的绩效指标包括：净利润、ROA、ROE、资产负债率、成本与竞争者成本之比、成本费用占收比、折旧摊销率、付现成本率、EBITDA 率、主营业务利润率、ROIC、销售增长率、增值业务占销售比、投资收入比、研发费用占收比、收入与员工人数比等。

2. 基于客户维度的目标与绩效指标

客户维度的战略目标包括：获得新客户、保留老客户、提高客户价值。对电信运营企业来说，内部的效率接受客户的检验得到认可才能转化为公司的效益，从而在财务成果上加以体现。客户维度的战略主题就是提高获利能力，因此指标的设计要紧紧围绕客户获利能力的提升进行，而客户获利能力的提升取决于三个方面：对老客户的维持，对新客户的开发，以及客户满意度的提升，并最终体现为市场份额的增长。从客户角度分析电信运营企业，必须注重客户的细分。因为随着电信行业的剧烈变化，个人客户与集团客户需求差异越来越大，并且每一大类客户之中还有诸多客户分层，在不同客户层级之间，对于新业务的敏感度、服务的敏感度、资费的敏感度各不相同。因此在设计客户维度的指标时，要加大对市场信息收集的力度，加大市场细分和客户需求细分的力度，加大营销渠道建设的力度，并采用有针对性的营销手段来扩大市场占有率和推广新业务（简勤，2007）。客户维度的指标设计以提升客户获利能力为核心，以客户的维持与开发、市场占有率的提升、客户满意度的提高等为手段。

电信运营企业客户维度的绩效指标包括：客户盈利能力（ARPU、MOU、主营业务收入、现金占收比）、客户保持能力（客户保持率、客户离网率）、客户开发能力（新增用户比例）、市场影响力（市场占有率、品牌认同度）、客户满意度（客户有效投诉率、人工应答及时率、障碍处理及时率、客户满意度、客户忠诚度）等。

3. 基于内部流程维度的目标与绩效指标

内部流程维度的战略目标包括：加强内部流程和管理建设，增强对外部资源的整合和调配能力，提高自身价值创造能力。企业真正的战略竞争优势蕴藏在企业的内部流程中，并最终通过向客户提供的产品或服务来实现。因此为了实现公司的财务目标和客户目标，必须从战略的高度分析评价企业整个内部运营流程。电信运营企业的内部流程包括价值链上的资源调配与整合、工程项目投资与效益评估、采购管理、网络运行与维护、市场营销后台策划、内部管理配套等（简勤，2007）。①资源调配与整合：在网络与业务分离的时代，电信运营企业仅拥有网络作为业务提供平台还远远不够，必须利用自己的网络平台，联合内容服务商、制造商、终端商、经销商来合作开发，实现整个价值链的多赢，在价值链经营过程中，电信运营企业的角色和定位已经从"价值实现者"和

"价值分配者"演变为能够汇聚各方需求力量的"价值整合者"。电信运营企业的真正优势在于对整个价值链中外部资源的调配和整合能力。②工程项目投资与效益评估：通过持续不断地完善企业投资规划与计划体系、健全项目前评估与决策体系、建立并完善项目后评价与考核体系，来实现全生命周期闭环投资管理，通过以企业价值为核心的 CAPEX 精细化管理，来提升企业的 CAPEX 管理水平和资源使用效率。③设备采购：包括对网络设备的采购，以及根据营销需要进行的对终端设备的定制等。网络设备是确保电信企业正常运营的起始环节，多样化的终端设备对扩大电信市场和实现营销目标至关重要。④网络运行与维护：作为运营商的基础支撑部门，运维部门主要通过两类资源支撑各种电信业务：一是电信网络资源，二是运维技术人员。这两部分资源构成了电信运维部门运行的基础，其工作的核心就是让网络高效运转。作为传统的成本中心，运维部门要在一定的成本控制下，做到让网络高效运转。⑤市场营销的后台策划：与客户层面指标直接对应，在内部流程层面设计相应指标，以便引导企业加强对客服工作的内部协调与支持。⑥内部管理：管理制度的完善和管理流程的规范是企业提高运营效率的根本和关键。

电信运营企业内部流程维度的绩效指标包括：资本支出（CAPEX）占收比、投资收益率、采购及时率、设备成本降低率、采购设备质量、网络接通率、网络承载质量、网络资源利用率、业务按时开通率、有效业务比率、内部管理制度完善程度、单位员工收入、单位员工 EBITDA、产业合作伙伴情况（分布、数量、忠诚度）等。

4. 基于学习与成长维度的目标与绩效指标

学习与成长维度的战略目标包括：提高员工素质并加强员工激励，塑造创新的学习型组织文化氛围，完善和优化信息系统，培养企业持续成长和创造价值的能力。学习与成长维度的出发点是观察企业是否具有继续改进和创造未来价值的能力，所以其指标设计必须建立在对行业发展方向的合理判断和对企业战略重点方向的把握上。

电信运营企业学习与成长维度的绩效指标设计主要从人力资本、组织资本和信息资本三个方面入手，包括：人力资本（员工平均培训次数和时间、员工满意度、员工保持率、核心员工流失率）、组织资本（管理流程、企业文化)、信息资本（内部信息化程度、研发投入占收入比率、新业务占总收入比率、新业务利润率）等。

通过以 EVA 作为电信运营企业所追求的战略总目标，就可以得到电信运营企业的战略执行地图（如图 4-22 所示）。从图中可以看出，平衡计分卡四个维度所确定的战略主题与价值管理的总目标相呼应，落实到了相应的指标框架，最终提高企业的价值创造能力和财务竞争力。电信运营企业在实际操作时，可结合企业实际情况，对具体指标的设计进行挑选和组合，从而有效地提高企业战略执行和管控能力。

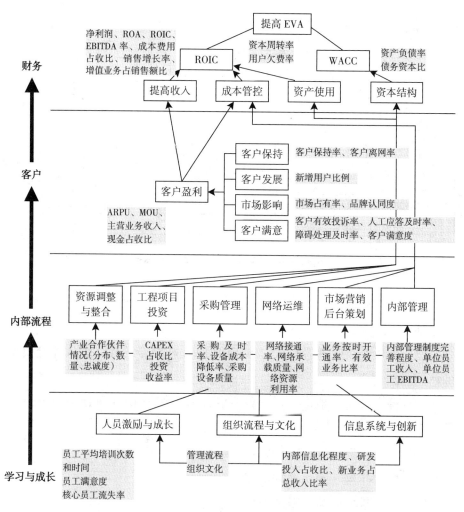

图 4-22　以 EVA 为战略总目标的电信运营企业战略地图

131

　　电信运营企业基于 EVA 和 BSC 的战略绩效管理流程通过四个维度、四个系统、七个执行步骤清晰地表述了战略及其实施路径，可以有效促使电信运营企业实现战略的显性化管理，能帮助电信运营企业建立一个精确实现战略的绩效管理系统，具体如图 4–23 所示。引入基于 EVA 和 BSC 的战略执行工具，与集团全面预算管理流程相衔接，将有助于提升企业战略制定及执行水平，并发挥战略与规划对预算的指引作用，实现完整闭环的企业战略管理流程。

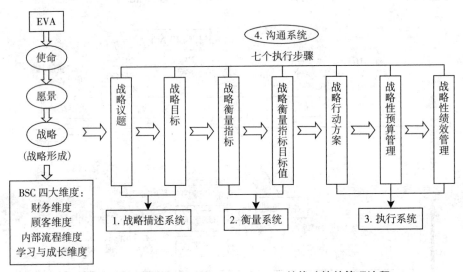

图 4–23　电信运营企业基于 EVA 和 BSC 的战略绩效管理流程

　　电信运营企业实施 BSC 与 EVA 相结合的战略绩效评价模型的具体步骤包括：

　　（1）公司各级管理者形成对 BSC 与 EVA 相结合的战略绩效评价模型的认同；

　　（2）将省公司、地市公司、各级业务部门作为 EVA 责任中心进行绩效考核；

　　（3）建立对战略目标的共识；

　　（4）选择和设计绩效评价指标；

　　（5）确定目标值和行动方案；

　　（6）向所有员工传达 BSC 与 EVA 相结合的战略绩效评价模型；

（7）与全面预算管理流程相衔接；

（8）建立有效的 EVA 激励机制；

（9）执行的反馈与学习。

总之，BSC 与 EVA 相结合的战略绩效评价模型是一种以增加价值为导向的、过程化的、体现非财务动因的战略绩效评价系统，一方面，EVA 可以引导电信运营企业价值创造型战略的制定和高效执行；另一方面，把影响公司价值的价值驱动因素整合在公司的战略管理体系中，可以促使战略转变为具体的行动，如组织、控制、评价等，最终实现企业价值的可持续成长。该战略绩效评价系统是开放的动态系统，将随着环境和企业战略选择的变化发生相应的变化。同时，由于 BSC 与 EVA 相结合的战略绩效评价模型以因果关系链为连接原则，指标分为两大部分，因此电信运营企业可以引入层次分析法（包括：追求 EVA 最大化的战略目标、基于四维度的策略目标、确定企业价值驱动因素的标准指标三个层次），在建立多层次结构模型后通过层次总排序，确定企业实现 EVA 目标值的各个价值驱动因素的相对权重，最后依据价值驱动因素的相对权重来构建和应用战略绩效评价模型，以便得出更加科学的评价结论。

第四节　深化风险管理与内部控制

人都是从错误中学习，安然、世通、德隆、中航油等一连串事件的发生，将人们的目光吸引到风险管理和内部控制上来。投资者关注它，是因为他们要规避投资风险；管理层关注它，是因为要保证市场的健康有效，维护社会稳定；而对于企业来说，风险管理和内部控制则关系其生死存亡。既然如此，企业管理者就不能不高度关注风险管理和内部控制。截至 2008 年 10 月底，中央企业从事金融衍生品业务合约市值为 1250 亿元，形成了 114 亿元的浮动净亏损（刘玉廷，2010）。虽不能说加强企业内部控制和风险管理就能够完全杜绝类似案例的发生，但缺乏有效的内部控制是万万不能的。面对上市后严格的资本市场监管，面对电信市场竞争日益激烈的形势以及电信运营企业增长乏力的现状，面对美国颁布的《萨班斯—奥克斯利法案》的严格要求，中国电信运营企业的风险管理和内部控制已经通过试点并进入正式实施阶段。《萨班斯—奥克斯利法案》是美国自 20 世纪 30 年代颁布财务规则以来所颁布的最严厉、最复杂、最昂贵的财务法案，它代表了一个新的资本市场监管时代的到来。《萨班斯—奥克斯利法案》对于我国电信运营企业内部流程梳理、财务投资监管、内部资源分配等方面都将具有相当深远的影响，是实施企业财务转型的重要制度保障。所以电信运营企业应以此为契机，加强风险管理和内部控制体系建设，提升公司财务管控能力，从而创造、保护和提升公司价值和财务竞争力。

一、风险管理和内部控制

(一) 风险、风险管理和全面风险管理

关于风险，到目前为止还没有一个统一严格的定义，将风险定义为"损失发生的不确定性"是普遍采用的风险定义。它简单而明确，其要素为不确定性和损失这两个概念，排除了损失不可能存在和损失必然发生的情况。也就是说，如果损失的概率是 0 或 1，就不存在不确定性，也就没有风险。企业风险一般可分为战略风险、财务风险、市场风险、运营风险、法律风险等。随着生产力和科学技术的不断发展，20 世纪 30 年代产生了风险管理。目前比较典型的风险管理定义包括以下几种。威廉斯等在《风险管理与保险》中将风险管理定义为一种全面的管理职能，用以评价和处理某一组织的不确定性和风险的影响和原因（小阿瑟·威廉斯、迈克尔·史密斯和彼得·杨等，2000）。前国际内部审计师协会（IIA）主席伍顿·安德森（Urton Anderson）认为企业风险管理就是通过确认、识别、管理和控制组织潜在的情况和事件，为实现组织目标而提供适当保证的程序。普华永道会计师事务所的观点是：有效的风险管理可以识别威胁、控制损失（预防损失并减少损失发生的严重性）、防范未经授权使用资金，并对伤害采取保护措施。而中国内部审计师协会在最新发布

的第 16 号内部审计具体准则中，将风险管理定义为：是对组织目标实现的各种不确定性事件进行识别与评估，并采取应对措施将其控制在可接受范围内的过程。

笔者认为，相对较为全面的定义来自 COSO 最新发布的《企业风险管理——总体框架》，它认为企业风险管理是一种流程，在一个实体进行战略决策和执行决策过程中，由董事会、管理层和其他人员实施，为确定可能影响实体的潜在事件，对风险进行有效管理，使其处于偏好内，以便提供关于实体目标实现的合理保证。理解这个定义需要注意以下几方面：首先，风险管理是一个流程，是降低和控制风险的一系列程序，涉及对企业风险管理目标的确定、风险的识别与评价、风险管理方法的选择、风险管理工作的实施以及对风险管理计划持续不断地检查和修正的一个过程。其次，风险管理不仅仅是企业风险管理委员会或者企业管理层的职责，实际上，风险管理的工作需要几乎所有员工的参与。最后，该定义表明了风险管理的目的并不是不惜一切代价降低风险，而是尽量将风险减低至可以接受的范围内。而且，企业风险是无法彻底消除的，对企业经营目标的实现只能做出合理而非绝对的保证。

从企业价值最大化的角度考虑，企业风险管理是通过风险损失成本和风险管理成本两种方式来影响企业现金流的期望值和变动水平，从而影响企业价值。但是，在特定的风险类别中，风险损失成本和风险控制成本是一种此消彼长的关系。比如，对同样的运输物品，如果增加投保费用支出，则可以降低风险事件发生所造成的损失（因为可以从保险公司获取补偿）。还有，企业内部控制制度设计亦是如此。一套更加复杂的内部控制体系，就比如增加每笔会计账项的复核次数，可能需要增加人工成本，或许还会带来生产效率的损失，但又确实能够帮助降低企业的风险。企业风险成本越大，企业价值则越小。所以，从价值最大化角度出发，企业风险管理的目标就是实现包括风险损失成本和风险控制成本在内的风险总成本最小（点 E），如图 4-24 所示。

全面风险管理，是指企业围绕总体经营目标，通过在企业管理的各个环节和经营过程中执行风险管理的基本流程，培育良好的风险管理文化，建立健全全面风险管理体系，包括风险管理策略、风险理财措施、

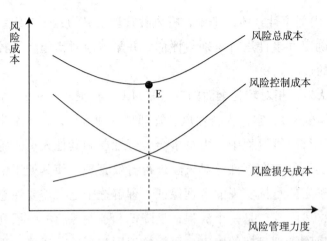

图 4-24 风险成本与风险管理力度

风险管理的组织职能体系、风险管理信息系统和内部控制系统，从而为实现风险管理的总体目标提供合理保证的过程和方法（国资委 《中央企业全面风险管理指引》）。全面风险管理体系框架如图 4-25 所示。

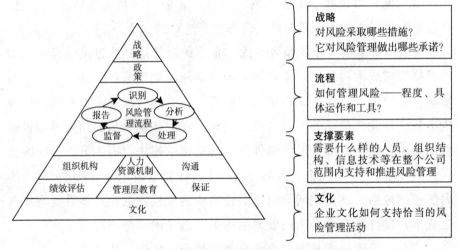

图 4-25 企业全面风险管理体系框架

全面风险管理与公司战略紧密联系，以风险的最优化为目标，从总体上集中考虑和管理公司面临的所有风险，主动积极地将风险管理作为价值中心。同时，突破了传统的内部控制手段，实现了战略层面、管理层面、执行层面的有机结合。全面风险管理的主要目标包括：达成与公司整体经营战略相结合的风险最优化、保护公司不致因灾害性事件或错误而遭受重大损失、高效经营、可靠的信息沟通、遵守法律法规等。整个风险管理流程主要是通过收集风险管理信息、进行风险评估，评估之后制定风险管理策略，提出和实施风险管理解决方案，然后进行风险管理监督、报告和改进，再进入下一周期的循环。收集风险管理初始信息，是风险管理中的第一步。通过信息收集主要是了解企业目标、业务流程、成功关键因素、绩效指标、行业竞争优势等信息，这些信息涉及的风险可以归纳为：战略风险、财务风险、市场风险、运营风险、法律风险等方面。收集完初始信息之后对风险进行评估，主要是对风险进行识别、定量和定性分析，满足进行风险评价，风险评估以后就是制定风险管理战略，通过风险规避、风险转移、风险对冲、风险补偿、风险控制等工具对风险管理所需要的人力、财力进行优化配置。在制定完风险管理策略之后，提出风险管理解决方案，进一步落实全面风险管理，最后就是监督和改进。

　　总之，全面风险管理体系第一可以帮助企业建立一个自我运行、自我完善、自我提升风险管理平台，形成风险管理长效机制，从根本上提升企业的风险管理水平。第二，全面风险管理要把风险管理纳入企业战略层面，将企业成长与风险联系在一起，设置与企业成长和回报目标一致的风险承受度，使企业将战略目标波动控制在一个允许范围之内，支持企业战略目标实现，并且随时调整，战略目标保障企业稳健经营。第三，全面风险管理体系要对董事会、风险管理委员会、审计委员会、经营层、风险管理职能部门、内部审计部门等机构在全面风险管理中的职责进行详细界定和说明。将风险责任落实在公司各个层面，保证风险管理的有效性，使企业各个利益相关人实现利益最大化。第四，对重大风险量化评估和实施监控。全面风险管理体系能够帮助企业建立重大风险评估、重大事件应对、重大决策制定、重大信息报告披露、重大内部流程控制等机制，从根本上避免企业遭受重大损失。第五，全面风险管理体系提出企业建立风险管理整体框架，在此框架之下企业根据自身管理水平和管理阶段针对具体风险，灵活地进行制定风险管理解决方案。

（二）内部控制

内部控制概念的演进大致可分为内部牵制、内部控制、内部控制结构、内部控制整体框架和内部控制风险管理框架五个历史阶段，目前正在经历后两个阶段，在这两个阶段中，最权威的是 COSO 内部控制框架理论。国际上比较有名的内控模式有英国的 Cadbury、美国的 COSO 和加拿大的 COCO，它们从不同的角度剖析公司的经营管理活动，为营造良好的内控框架提供了一系列的趋于一致的政策和建议。我国制定的内部控制规范普遍借鉴了美国 COSO 报告的研究和实施成果。

全美反舞弊性财务报告委员会的发起组织（The Committee of Sponsoring Organizations of Treadway Commission，即 COSO 委员会）于 1992 年颁布了《内部控制—整体框架》，该报告将内部控制定义为：内部控制是一个受到企业董事会、管理层和其他人员影响的过程，旨在为下列目标提供合理的保证：①经营的效果和效率；②财务报告的可靠性；③遵守法律和法规。该报告认为，内部控制的整体框架包括控制环境、风险评估、控制活动、信息及沟通、监督五个要素。这五个方面的内容共同构成了内部控制框架的主体，其中控制环境是基础是内部控制方法、程序、活动存在和运行的环境；风险评估是在内控目标出现偏差时得以纠正的保证；控制活动是内部控制的手段和措施，是为实现目标采取的行动；贯穿于控制活动始终的是信息与沟通系统，它是内部控制的载体；监督是内部控制得以良性运行的保证。这五个方面相互联系，密切配合，共同构成一个整合系统。

2004 年，COSO 委员会又对内部控制框架进行了修改，发布了《内部控制—企业风险管理框架》，企业内部控制体系要合理保证四大目标的实现：即经营管理合法合规，财务报告及相关信息真实完整，提高经营效率和效果（包括资产安全），实现企业发展战略。这四大目标并不是平行并列的，战略目标达成以前三个目标实现为基础。将内部控制要素（企业控制流程包含的内容）由原来的五个变更为八个，增加了目标制定、事项识别和风险分析三个要素。内部控制贯穿企业内部的各个组织层次，包括公司战略层、管理层和作业层。内控目标、内控要素和内控层级之间的基本关系表现为：各组织层级根据风险评估的结果，通过环境控制、信息沟通、内部监督及其他各项控制活动为控制目标实现提供合理的保证。在这次修改中 COSO 对企业风险管理的定义把内部控制从"过程观"提升到了"风险观"。内部控制的内涵在扩展，目标也趋向多元化，在进行风险管理的同时必须强调效率。

内部控制有两种起源和功能，即作为审计方法与作为管理方法的内部控制（李心合，2007）。作为审计方法的内部控制，其首要功能是保证财务报告的可靠性。尽管有关内部控制的文献提出内部控制的功能和目标并不局限于财务报告的可靠性，但始终都将与财务报告相关的目标置于首位。2004 年 COSO 框架解释："有效的企业风险管理对企业呈报目标和遵循性目标的实现提供合理保证程度优于战略目标和经营目标。"而作为管理方法的内部控制在功能上服从于价值创造。从管理学的角度来看，早期的内部控制只是管理的一种职能，并以降低成本、提高利润为重心。随着价值最大化成为所有公司的主要目标，实现价值可持续成长就成为企业实施战略管控的核心，内部控制的功能就从财务报告导向向价值创造导向转化。

企业内部控制包括三个层级：即与公司治理层相联系的战略控制；与经理层、中层管理层相联系的管理控制；与操作层和员工相联系的作业控制。在三种不同类型的控制中，战略控制处于最高层级，作业控制处于基础层级，而管理控制则是连接战略控制与作业控制的桥梁。这三种类型的控制所追求的目标不同，战略控制着眼于战略定位控制，目的是规划战略，监控战略实施；管理控制关注战略实施，目的是促进战略目标实现；作业控制主要针对具体业务和事项进行控制，随着控制层级降低，目标被逐层细化，并从不同角度体现企业价值可持续成长的战略目标。为了确保各个控制层级的目标能够实现，企业需要通过信息的沟通和监督以及持续检查和考核评价来控制内部控制的有效运转（国际内部控制协会，2009）。公司治理层要进行战略控制，进行正确的战略定位，不仅需要优化内部环境，还需要分析外部环境，战略规划的整个形成过程需要进行风险评估，包括目标设定、事项识别、风险分析与风险应对等；管理控制循环包含控制活动（如采取全面预算、业绩评价与激励等控制手段）、信息与沟通（内部信息传递包括内部管理报告与外部财务报告等）以及内部监督等；作业控制层面，企业需要综合运用各种控制措施，对业务和事项实施多维度的有效控制（池国华，2009）。

（三）全面风险管理和内部控制

COSO 在界定企业风险管理时，明确了两个归属关系：①内部控制是企业风险管理的一个组成部分。内部控制的动力来自企业对风险的认识和管理，对于企业所面临的大部分运营风险，或者说对于在企业的所有业务流程之中的风险，内控系统是必要的、高效的风险管理方法。同时，满足内部控制系统的要求也是企业风险管理体系建立应该达到的基本状态。②企业风险管理是管理过程的一个组成部分，企业整个管理过程就是风险和效率的权衡过程。总之，风险管理和内部控制不可分割：风险管理的决策是确定内部控制重点的依据，而一个强有力的内部控制体系是实现有效企业风险管理的基础，风险管理和内部控制是企业自身发展的需要。内部控制按照目标可以划分为三个阶段，即合规型内控、管理型内控和价值型内控，全面风险管理的目标在于规范管理、防范风险和提升公司价值，所以是内部控制的高级阶段（如图 4-26 所示）。正如 GE 公司现任董事长兼首席执行官杰夫·伊梅尔特所说："内部控制的核心问题就是从控制'人的行为'入手，建立一套完整的内控制度体系，来控制'不同人的行为'可能带来的风险，保证风险可知、可控、可承受，

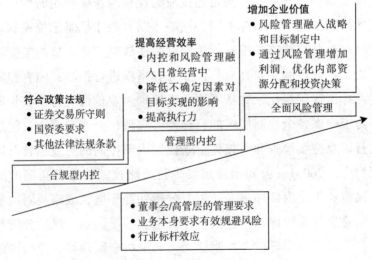

图 4-26　全面风险管理是内部控制的高级阶段

这是企业控制风险、保障经营安全要考虑的最核心问题。"

内部控制与全面风险管理的差异主要表现在：①两者的范畴不一致。内部控制仅是管理的一项职能，主要是通过事后和过程的控制来实现其自身的目标，而全面风险管理则贯穿于管理过程的各个方面，更重要的是在事前制订目标时就充分考虑了风险的存在。而且，在两者所要达到的目标上，全面风险管理多于内部控制。②两者的活动不一致。全面风险管理的一系列具体活动并不都是内部控制要做的。目前所提倡的全面风险管理包含了风险管理目标和战略的设定、风险评估方法的选择、管理人员的聘用、有关的预算和行政管理以及报告程序等活动。而内部控制所负责的是风险管理过程中间及其以后的重要活动，如对风险的评估和由此实施的控制活动、信息与交流活动和监督评审与缺陷的纠正等工作。两者最明显的差异在于内部控制不负责企业经营目标的具体设立，而只是对目标的制定过程进行评价，特别是对目标和战略计划制定当中的风险进行评估。③两者对风险的对策不一致。全面风险管理框架引入了风险偏好、风险容忍度、风险对策、压力测试、情景分析等概念和方法，因此，该框架在风险度量的基础上，有利于企业的发展战略与风险偏好相一致，增长、风险与回报相联系，进行经济资本分配及利用风险信息支持业务前台决策流程等，从而帮助董事会和高级管理层实现全面风险管理的四项目标。这些内容现行内部控制框架都无法做到。

企业内部控制系统，就是指围绕风险管理策略目标，针对企业战略、规划、产品研发、投融资、市场运营、人力资源、物流采购、生产运作、销售和服务等各项业务管理及其重要业务流程，通过执行风险管理基本流程，制定并执行的规章制度、程序和措施。企业应本着从实际出发，务求实效的原则，以对重大风险、重大事件的管理和重要流程的内部控制为重点，积极开展全面风险管理工作。

二、电信运营企业实施风险管理和内部控制存在的问题

从外部环境看，电信行业竞争日趋激烈，又面临着市场准入、资费、服务质量、普遍服务、电信资源等诸多方面的严格监管，外部风险巨大；从公司内部看，电信运营企业纷纷进行战略转型，拓展和延伸价值链，

进入新的业务领域，业务发展机遇与挑战并存。在公司实施"走出去"战略进行海外拓展的过程中，政治、经济、文化等方面的不可测风险更为巨大，并且公司在实施精确化管理、优化资源配置的过程中，又会存在组织结构调整、人力资源优化、内部流程变革、财务集中管理变革等风险。对于电信运营企业来说，完善全面风险管理和内控体系是资本市场的要求、投资者的要求、行业监管的要求，也是公司实现可持续发展的内在要求。薄弱的风险管理和内部控制体系会：提高舞弊发生的可能、错误的财务报表、不良的公众形象、对股东价值的负面影响、招致证券监管机构制裁、诉讼或者其他法律纠纷、资产的流失、经营决策不能最优化。而良好的风险管理和内部控制体系会：降低舞弊的可能、获得（或重获）投资者的信心、遵守法律和法规、降低资源流失的风险、以更高的质量和更及时的信息优化业务决策、暴露经营中的低效环节。目前电信运营企业已经依照全面风险管理的思路，内控体系覆盖的范围已由体系建设初期围绕财务报告的风险控制，发展到面向经营管理各个领域，同时围绕重要经营管理业务开展流程梳理、风险评估与控制设计。通过建立全面风险管理机制，规范主要业务流程，实现全过程控制，目标在于实现"体系可靠、风险可控、运行持续"的内控目标。

目前，电信运营企业在实施风险管理和内部控制方面主要存在下列问题：

（1）侧重于风险管理角度：①风险管理环境尚未真正形成。电信运营企业在风险管理组织、行为准则规范性、风险管理和内控培训、绩效评估和对于违规事件的反应方面相对较弱，尚未形成良好的风险管理基础环境。表现在企业风险管理职责不清，企业现有风险管理职责散落在各个部门和岗位之中，缺乏明确针对不同层面风险管理职能描述和要求，考核机制尚未明确提出风险管理内容，从而缺乏保证风险管理顺利进行的组织架构。②风险评估较弱。电信运营企业在风险评估方面相对较弱，对风险的来源、影响大小以及管理重点缺乏足够和统一的认识，缺少对风险进行系统评估的流程和方法。③风险应对措施亟待完善。电信运营企业在流程设计、风险控制点清晰度、流程设计力、监督、风险控制考核和控制方法的预防性方面，与国外先进企业管控水平相比存在较大的差距。另外，电信运营企业目前的风险管理尚属于事后应对，在流程设计的合理性、风险点的识别和控制方法、对流程执行的监督和考核缺乏有效的体系。比较重视具体风险管理，但缺乏风险管理整体策略。将更多精力投入具体风险管理中，而缺少系统性、整体性企业面临各种风险整体地、组合型地考虑，从而导致资源分配不公，影响整个风险管理效果。尚未形成企业的风险信息标准和传送渠道，风险管理缺乏充分信息支持。企业内部缺乏对于风险信息统一认识，风险信息传递尚未达到有效协调和统一，对于具体风险缺乏量化和信息化数据支持，影响决策效果。④风险监督与评价。电信运营企业尚未根据自己的特点确定明确的管控模式，并且不同公司的管控力度差异较大。

（2）侧重于内部控制角度：①内控体系不完善。电信运营企业虽应萨奥法案的要求已制定了相关内控规范，但大多是从报表审计的角度进行的规范，所涉及的内容范围较窄，仅限于保证业务活动的有效进行、防错纠弊、会计资料的真实合法以及资产的安全完整等方面，与COSO报告目标定位差距较大，缺乏动态性和前瞻性。另外，电信运营企业普遍实行二级法人制管理，进行分级分散管理，董事会和监事会在集团公司，许多省市分公司都从自身的理解和管理需要出发制定和修改相关的内部控制，有时把内部控制简单地理解为内部牵制，整个企业的内部控制缺乏统一完整性。②内控认识不到位。人们误以为：内控仅仅是编定制度、整理文档；内控就是一两个部门的事情；内控可以包治百病；内控只为了控制成本；内控是负担，只能增加不必要的成本。③内控执行不力。公司控制活动中很大的一个薄弱环节就是执行力不够、激励约束机制不够健全、有效。部分电信企业管理者认为内部控制是为了应付财政、审计方面的检查，只要通过检查就是内控有效。计划可能是好的，但是执行过程中没有人去严格执行，更没有人去严格考核和检查或者说没有认真地去考核、去检查，而只是搞形式、走过场，执行监督、奖惩不力，使内部控制流于形式，执行效果大打折扣。④信息沟通不畅，职责界定不清。电信运营企业的生产、销售和服务具有同步性，这就要求在提供服务的同时，必须根据要求各负其责，分工协作，能通过信息系统及时掌握相应客户资料、欠费、信用等级等方面的信息，及时为客户解决存在的实际问题并提供优质的服务。但在实际工作中，电信运营企业信息管理流通不畅，以至于职责界定不清，往往存在着一些谁都可以管，又可以不管，谁都想管，或谁都不想管的"自由"区域。⑤信息系统与业务的衔接。主要表现为：系统种类过多、系统过于复杂、系统重复开发、数据接口繁多、系统彼此孤立等问题造成数据源不统一；统计分析难度加大；数据对接过程中丢失；没有统一规划等现象，最终导致了决策出现偏差，增大风险。例如：业务受理系统不能支撑部分业务的受理，存在多种业务订单的手工录入的情况，导致部分业务（网元、出租电路）的漏收迟收现象严重。计费系统对部分业务的计费不能进行自动处理，导致手工处理的工作量过大，造成计费数据的准确、及时、完整难以保障。⑥内部审计监督不力。从电信运营企业发生的客户投诉案例和日常管理现状可以看出，企业的内部审计未能真正履行其职能，部分电信系统操作人员相互串通舞弊，不相容职务上的有关人员相互串通、相互勾结，利用职务之便，给自己或其他用户增加话费，从中获利，这些事件没有在实际操作过程中得到控制，而是在相关人员投诉或发生重大问题时才被发现，直接导致公司资产流失，不利于内部控制的有效实施。

总之，目前在电信运营企业内部，风险管理和内部控制两层皮的现象十分严重，只有集团公司高层领导高度重视、支持以及以"一盘棋"观念引领公司协调推进，才可能使战略管理风险、投资风险、内控等风险得到防范，但是对于小概率事件的风险防范也不容忽视。

三、电信运营企业建立风险管理和内部控制长效机制

电信运营企业需要不断强化风险管理观念和意识，并将风险管理文化融入公司整体管理的各个环节，不断加强全面风险管理体系和内控制度建设，在建立风险预警机制的基础上致力于构建一套风险管理和内部控制长效机制，并使之逐步成为公司价值创造的第一推进器，为企业成功实施财务转型提供重要的制度保障。

1. 建立健全全面风险管理组织机构

电信运营企业必须根据管理体制设置内部风险管理机构，一般由三个层次构成（张丽娟，2007）：第一层次为董事会风险管理委员会。委员

会由董事长、审计委员会主任和监事会主席构成，承担董事会的日常风险管理职能，并定期向董事长报告全面风险管理状况。第二层次为风险管理部，是以总经理为管理主体的风险管理层，是风险管理委员会下设的风险管理机构，由经营管理层、总经济师、总会计师构成。第三层次为管理业务部门，他们是风险的日常管理者，并承担相应的责任。建立健全风险管理机构是使风险管理得以落实和制度化、程序化的根本保证。

2. 加强全面风险和内部管控体系建设

电信运营企业应以全面风险管理为核心建设内部控制体系，为了使风险控制孤岛现象得到明显改善，必须做到：①公司治理结构建设与风险控制流程优化相结合，从制度上、流程上保证贯彻执行。②将系统性风险防范与专项业务风险防范结合，否则会流于形式。③集团集中统一管理体系同分级授权监督相结合。④全员风险管理与专业风险控制岗位相结合。⑤风险控制制度建设与基础支撑条件相结合。电信运营企业在内部控制体系建设过程中，必须做到：①全面构建控制环境。按照内部控制框架结构，把控制环境中职业道德建设、明确岗位职责、细化权利和责任分配、完善反舞弊机制等控制内容，并提升为公司层面控制，制定统一的政策措施，以确保各个管理层级遵照执行。完善内部控制环境，关键在于管理层面树立内部控制意识并将内控理念融入企业文化当中。②梳理业务流程，识别和评估内控风险。建立风险评估方法体系，从战略发展的角度，在公司层面识别公司面临的所有重大的不利因素和有利因素，在业务活动层面识别确认重要风险，建立公司内部控制风险数据库。③开展针对重要风险的控制设计。将识别出的风险与流程对应，确定风险控制点和关键控制，完善风险控制设计。④完善信息系统控制。以 COSO 和 COBIT 为参考标准，完善信息系统总体控制和信息系统应用控制设计。⑤强化内部控制监督措施。建立内部控制管理层测试及运行评价规范，建立健全缺陷报告管理机制。

3. 对公司面临的风险进行持续识别和评估

公司面临的外部风险和内部风险在不断发生变化，所以全面风险管理是一个动态的调整过程。电信运营企业需要对公司面临的重大关键风险进行持续识别和评估，主要包括三类（中国电信研究院），具体如图

4-27 所示：第一类是外部风险。外部风险主要源于外部环境的不确定性，公司难以预计和把握，但可采取一定的应对措施进行降低和转移。此类风险直接影响或通过对内部风险的作用间接影响公司战略目标的实现，如经济环境风险、政策风险、技术风险以及市场竞争风险等。第二类是内部风险。一种内部风险主要源于决策、执行、计划、控制等过程中的失控或失效环节。此类风险通常直接影响战略目标的实现，如战略决策风险、投资管理风险、资产管理风险、预算管理风险、营销管理风险、新业务风险等。另一种内部风险主要源于管理结构、信息披露、员工与考核激励等公司管理的基础要素。它们是影响重大并贯穿始终的风险，不但作为直接因素更作为其他风险的根源间接影响战略目标的实现，如信息管理与披露风险、管控结构风险、人力资源风险、考核激励风险等。第三类是混合风险。混合风险可能源于外部环境的不确定性，也可能源于内部管理过程中的失控环节。此类风险通常会直接影响战略目标的实现，如法律法规风险、安全风险、对外合作风险、客户关系风险等。

总之，这三类风险之间、每类风险内部的单个风险之间都存在或强或弱的相关性，只有深入分析某个或者某类风险对其他风险的影响，才能深层次了解该风险的影响程度和影响路径，并为该风险的评估提供相对准

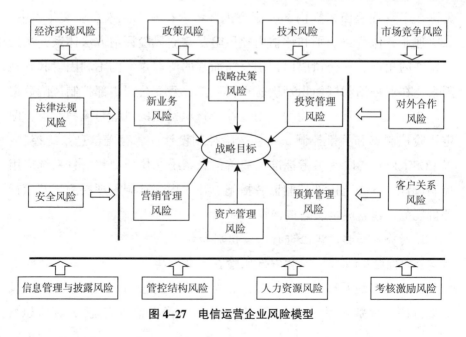

图 4-27　电信运营企业风险模型

确的基础信息。外部风险之间存在很大的相关性，内部风险之间也会相互作用，很多公司内部风险会随着外部环境不确定性的增加而增加，同时外部风险也会由于公司内部风险管理的不到位而相应增加。

4. 持续培育风险管理文化

电信运营企业实施全面风险管理，除了建立具体的风险管理制度外，还需要将风险意识和风险管理理念融入企业文化之中，形成由内而外的强大支撑合力，在整个组织中贯彻风险管理精神。①建立良好的企业风险管理文化，就必须将风险管理的意识和手段融入日常的管理流程，并通过讨论和培训，使风险管理的实施得到全体员工的支持，通过经验的分享，不断加强风险管理的认同性。②培育风险管理文化应融入企业文化建设全过程。大力培育和塑造良好的风险管理文化，树立正确的风险管理理念，增强员工风险管理意识，将风险管理意识转化为员工的共同认识和自觉行动，促进企业建立系统、规范、高效的风险管理机制。企业应在内部各个层面营造风险管理文化氛围。董事会应高度重视风险管理文化的培育，总经理负责培育风险管理文化的日常工作。董事和高级管理人员应在培育风险管理文化中起表率带头作用。重要管理及业务流程和风险控制点的管理人员和业务操作人员应成为培育风险管理文化的骨干，以点代面，使风险意识具有群众基础。③法制和道德教育对树立风险意识同样重要。企业应大力加强员工法律素质教育，制定员工道德诚信准则，形成人人讲道德诚信、合法合规经营的风险管理文化。对于不遵守国家法律法规和企业规章制度、弄虚作假、徇私舞弊等违法及违反道德诚信准则的行为，企业应严肃查处。同时，风险管理文化建设应与薪酬制度和人事制度相结合，有利于增强各级管理人员特别是高级管理人员风险意识，防止盲目扩张、片面追求短期业绩、忽视企业风险等行为的发生。

5. 财务和内审部门应成为全面风险管理的重要力量

电信运营企业首先应合理设置内审机构，保持内审部门的独立性，应隶属于董事会，而不是隶属于总经理，以充分发挥内部审计的监督、评价、控制和服务职能，确保监督控制的独立性和权威性。其次，应通过建立健全内部审计的法律法规、内审人员积极参与经营活动全过程、拓展内部审计的内容等提高内审效率。在公司内部,财务部门和内审部门是综合性较强的两个部门,全面风险管理是新时期公司财务部门和内审部门转型的重要方向,所以财务人员和内审人员必须不断提高自身的能力,成为公司全面风险管理的重要力量。

6. 搭建基于财务共享平台的财务稽核体系

电信运营企业可遵循普遍覆盖与重点监控相结合的原则,通过以财务为核心辐射全公司经济业务的方式搭建基于财务共享平台的矩阵式财务稽核体系,其主要目标在于全面管控财务风险,根据财务风险可能发生和影响的领域进行分类,大体分为政策风险、会计报告风险、会计基础管理风险、预算风险、资金风险、资产风险、税务风险、关联交易风险八类,通过财务稽核的手段将内部控制工作落实到每个财务人员的日常工作中,达到有效防范和控制财务风险的目的,基于财务共享平台的财务稽核体系是对全面风险管理、内部控制以及财务检查等各项管理手段的有机整合。具体可包括(班晓谨,2010):①基础稽核。基础稽核以现有工作岗位为基本稽核单元,覆盖财务部所有业务。要求每个在岗人员根据本岗位工作内容和关键控制点要求,按一定频次对自己在某一阶段的工作进行自我稽核。每位员工均承担自我稽核责任,是全面防范财务风险的第一道防线。②横向稽核。横向稽核是指财务各部门的经理和稽核人员承担本部门的横向稽核职责,对本单位某一阶段的业务进行汇总,按照一定的频次利用与其他业务的逻辑关系进行相关性稽核,是全面防范财务风险的第二道防线。③纵向稽核。纵向稽核是指财务各专业职能部室承担专业线纵向稽核职责,并根据本专业的管理要求,按照一定的频次对本专业线上的关键控制点及高风险点的稽核环节的有效性进行检查,是对前两个稽核环节的复核,是全面防范财务风险的第三道防线。④全视角稽核。全视角稽核是指在前面三级稽核工作的基础上,对各环节稽核有效性的复核检查,同时反向检查关键点设置的合理性,对整个稽核体系的效率效果进行评价。最终实现对财务管理工作的全面覆盖和对高风险点的多角度稽核与监控,是全面防范财务风险的第四道防线。

7. 建立企业风险预警机制

电信运营企业需要加强财务风险控制与财务预警的领域包括:①筹

资风险。对集团公司财务结构、筹资结构、筹资币种以及期限、筹资成本、偿还计划进行评估、监督控制与考核。②投资风险。财务管理必须面向业务和服务,对企业产品、业务和服务的价值创造能力作出科学判断,通过全面预算管理、投资报酬率、EBITDA 占收比、EVA 计算等手段,确保资金和资源向有效益的地区、有效益的产品和业务、有效益的客户倾斜,才能从根本上化解投资风险。③客户信用风险。电信运营企业必须不断加强欠费管理,在采取具体手段的同时加强下面四个方面的工作:加强用户信用管理、健全营收稽核体系、欠费管理整体配合、关键环节重点控制。④预算执行与监控风险。电信运营企业应在对现金流进行集中管控的基础上建立企业财务风险预警体系,高度重视现金流量的变化,及时为企业提供预警信号。

风险预警机制可以建立在财务预警体系的基础上,通过拓宽范围,将与管理有关的风险纳入预警体系。风险预警机制应包括三个部分:①基本监测系统,用于信息收集、筛选以及指标计算;②监测分析,对各类指标、信息进行统筹分析,深入揭示问题的根源;③通过预警模型,确定财务危机警戒标准、最大风险限度,制定规避、防范风险预案,一旦

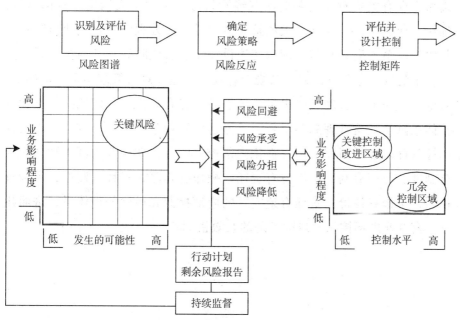

图4-28 风险管理和内部控制长效机制

超过预定标准，提出警示与可行的解决方案。

　　总之，电信运营企业需要建立一套风险管理和内部控制长效机制。即建立集团、省、地市三级专门内控和风险管理机制，设立首席风险管理官；自董事会成员至一线员工，全面树立风险管理和内控观念，使具体工作融于日常经营管理工作的每一个环节；在公司制度和岗位职责等文档规定上保证风险管理和内部控制有章可循且执行有效；保证各种系统对风险管理和内部控制的有效支持。

　　电信运营企业在开展全面风险管理和内控工作的同时，还要与其他管理工作紧密结合，把风险管理的各项要求融入企业管理和业务流程中，建立风险管理三道防线，即各有关职能部门和业务单位为第一道防线；风险管理职能部门和董事会下设的风险管理委员会为第二道防线；内部审计部门和董事会下设的审计委员会为第三道防线。在确保三道防线安全可靠的基础上，实现风险管理和内部控制的五个目标，即在开展全面风险管理的同时要努力确保将风险控制在与总体目标相适应并可承受的范围内；确保内外部，尤其是企业与股东之间真实、可靠的信息沟通，包括编制和提供真实、可靠的财务报告；确保企业遵守有关法律法规；确保企业有关规章制度和为实现经营目标而采取重大措施的贯彻执行；确保企业建立针对各项重大风险发生后的危机处理计划。企业风险管理与内控体系建设必须与管理制度建设相结合。风险管理和内控体系的建立，不是以一套独立的制度或规范存在，而是在现有管理体系的基础上，对企业优秀经营管理经验进行系统总结、提升和创新，使风险管理和内控体系融于经营管理的各个环节，渗透到企业管理的各个方面，以实现内控管理职能的回归。通过强化内部控制监督，在企业内部构建"内控有制度，部门有制约，岗位有责任，操作有程序，过程有监控，风险有检测，工作有评价，责任有追究"的内部控制和风险管理体系，进而建立一套企业内部控制和风险管理的长效机制。

第五节　探索作业成本管理

经过近几年的电信改革，我国电信运营市场竞争格局逐步形成，各运营商日益重视市场营销工作，市场细分化和产品多样化日益明显，运营商关注的重心转变为：客户需要什么样的业务和客户能够承担什么样的价格，激烈的价格战导致了企业成本竞争的加剧。然而，目前各电信运营企业并没有建立以产品为基础的成本核算体系，产品的成本和盈利性无从得知，产品的定价和产品决策没有得到有效的信息支撑。我国电信运营企业曾经采用的专业核算的成本制度已越来越不能适应市场与网络的变化，因此亟待改进和完善。

一、传统成本法与作业成本法

传统成本计算方法的特征是以"产品"为中心进行产品成本计算（如图4-29所示）。众所周知，产品生产成本包括直接材料、直接人工和制造费用三部分。其中，制造费用是一种间接费用，必须按一定标准将它分配计入有关的产品，以便精确地计算产品成本。在20世纪初期，

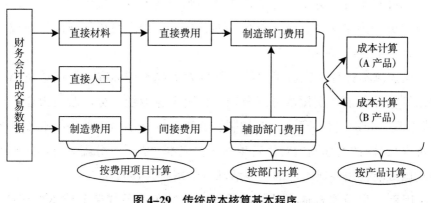

图4-29　传统成本核算基本程序

成本会计发展之初，企业多数是劳动密集型的，直接人工成本是产品成本的主要组成部分，制造费用数额较小。由于制造费用的发生与直接人工成本具有一定的相关性，加之直接人工成本数据易于取得，因而，直接人工成本便成为制造费用的主要分配标准。管理费用和销售费用平时不摊入产品成本，待定价时以加成方式计入成本。

20世纪70年代之后，高新技术蓬勃发展并广泛地应用于生产领域，引起生产组织的革命性变革。以计算机为主导的生产自动化、智能化程度日益提高，直接人工费用普遍减少，间接成本相对增加，明显突破了传统成本核算的制造成本法中关于"直接成本比例较大"的假定。制造成本法中按照人工工时、工作量等分配间接成本的思路，会扭曲成本信息。另外，传统管理会计的分析是建立在传统成本核算基础上的，因而其得出的信息，对实践的反映和指导意义不大，相关性大大减弱，其实践意义就更差。在这种情况下，哈佛大学的卡普兰教授在其著作《管理会计相关性消失》一书中提出了一个全新的研究成本的思路，即作业成本法。

作业成本法（Activity-Based Cost，ABC）是一种以"作业"为基础，以"成本驱动因素"理论为基本依据，通过分析成本发生的动因，对构成产品成本的各种主要间接费用采用不同的间接费用率进行成本分配的成本计算方法。其基本原理是将资源成本通过资源成本动因追溯到作业，再将作业成本通过作业成本动因追溯到产品、服务和用户等成本对象。其中作业是指可重复进行的，组织为了某种目的而进行的消耗资源的活动，如维护光纤、订单处理。成本动因则是诱导成本发生的原因，反映了成本分配因果关系，如订单处理的数目就是处理订单作业的作业成本动因，如图4-30所示。

作业成本计算法克服了单纯以直接人工成本等标准分配制造费用的局限性，缩小制造费用的分配范围（由整个企业统一分配改为由若干个"成本库"分别进行分配），增加制造费用分配标准（由单一标准改为多元标准），即按引起制造费用发生的各种成本动因进行分配，所选择的成本动因最能代表各成本库的作业活动（余绪缨，1992）。

因而，采用作业成本计算法首先可以避免产品或劳务成本的扭曲。

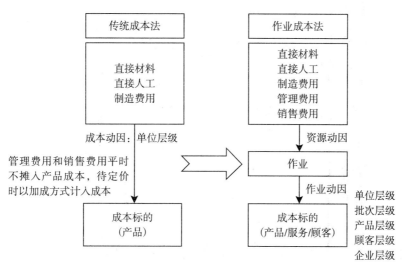

图4-30　传统成本法与作业成本法的成本结构

一方面，从作业层次收集成本信息，按因果关系进行成本分配，保证了成本信息的真实性；另一方面，解决了从产品、客户、组织机构等多角度核算成本的一致性问题。其次，采用作业成本信息进行盈利能力分析，可以有效支持市场定位决策。市场定位应解决如下问题：应开发和推广何种产品？产品应确定什么样的价格？产品应该卖给谁才能盈利？采用何种分销渠道向客户销售产品？等。最后，作业成本法构建了"二维"观（胡玉明，2002），即成本分配观和流程改进观，以作业为核心和枢纽，把企业的成本分配和企业的经营管理过程分析统一起来，而传统成本计算法，只是为了存货估价和收益确定而将已发生的费用分配到成本对象，阻断了企业战略过程分析的可能性，故其只能为企业的短期决策管理与控制服务，如图4-31所示。其中，图的垂直部分，反映了成本分配观。成本对象引起作业需求，而作业需求又引起资源的需求。这是成本分配的"资源流动"。成本分配理念的"成本流动"却恰好相反，它从资源到作业，再从作业到成本对象。成本分配从"成本流动"与"资源流动"两个侧面全面地提供有关资源、作业和成本对象的信息。图的水平部分，反映了流程改进观。它为企业提供有关何种原因引起作业（成本动因）以及作业完成得如何（业绩计量）的信息。企业利用这些信息，通过消除非增值作业、优化作业链和价值链（全程优化设计）、改进增值

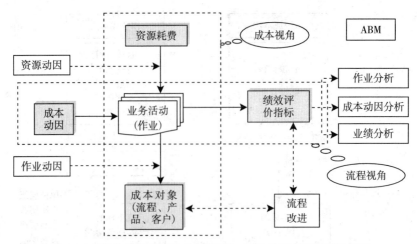

图 4-31　作业成本计算的"二维观"：成本分配观和流程改进观

作业效率、提高增值作业效率等手段，据此提高源于企业外部的顾客价值。作业成本计算法从纵横两个侧面为企业改进作业链，减少作业耗费，提高作业效益提供了信息。

　　作业成本计算法是一种先进的管理思想和方法，是当今世界会计学界前沿研究领域之一。作业成本法作为一种将间接成本和辅助资源更准确地分配到作业、生产过程、产品、服务及顾客中的一种成本计算方法，已被学术界普遍认同。作业成本法不仅是一种成本计算方法，而且是成本计算与成本控制的有机结合。从成本计算的角度看，它是以作业而非产品为成本计算对象，通过对作业成本的计算，追踪产品成本的形成和积累过程，大大提高了计算过程的明细化程度和成本计算结果的精确度；从成本控制的角度看，作业成本法通过对作业成本的确认、计量，为尽可能消除不增值作业提供有用信息，从而促使这一类作业减少至最低限度，达到降低成本的目的。同时，由于作业成本法提供的成本信息相对更为准确，有利于管理当局正确决策、进行成本管理、评价经营业绩等。由传统的以数量为基础的成本计算到现代的以作业为基础的成本计算是成本会计学科发展的必然趋势。总之，作业成本计算法从以"产品"为中心转移到以"作业"为中心，不仅能克服传统成本计算法的许多固有缺陷，提供较客观、真实的成本信息，而且更为重要的是作业成本计算法不只对最终产品成本进行控制，就成本论成本，而是把着眼点与着重点放在成本发生的前因和后果上，以作业为核心，以资源流动为线索，以成本动因为媒介，通过对所有作业活动进行跟踪动态反映，对最终产品形成过程中所发生的作业成本进行有效控制。根据有关文献可知，作业成本计算法虽然起源于产品成本计算的精确性动机（Sakurai，1996），但是其意义已经完全超越了成本计算精确性要求这个层面，深入到企业作业链——价值链重构，乃至企业组织结构设计问题（胡玉明，1998）。然而，作业成本计算法只是认识价值链的手段，作业管理才能改造和优化价值链。因此，从作业成本计算发展到作业管理成为历史的必然。

二、作业管理与流程绩效改进

作业成本法以作业为基础进行成本核算把企业管理推进到了作业水平，在此基础上形成了"以作业为基础的管理"（Activity-Based Management，ABM）。在作业管理中，企业被视为为最终满足顾客需要而设计的"一系列作业"的集合，形成一个由此及彼、由内到外的作业链。每完成一个作业要消耗一定的资源，而作业的产出又形成一定的价值，转移到下一个作业，逐步推移，直到最终把产品提供给企业外部的顾客，以满足他们的需要。最终产品作为企业内部一系列作业的集合，凝聚了在各作业上形成的而最终转移给顾客的价值，因此，作业链同时也表现为价值链。以作业为基础的管理是对传统的以产品为核心的企业管理思想的一次重大突破：一方面，它找到了产品成本发生的根本性原因，通过对作业的分析和改进，企业可以消除不必要的非增值作业，提高增值作业和必要非增值作业的效率，从而有效地降低成本，遏制浪费的发生。另一方面，它为企业管理找到了一种共同语言，使得不同企业的经营管理在作业层面上统一起来。不同企业生产的产品虽有差异，但都会使用类似的作业和作业链，而且企业与企业之间的联系也可以从作业间的投入/产出关系中找到接口，因为从本质上讲，同一供应链上的企业共同组成了范围更大的作业链来满足最终顾客的需要。综观国内外现状，作业管理在企业经营管理决策中的应用如表 4-3 所示，其中将作业管理用于成本控制目的占 89%，其次是成本预算目的占 85%，另外还用于过程改进、运营评价、产品盈利性分析等。

表4-3　作业管理在企业经营管理决策中的应用

应用项目	百分比	应用项目	百分比
产品成本	75%	过程改进	84%
目标成本	57%	成本控制	89%
自建/购买分析	67%	流程再造	70%
成本预算	85%	运营评价	78%
价格模型	67%	标准成本	67%
产品盈利性分析	78%	预算管理	68%
业务盈利性分析	51%	库存评估	41%
客户盈利性分析	58%		

资料来源：Arther Andersen，1998。

　　作业管理以"作业"为核心和起点，在成本管理方面，把重点放在每一作业的完成及其所耗费的资源上。通过作业分析，溯本求源，根据技术与经济统一原则，不断改变作业方式，重新优化配置有限资源，从而达到持续降低成本的目标。根据作业成本计算所提供的信息，如果发现某项高成本的作业，首先要确定这项作业是否必要，能否增加价值。如果该作业是不必要的作业，它不能增加顾客价值，企业就应该消除这项作业，而根本不必去提高它的效率，如图4-32所示。简而言之，作业管理持续降低成本的步骤可归结为：①减少完成某项作业所需要的时间或耗费；②消除不必要的作业；③选择成本最低的作业；④尽量实现作业共享，为降低作业成本创造有利条件；⑤利用作业成本计算提供的信息，编制资源使用计划，重新配置未使用资源。这些步骤贯穿于企业整个生产经营过程，从而使企业处于不断改进的环境之中，达到持续降低成本和提高流程绩效的目标（Turney，1991）。

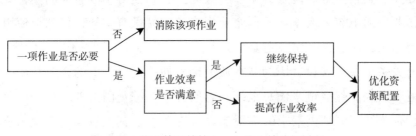

图4-32　作业管理的核心——作业的分析过程

　　作业管理把管理深入到作业水平，以作业成本计算为中介，并贯穿始终。在"适时生产系统"环境下，实现"零存货"，产品成本与期间成本的差异消失，形成一种不受期初期末存货成本结转影响的非累积性成本计算。这时，变动成本法与完全成本法的差异也随之消失。作业管理改进了成本控制方法，以持续改善和优化价值链为目标，将企业成本管理分为成本避免和成本控制两个层次，并贯穿于企业整体作业链之中，消除一切不能增加价值的作业，使企业流程绩效得到持续改进。作业管理重视产品寿命周期成本和质量成本的计量和报告，全方位进行成本控制以提高流程绩效。

三、电信运营企业实施作业成本核算与管理的现状、作用与拟解决问题

虽然作业成本法起源于制造业，但是对于服务业意义十分重大。因为在服务业的成本结构中共享成本所占比重较大，而传统的成本计算方法无法将这些成本有效、合理地分配到最终所提供的各种不同的产品或服务中去。随着市场竞争的日渐加剧，电信运营企业推出的增值业务越来越多，业务品种在不断增加，专业核算根本无法满足如此众多的产品成本核算的要求。随着网络的综合越来越深入，网络平台也日渐增多，专业成本核算越发困难，网络融合已经是必然的趋势，专业成本核算失去了存在基础且对经营的指导意义越来越小。目前，电信运营企业通常能够提供几十种产品或者服务，但是传统的成本核算只划分为本地电话、长途电话、数据通信、移动通信、卫星通信、无线寻呼、专用通信七个通信网进行专业成本核算，这几大专业分别由不同的电信网络构成，各专业特点不同，成本构成存在明显的差异。传统成本核算的粒度很粗，不能提供分产品的成本数据，只有粗线条的总成本，各种决策所依据的成本数据可参考性不强，比如套餐资费定价，在没有具体的产品成本的情况下，只能依据收入、用户数、业务量的预测和大体的成本估算来制定套餐资费，已推出套餐的效果也只能从收入、用户数和业务量的角度来评估，无法获得套餐的盈利数据（汪鑫等，2006）。利用作业成本法，通过对各个成本费用科目、企业的流程作业、网络的结构、企业所提供的产品和服务等进行深入研究，设计科学合理的决策模型，从而可以将企业的所有成本以作业和网元为桥梁，分摊到最终的成本对象，从而为

经营和管理决策提供精细化的决策支持信息。

（一）实施现状

电信企业传统的以财务核算为基础的成本核算方法也难以适应形势的变化。电信企业成本具有以下特点：第一，电信成本核算对象无实物形态。电信企业不同于制造业，它向用户提供的服务不具有实物形态，因而消耗的许多资源往往无法通过明确的因果关系或者确定的依据关联到具体产品（服务或客户）上，从而给产品成本的归集和分配带来了许多不确定因素。第二，电信企业的间接成本很多，直接成本很少，传统意义下的直接材料和直接人工占比极低，间接成本占总成本的比例从20世纪60年代的30%上升到现在的60%~90%（张峰，2005）。其主营业务成本按照固定本地电话网、长途电话网、移动通信网、数据通信网、卫星通信网、无线寻呼网、专用通信网七个通信网来分别核算。主营业务成本中具体包括七个成本项目：工资、职工福利费、折旧费、修理费、低值易耗品摊销、业务费、电路及网元租赁费。根据电信企业会计核算办法的规定，电信企业需要分摊的费用成本应按"谁受益，谁分摊"的原则，根据因果关系，将能明确划分到某个通信网的耗费直接计入该通信网的成本项目中去。而关系到两个或两个以上通信网成本的以及通信生产部门和管理部门共同使用的一些修理费、动力费、水电取暖费、劳动保护费等不能直接计入相关通信网的成本，则先归集到"共同费用"中去，然后再按照规定的成本费用分摊方法，分摊计入相关通信网的成本或管理费用中。第三，电信网络成本（包括运行维护成本和折旧成本）在总成本中所占的比重很大，达30%~60%，大部分的网络资源（特别是传输资源）是共用的，资源的共用性导致成本核算的困难。第四，电信成本结构较复杂，因为电信网络是由电信终端、交换节点、传输线路等多层次有机连接而成（何莹，2009），各层次的正常运转都是以大量复杂而昂贵的通信设备为基础，这些设备在日常运营过程中需要消耗大量的人力和其他资源，因此网络的运行维护涉及众多成本项目，又由于电信业务的多样性和复杂性，往往是多种业务共用一个网络，使得网络成本分摊困难，电信业务单位成本难以清晰衡量。此外，在日常经营过程中，还涉及客户、代理商、供应商、业务外包等多方面资金往来，成本结构更加复杂。第五，电信企业的营销成本迅速上升，已经占到总成本的10%。由于电信产品的高度相关性，业务捆绑比较多，营销费用分摊到单一产品非常困难。第六，互联成本难以确定。电信网络规模巨大，向用户提供的通信服务往往要跨越不同企业运营的网络，这就产生了网络间互联成本的结算问题，由于电信成本结构的复杂性，加上涉及企业的商业机密，因此如何确定网络间互联成本成为面临的难题之一。总之，电信成本的上述特点使得"以直接成本分摊为主，按简单比例分配间接成本"的传统成本核算方法难以适应。

目前国外已经实施作业成本法的电信运营企业主要有：AT&T、MCI、Bellsouth、英国电信、德国电信、西班牙电信、巴西电信、葡萄牙电信等。作业成本法在不同的电信企业及企业不同的部门应用目的也不尽相同，如 AT&T 财务中心主要以流程重组、提高企业效率为主要目的，巴西电信、葡萄牙电信则以准确计算电信业务成本数据为主要目的。在过去几年里，我国主导电信运营企业都纷纷进行了作业成本计算法的试点并取得成功，但是由于各方面基础条件尚不具备，还未完全采用。但是在企业成本管理和控制中已经开始逐步引入作业、作业成本、成本动因、作业预算等理念，并通过财务转型的逐步实施构建必备的基础条件。

（二）主要作用

电信运营企业实施作业成本法的主要作用在于准确衡量产品和客户群的盈利能力；了解作业流程的成本信息并进行有针对性地控制，从而使得公司内部供应链的设计更加有效。具体表现在：①了解产品（或业务）盈利/成本信息：产品盈利信息可以帮助电信运营企业识别不同产品对企业真正的贡献，制定产品战略（产品组合、新产品成本和定价）等。②了解客户群盈利/成本信息：客户群盈利信息可以支持电信运营企业制定客户战略（客户群价值管理、客户挽留、促销方案），做出吸引、获得、保留和拓展目标客户群的适当决策。③对市场营销管理的支持：区分不同成本组成和成本属性的产品（业务）单位成本信息，可帮助电信运营企业进行产品定价决策以及预估新产品和捆绑产品的成本和定价。④对流程管理的支持：业务流程成本信息以及相应的成本属性信息，会给电信运营企业提供成本控制机会的关注点。对同一部门在不同流程上的人工成本耗费的分析，可以有重点地改善部门的资源配置。对同一流程的跨部门的流程成本分析，可以提高流程的效率以及职能部门之间的配合。⑤对预算管理的支持：收入和成本的历史信息可以帮助电信运营企业进行收入和各项相关成本费用的情景分析和预测。基于量化分析和单位成本等信息，支持预算定额管理，并为作业预算的推行打下坚实的基础。⑥对企业精细化管理的支持：作业成本法的有效实施可以使企业获得分业务、品牌、地域、客户群等其他维度的成本结果，还可以获得作业成本、网元成本以及各种翔实的动因数据，这些精细而准确的数据为电信运营企业定价、预算、投资决策、标杆分析甚至战略规划等提供了更加准确的成本信息输入，为企业精细化管理提供了有效的支持。例如：引入作业成本法之后，企业可以利用收入、用户数、业务量以及各项业务的单位成本等数据来预测套餐的成本盈利结果，套餐推出之后还可以进行盈利结果后评估，从而促使企业在扩大收入的时候，也能兼顾盈利性；又如：利用网元的折旧、维护等成本数据，可以制定出更加切合实际的网元维护成本计划。

（三）拟解决问题

楼向平等（2005）提出电信运营企业通过实施作业成本管理能够解决公司内外的三大问题：①通过作业成本计算旨在解决通信业务价格与其成本的脱节问题，制定出各项通信业务的相对合理价格。②计算电信运营企业的管理流程成本和分业务、分品牌、分客户群体的成本与效益，为公司投资决策、全面预算、绩效考评等提供精确化的支撑信息，解决电信运营企业成本控制中存在的信息缺失和失真问题，强化成本管理对提高企业核心竞争力的重要作用，从而全面提升企业的管理水平和综合绩效。③解决行业价格管制的信息缺失难题，使成本核算成为行业法规制定和电信企业业务结算（如互联互通、价格管制等）的基础和依据。

四、电信运营企业实施作业成本核算与管理

电信运营企业实施作业成本法的核心思想就是将企业在一定时期内耗用的资源首先分配到作业（活动）上，再根据成本对象（产品或客户）

耗用的作业情况，将作业分配到成本对象上，其中"作业"贯穿于企业价值创造的整个过程。作业成本法相对于传统成本核算的优势在于，成本分配的过程中引入了"作业"这一层次，从而为企业全面系统地展现了企业资源的整个流动过程，不仅展示了企业"消耗了哪些资源"，同时揭示了"资源如何消耗"和"资源被谁消耗"。

（一）电信运营企业实施作业成本核算的步骤

第一，确认作业成本核算的四大要素——资源、作业、成本对象和成本动因（田红，2008）。①资源。资源一般是指电信运营企业在特定的时期内所消耗的所有成本费用，主要包括网络折旧、支撑成本、人工成本、营销成本和管理成本等。由于资源中折旧成本所占比重最大，因此网络折旧成本分配过程的合理性直接决定着最终核算结果的准确性。②作业。作业是指电信运营企业各部门的主要活动或工作。作业的组合可以形成企业的运营流程，同样流程可以逐步细化到作业。作业的细化就成为具体的各项任务。作业是将资源与成本对象进行联系的一个媒介，因此作业设置的合理性直接决定着整个模型的合理性。如网络维护作业、客户服务作业等。③成本对象。成本对象是作业成本法最终核算的目标。目前电信运营企业除了关注产品成本之外，还关注客户成本、渠道成本、产品组合成本等。④成本动因。动因是连接资源到作业，作业到产品的纽带，主要指成本分配的因果关系，是对导致成本发生或增加的度量。动因主要分为三大类：A.分配资源到作业层的动因为资源动因，如维修费用的资源动因：维修使用耗材数量，营销成本资源动因：促销活动次数、参加促销人数、促销用场地费等，人工成本资源动因：人数、人工工时等；B.分配作业成本到产品的称为作业动因，如前端营业中心业务开通作业的作业动因：业务数量，客户充值作业的作业动因：充值次数，投诉受理作业的作业动因：受理次数等；C.分配网元成本到产品的称为网元动因，如业务量等。涉及的主要数据都来源于企业运营管理过程，包括结构数据、交易数据、属性数据、分摊动因数据等。

第二，确认作业成本核算的层次关系——资源层、作业层和成本对象层。①资源层到作业层：依据资源动因将资源分配到作业上。通过分摊可以得到部门成本、作业成本、流程成本等中间结果。②作业层到成本对象层：依据作业动因和网元动因将作业和网元成本分摊到成本计算对象，通过分摊可以得到基于产品、客户、渠道和产品业务组合的成本。

③资源层到成本对象层：主要指一些可以直接归集到成本计算对象的成本，可称为直接追溯成本，例如针对特定客户群发生的营销费用等，可直接归属到成本计算对象，简化成本分摊过程。

第三，确认作业成本核算的流程分类。作业的组合可以形成企业的不同流程和模块，作业的细化就成为具体的各项任务。电信运营企业的经营管理过程可分为：市场营销流程、网络流程、管理与支持三大类流程。其中市场经营过程由市场战略制定、产品营销、客户服务管理、业务受理、互联互通等项流程组成，具体如图4-33所示（雷忠鸣，2008）。

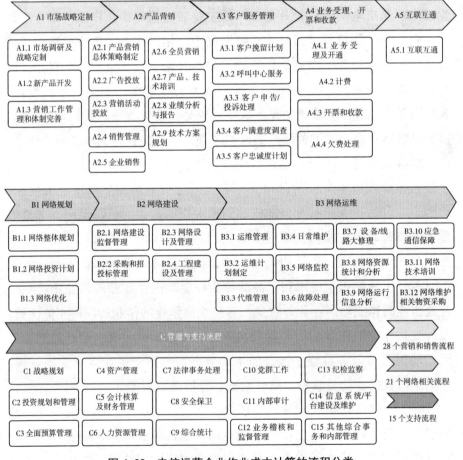

图4-33　电信运营企业作业成本计算的流程分类

流程可以分解为若干项作业，如业务受理流程可以分解为业务受理及开通、计费、开票和收款、欠费处理等项作业。每项作业又可以被分解为从事作业的任务流。任务是实施每项作业的详细步骤，如业务受理及开通作业可以分解为前台受理、派单安装、后台开通等项任务。网络流程由网络规划与建设、设备运行与维护等流程组成。管理与支持流程则由财务管理、人力资源、信息系统管理等流程组成，为公司的整体运行提供综合支撑管理。上述流程的分类可因企业规模和所要求的详细程度不同而异。

通过从资源层到作业（活动层）、再到成本对象层逐层进行计算和分摊，最终完成企业进行作业成本计算的整个过程。

（二）电信运营企业实施作业成本管理的模型

电信运营企业基于作业成本核算实施作业成本管理（Activity-Based Cost Management，ABCM）可建立企业财务、业务及网络管理的联系，提升企业精细化管理水平，将效益管理落到实处。可以深化财务管理体制改革，建立与国际接轨的分产品、分客户和分业务流程的成本管理体系。一方面，可以帮助公司解决内部管理的诸多问题：如提升公司价值（收入增长、成本结构优化、投资回报提升等），制定客户战略（客户群价值管理、客户保留、客户促销方案）、产品战略（产品组合、新产品成本和定价）等。另一方面，有助于提升资源使用效率。网络相关成本属于企业属性成本，应通过提升网络使用率，使网络资产发挥最大的作用；而营销成本属于博弈成本，通过与标杆进行对比可找出企业效率的短板，因此需要对不同的成本属性进行区分，设定关键绩效指标评价资源使用效能。通过作业成本管理可以提供多维、充分的成本和盈利信息，从而加强公司与投资者和资本市场的沟通，不仅有助于缓解公司与外部投资者之间的信息不对称，而且能引导管理者进行正确的价值评断和理性决策，优化资源配置。

中国联通以作业成本法为基础建立的成本管理模型具有一定的代表性（如图4-34所示），主要由财务模型和网络模型两部分组成（林桐等，2009）：①财务模型以业务流程（营销、网络、管理与支持流程）为核心载体，实现作业相关的成本费用从不同省份、会计科目到业务流程，

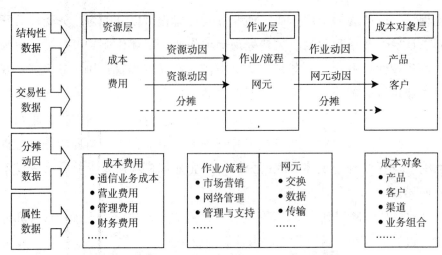

图4-34 电信运营企业作业成本分摊计算模型

进而到逻辑网络元素、产品和客户群的分摊。同时，财务模型以网络模型计算得出的网络资产成本信息和分摊结果为输入，整合全部成本费用，并产出分客户群、分产品盈利分析报告、业务流程成本报告和逻辑网络元素报告等各类结果性报告。②网络模型以逻辑网络元素（传输、交换和数据）为核心载体，实现网络资产成本从固定资产明细表到逻辑网络元素、再到零售服务对象的分摊，并将网络资产成本分摊的结果以及逻辑网络元素到产品的分摊结果输入到财务模型中以形成完整的盈利性与成本报告。利用作业成本分摊模型，可产出分客户群、分产品的成本数据，电信企业成本可分为客户营销相关成本、产品营销相关成本、网络相关成本、管理成本四个层级（林桐等，2009）。其中：①客户营销相关成本指为获取客户资源、维系客户关系等所支出的成本，仅与客户有直接关系，如客户群用户保留成本。②产品营销相关成本指为销售各类产品所发生的成本，与产品有直接关系，但与客户无直接关系，如产品广告费、宣传费等。③网络相关成本指形成产品过程中利用现有网络所发生的成本，与客户和产品均无直接关系，如网络维护费、网络运行费等。④管理成本指为组织和管理企业正常生产经营所发生的管理费用。为反映不同客户及产品的成本耗用情况，利用模型产出数据，可设计和报送内部管理报告，包括客户盈利性报表，客户成本报表，产品盈利性报表，产品成本报表，网络在用及备用报表，逻辑网络元素成本报表，零售服务对象成本报表等，为企业经营管理决策提供精确的支撑信息。

（三）电信运营企业实施作业成本核算与管理需注意的问题

第一，管理视角正确定位。由于在作业成本核算过程中引入了"作业"及"作业动因"，使得作业成本法在实施过程中不仅局限在财务部门，而是涉及到企业的各个部门以及运营流程的各个环节。如果单纯将作业成本法理解为一项财务变革，势必在实施过程中，在调动各部门的积极性上遇到障碍。电信运营企业应将作业成本法的实施看成是一个管理项目，而非单纯的财务项目，才能调动各部门的资源和积极性，从而有效地设置"作业"，顺利开展工时调查，确定作业动因。此外作业成本法提供的成本数据主要是企业内部管理所需，因此核算原则不需要满足财务报表对外披露的相关规定。所以作业成本法核算的结果和财务报表的核算结果不必一致。例如在作业成本法中可以考虑网络利用率，根据利用率情况，确定网络成本应该向产品和客户分摊的比例；而财务会计需要将所有的网络成本都分摊到产品和客户上。同时作业成本法核算中有时考虑的是增量成本和机会成本，而财务会计核算的都是完全成本（田红，2006）。

第二，输出结果充分应用。作业成本核算的根本作用在于将企业的总成本以作业为桥梁通过科学合理的方法分摊到多维的成本对象，输出多维度、可追溯的成本数据，为营销决策、绩效考评、流程优化、投资决策等提供一些更为翔实的数据作为输入，但是并不能替代这些职能。所以通过作业成本核算得到的一系列丰富且准确的成本结果诸如产品成本、客户成本、产品组合成本等成本信息应该在企业管理决策中得到充分应用。

第三，信息化支撑精准数据。作业成本法需要大量数据输入，包括成本、收入等财务数据，以及计费、账务、作业调查、网元统计等诸多业务统计数据（汪鑫等，2006）。财务数据主要是确定"资源"的范围，业务统计数据则是确定动因的基础。财务转型前，大多数省公司没有全省统一的报账系统，各地市公司报账单据不统一，各类业务报账信息填写存在不规范的情况，并且内容比较单一，报账信息偏重核算，使得管理的基础信息采集不够丰富。实施财务集中后，通过建立深入业务前端的报账平台系统，将信息采集点从财务端前移到业务端，统一了各类信息的口径，并实现了业务语言向财务语言的自动转换，对各类业务报账模板进行了规范，报账模板分类和关键信息要素实现了统一化和标准化，并通过系统的自动校验和易于理解的友好界面，大大提升了基础信息采集质量。省公司财务核算中心集中处理所属全部单位的会计核算工作，通过建立收入、成本、资金、资产等核算工作的专业分工和集中监控，在会计核算方法、会计判断标准、科目核算口径、财务报表口径等各方面实现了规范统一，会计核算处理流程也进一步制度化和标准化。此外，通过报账平台系统中的财务业务映射规则，大多数经济业务均能自动生成会计分录，减少了人为判断差错。因此，只有不断加强企业信息化建设，才能使得财务信息和业务信息的质量得到较大提升，并为作业成本核算与管理奠定坚实的数据基础。

第四，实施贯彻成本效益原则。西蒙的决策理论获得诺贝尔经济学奖的主要原因是对西方经济学提出了两个挑战：用满意化原则代替了最优化原则；用有限理性原则代替了最优理性原则。企业管理决策的基本原则之一是遵循满意化原则，必须兼顾成本效益，对于作业成本法的实施也不例外。一般来说，作业成本法的实施成本包括三个部分：模型设计成本、系统实施成本、系统维护成本（田红，2006）。如果作业成本法是由企业内部的部门或机构来承担，这些成本主要体现为人员成本和软、硬件的采购及维护成本；如果实行外包则体现为管理咨询成本和系统成本。随着企业成本投入的增加，作业成本法输出成果的精准度都会有相应提高，但当成本投入超过某个临界点以后，这种效果就不明显。同时作业成本法实施也有预算控制，其可调动的资源是有限的。因此在实施作业成本法的过程中应该考虑其本身的经济效益，在保持一个相对合理的实施成本水平上实现收益的最大化，而不是一味地追求作业成本法实施的理想状态。只有对作业成本法的实施成本和取得效果进行定量和定性的评价，才能判断作业成本法的实施成功与否。

第五，与其他管理工具有效结合。电信运营企业在引进作业成本法以前，已经引进了很多的先进管理工具，如ISO9000、六西格玛、全面质量管理、全面预算管理、平衡计分卡、ERP等。引进这些工具是非常有必要的，它们可以规范企业的管理流程和管理基础工作，为引进作业成本法奠定了一个很好的基础。作业成本法在实践中可结合其他管理工具改进和提升企业管理水平。

（1）作业成本法与全面预算管理相结合——作业预算。电信运营企业在作业分析和业务流程改进的基础上，结合企业战略目标和据此预测的作业量，确定企业在每一个部门（流程）的作业所发生的成本，并运用该信息在预算中规定每一项作业所允许的资源耗费量，并实施有效的控制和绩效评价与考核，这样就产生了作业基础预算（Activity-Based Budget，ABB）。作业基础预算是在吸收了作业成本和作业管理思想的基础上与全面预算管理相结合而产生的。作业基础预算产生的直接原因是作业和作业成本法的产生及它们在现实生活中的广泛应用，更深入地看，作业基础预算产生的深层原因则是企业经营环境的变化如高科技在企业中的应用、消费者需求的多样化等。作业基础预算的主要特点是：预算指标的制定立足于经营活动，避免了传统预算过程经常出现的编造费用指标的情况；结合运用"黄金区间法"等手段有效避免预算管理过程中的"代理人"问题；结合成本动因便于期末考核和寻找导致差异发生的原因。作业预算在一定程度上改善了以往靠经验判断等简单方式的不准确性，提高了预算的可衡量和可操作性，可以基于多角度和采用多方法进行合理性判断。预算方法贴近了业务事项发生时的客观规律，更容易从驱动因素的角度进行评估和控制。作业预算与传统预算一样，也需要将预算指标层层分解落实。唯一的差别在于，作业预算的目标和职责的落实是依靠每个分级体系的作业或流程，而不是依靠组织结构。作业预算最突出的优点在于将预算建立在作业和流程分析的基础之上，为决策管理提供了更为准确的成本信息和更丰富的成本管理手段，强化了横向沟通与交流，便于将预算与其他管理工具整合，但作业预算倾向于以牺牲决策控制为代价，服务于决策管理（齐默尔曼，2000）。

（2）作业成本法与平衡计分卡相结合。在作业成本法下，可以引用平衡计分卡将战略目标转化为作业层次的目标，并将战略目标与业绩目标相结合。平衡计分卡作为连接战略与年度预算的桥梁，首先将企业战略转为平衡计分卡来确定战略目标和措施，然后再为每一种措施在将来具体时点设置弹性的战略目标，最后将预算过程嵌入战略计划过程，分配资源和确定下期的业绩目标。通过平衡计分卡战略执行工具的引入使得公司的作业预算管理始终与公司的战略保持高度一致，同时作业活动也很清晰地反映公司战略方向，实现战略与作业的紧密集成，从而更加有效地实现公司战略目标。图4-35以某地市公司（雷忠鸣，2008）平衡计分卡的财务维度为例说明电信运营企业如何通过平衡计分卡将战略目标转化为业绩目标、考核指标、关键成功因素和作业活动及进行资源匹配。

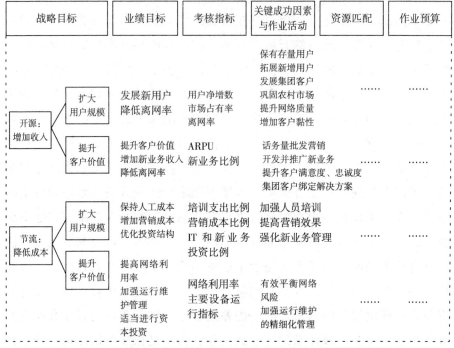

图4-35 平衡计分卡（财务维度）与作业活动和作业预算的衔接

（3）作业成本法与ERP相结合。ERP系统与作业成本法的整合将电信运营企业价值链和流程管理的视角深入到作业水平，是管理理念上的重大突破，有利于溯本求源，提高价值链管理的效率，实现企业价值最大化的终极目标。ERP与作业成本管理在价值链管理中的定位和关系具体如图4-36所示。

理论界对于ERP系统与作业成本管理的整合存在形式有几种不同的看法。有人认为整合后，ERP系统与ABCM是两个独立但又相互关联的

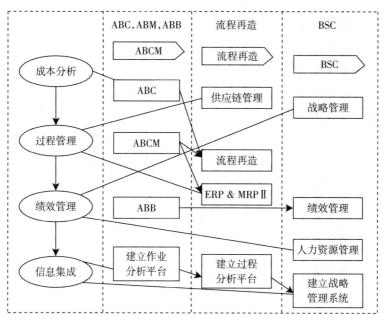

图 4-36   ERP 与作业成本管理在价值链管理中的定位和关系

信息系统。例如 Russellshaw（1998）在关于 ERP 厂商和 ABCM 整合的探讨中提出 ERP 系统与 ABCM 之间是一种伙伴关系。而 Brodeur（2003）则提出 ERP 系统可以被 ABCM 有效利用，ABCM 可以通过 ERP 系统快速获取大量非财务数据，所以两者的整合可以促进彼此的成功实施（如图 4-37 所示）。也有人认为，整合后 ABCM 被完全融入到 ERP 的各个功能模块中，即没有独立的子模块代表 ABCM 或者为 ABCM 所创建，所以，对 ABCM 的整合实质上就是用 ABCM 的概念和方法对 ERP 功能模块进行修正。宁亚平（2006）则认为，由于整合使得 ABCM 完全被融入到 ERP 中的部分是 ABCM 的 ABC 和 ABM 的技术和管理思想，从而使得 ABCM

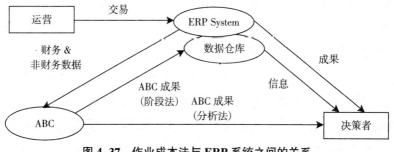

图 4-37   作业成本法与 ERP 系统之间的关系

独立于原 ERP 的部分是少许子模块，即有少许的子模块代表 ABCM 或者是为 ABCM 创建的，如在管理会计功能模块中增加作业会计子模块和作业效率分析子模块。

在实践中，ERP 系统与 ABCM 之间保持一种伙伴关系的专门的 ABCM 软件已成为许多软件厂商关注的重点之一，许多企业管理软件提供商都在此领域积极投入，当然也有公司在自身的 ERP、供应链管理等管理系统中增加作业成本管理的功能模块，以适应客户的需求。例如 SAS、ALG Software 和 QPR 等公司都提供专业的 ABCM 软件。浙江移动就是使用 SAS 公司提供的专业 ABCM 软件进行作业成本法的试点。总之，由于 ERP 和 ABCM 二者本身在理论和实践运用上都处于发展过程中，所以 ERP 系统与 ABCM 整合的存在形式也将处在不断探索和优化的过程中。

第六，逐步引入全面成本管理理念。全面成本管理指通过预算、控制、核算、分析、调整和考核等一系列内部控制程序，对企业成本进行全过程、全方位的管理，通过将分公司在生产经营过程中发生的所有直接费用和间接费用，按照成本责任管理驱动和受益驱动，采用直接计量或者一定规则分摊分配的方法，计算到组织（岗位）、产品、客户的成本中，形成组织（岗位）、产品、客户的全面成本管理模式，从而加强各单位、各专业责任成本管理，加强产品、客户成本投入管理，加强对成本支出的调控能力，降低企业经营风险，增强企业的可持续发展能力和竞争能力。在全面成本管理中，企业的成本管理不是简单而静态的成本核算，而是从不同角度，对各种成本进行的全方位考察和全过程控制的活动（邓晓峰等，2008）。首先，全面成本管理更加关注流程的成本分布，而非简单的产品成本。其次，全面成本管理的关键在于运营，而非简单的成本削减。德鲁克在《21 世纪的管理挑战》中说过，企业的任务在于创造财富，而不在于去控制成本。全面成本管理正是通过对于各环节的投入量和产出量进行比较，为衡量企业竞争力及资本保值增值提供有效的信息，推动企业内部资源的不断整合，而不是简单削减。全面成本管理中的"三全"是指：全方位管理即"付现成本＋资源占用成本"；全员管理即"决策层＋管理层＋作业层"；全过程管理即"预算＋核算＋

分析 + 控制 + 调整 + 考核"。全面成本管理需要将责任体系、信息系统、预算模板有机结合，相互承接，相互促进，形成三个核心模块。全面成本管理内容根据实施范围及策略可以划分为不同单位、不同专业、不同产品和客户等维度，如图 4-38（以深圳电信为例）所示。

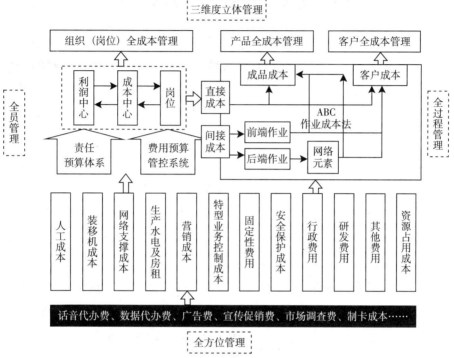

图 4-38　全面成本管理架构图

第六节　集中管理共享服务

共享服务中心（Shared Services Center，SSC）发轫于 20 世纪末跨国公司的管理创新，并迅速被国际财务界认同和推广。随着越来越多中国本土企业的规模化与全球化，企业经营管理效率重要性的不断凸显，以及信息化的高速发展和广泛应用，共享服务的优势日益得到认可，并逐渐开始在中国企业中落地生根。财务共享服务则以其标准化、流程化的特点，实现了降低管理成本、强化财务管控等优势，成为企业进行财务流程再造的新趋势。

一、财务共享服务的概念界定与理论基础

(一) 共享服务与财务共享服务

关于共享服务的定义，具有代表性的观点如下（按提出的时间先后顺序）：Robert Gunn（1993）等人最早提出了共享服务的概念，认为共享服务是为了说明公司试图从分散管理和少的层级结构中取得优势的一个新的管理理念，其核心思想在于在提供服务时共享组织成员和技术等资源。Dave Ulrich（1995）认为，共享服务是公司将一些独立的服务活动进行组合或合并。Danna Keith & Rebecca Hirschfield（1996）认为，共享服务中心将本来分散于组织中的日常活动进行合并，成为一个独立的实体，并对所提供的服务向业务单元收费。Donniel S. Schulman、Martin J. Harmer、John R. Dunleavy、James S. Lusk（1999）等人认为，对分散的组织资源进行集中配置是为了向内部客户以较低的成本提供高价值的服务，以实现公司价值最大化的目标。Elizabeth Van Denburgh（2000）等人则认为，共享服务的核心是一种增值战略，因为它将共同的内部事务集中到一个新业务单元，对内部顾客提供所需服务。Bryan Bergeron（2003）认为共享服务是一种将一部分现有的经营职能集中到一个新的半自主的业务单元的合作战略，这个业务单元就像在公开市场展开竞争的企业一样，设有专门的管理机构，目的是提高效率、创造价值、节约成本以及提高对母公司内部客户的服务质量。刘汉进（2004）提出共享服务是在具有多个运营单元的公司中组织管理功能的一种方式，它指企业将原来分散在不同业务单元进行的财务、人力资源管理、IT技术等事务性或者需要充分发挥专业技能的活动，从原来的业务单元中分离出来，由专门成立的独立实体提供统一的服务。通过对上述定义进行总结，笔者认为共享服务的定义强调四个方面：一是在具有多个运营单元的公司中将一些独立的服务活动进行组合或合并；二是成为一个独立的实体专

注于向内部客户提供增值服务；三是内部业务单元不再分别设立后台支持机构，统一共享"共享服务中心"的服务；四是节约成本、提高效率、创造价值以及提高对母公司内部客户的服务质量。建立共享服务中心的好处包括（Cedric Read，2003）：降低总费用和管理费用；更高质量、更精确以及更及时的服务，经营流程标准化，资本经营最优化等，其核心在于通过整合资源和流程达到规模经济。

共享服务中心提供的前十项服务包括应付账款、应收账款、差旅费、总账和合并报表、工资、固定资产、现金管理和司库、员工福利和奖金、信贷和收款、财务分析和报告等（Andersen，2001）。因此，规范、大处理量以及非关键的财务交易流程仍然占据着通过共享服务中心所提供的大部分服务，同时共享服务中心也提供典型的非财务服务，如薪酬和收益、信息技术操作、供应或支持以及订单流程等。所谓财务共享服务是建立在财务组织深度变革基础上的管理模式，企业组织将依托于法人单位或者独立核算的财务组织进行剥离，使得分、子公司的财务组织归并到财务共享服务中心，由财务共享服务中心承担全集团成员单位共同的、简单的、重复的、标准化的业务，实现财务集中核算和集中管理（张瑞君，2008）。财务共享服务中心所提供的服务主要包括四类：一是会计账务处理，包括往来账、应付账款、应收账款、固定资产、存货等；二是现金管理，包括资金管理、工资管理、现金存量和流量管理等；三是财务报告，包括公司内部管理报表、对外财务报表、报表合并等；四是其他会计业务，包括发票管理、差旅费管理、税务筹划等。建立财务共享服务中心带来的益处包括（ACCA Report，2002）：运营范围扩大至全球、减少审计成本、服务集中化、通用化标准、减少劳动力成本、提高运营效率、及时获得跨事业部或跨地域的具备连续性与完整性的信息、为业务提供增值服务和支持等。

（二）财务共享服务的理论基础

对组织及其边界的研究存在两条路径：一条是以交易成本为出发点的契约理论为线索；另一条是以优化资源配置为出发点的核心能力理论为线索。由于这两条路径认识组织的角度有所不同，因此，笔者将基于此探讨财务共享服务这种企业内部形成的市场化组织形式形成的理论基础。

（1）交易费用理论。交易费用理论的奠基者科斯（科斯，1937）认为，"企业的显著特征就是作为市场价格机制的替代物"，即当市场的交易费用大于企业内部的组织费用时，企业就是比市场协调更有效率的调节机制，则交易就被企业内部化，其目的是降低企业的运营成本。但是，科斯并未阐明哪些类型的交易由市场协调的成本过高，适合于在企业内组织；哪些类型的交易由市场协调的成本较低，适合在市场上完成。后来张五常（Cheung，1983）等人对科斯的交易费用理论进行了实质性的改进。他们认为，企业与市场并无本质差别，只是契约安排的两种不同形式，企业并不是用非市场方式代替市场方式来组织分工，而是用要素市场代替产品市场。当企业自己制造产品而不是从市场上购买时，它必须购买生产要素，进而组织生产。只有当产品的交易费用高于用来生产此种产品的生产要素的交易费用时，企业才会出现。威廉姆森（1975，1979，1980）和克莱因（1978）等人针对科斯的企业理论的缺陷提出，参与交易的当事人之间的交易，通过企业还是通过市场来组织和协调，是个决策变量。究竟选择哪种经济组织形式，取决于不同交易的特征及与每种组织形式相应的交易费用。交易费用理论对财务共享服务这种新型组织形式的贡献在于：①随着互联网的崛起以及信息和通信技术的快速发展将人类社会带入了网络经济时代。网络经济正是以交易费用的低廉为基础的，正如企业组织的存在是为了节约市场交易费用一样，网络交易比市场交易节约了更多的交易费用。网络交易降低交易费用的路径包括：一是降低了资产的专用性。二是降低了不确定性。三是提高了交易频率。这些因素综合作用的结果是交易费用大规模降低。伴随着网络应用的日渐普及、信息技术的快速发展以及企业经营环境的相应变化应运而生的财务共享服务，最大限度地利用降低交易费用的优势。②企业组织作为市场配置资源的替代物，其存在和演化的根源在于企业内部组织一项交易与市场组织该项交易的费用进行比较。当市场交易费用较高时，企业组织倾向于将交易活动内部化，以降低交易费用并增加收益。相反，当市场的交易费用较低时，企业则开始倾向于将交易活动虚拟化。所以共享服务可依据市场机制独立运营、服务收费，业务成熟后可与外部供应商竞争让内部顾客做出选择。

（2）核心能力理论。标准的主流经济学理论把企业看作是既定技术条件下的最优化生产者，由于充分的市场竞争和信息交流，企业所需的各种生产要素之间是高度流动的，因此企业的成长是外生的，是同质的。1990年，C.K. Prahalad和Gary Hamel在《哈佛商业评论》上发表了《公司的核心竞争力》一文，标志着核心能力理论的正式诞生。他们对组织的行为给出了一种更具现实解释力的分析，提出了组织的异质性假设。核心能力理论认为，应该以最本质的东西来规定企业组织的内涵，这种最本质的东西就是能够产生智力资本的"企业能力"，即企业的核心能力（刘巨钦，2007）。这种能力具有价值性、难以模仿和复制性、延伸性、动态性和综合性。核心能力理论对财务共享服务这种新型组织形式的贡献在于：①财务共享服务是将组织各成员单位共同的、简单的、重复的非核心业务集中到一个新的半自主业务单元，实现集中管理，其核心在于通过优化配置资源和流程再造达到规模经济和价值增值，最终增强核心竞争力实现持续改进。②财务共享服务中心成为一个独立的实体专注于向顾客（业务部门）提供增值服务，按照顾客的需求设计流程，对顾客负责，充分发挥服务、支持和增值功能，在提高自身能力的同时也高度关注提升公司产品和业务的竞争能力。

二、财务共享服务的组织模式

共享服务的产生并非偶然，其快速发展更是为了应对经济全球化的需要，同时，先进的信息和通信技术为这种新型组织形态的兴起和发展奠定了技术基础。随着经济和管理理论的每一领域都在发生巨大的变革，理论与实践都不再局限于原有的理论框架与模式，融合化、边缘化的现象日渐明显，介于企业与市场之间的中间组织也开始大量出现，中间组织形式主要包括企业与企业之间形成的虚拟企业、战略联盟、外包等组织形式，以及企业内部形成的共享服务等市场化组织形式（刘汉进，2004）（如图4-39所示）。中间组织的采用可以降低交易成本，提高交易效率，减少交易风险，中间组织的产生是组织转型下实现资源优化分配的有效形式。共享服务作为企业内部形成的市场化组织形式，不同于

企业内部				企业外部			
自制	内部协作			外部合作			
自行生产服务	职能集中	跨事业部合作	共享服务	虚拟企业	战略联盟	外包	市场采购

科层企业　　　　　　←——— 中间组织形态 ———→　　市场

图 4-39　企业的中间组织形式

传统的集权化组织或完全分散的组织模式,其主要区别在于:作为一个独立实体为多个分支机构或多个公司提供跨公司和跨地区的专业服务;主导思想是减少重复工作以从事高增值活动;以内部客户(各业务部门)为导向;对所提供服务的成本和质量都负有责任;业务部门参与对共享服务的监督;服务提供方的选址取决于业务需要、运作成本和雇员情况;等等(Andrew Kris,Martin Fahy,2003)。共享服务与外包的比较优势则在于保持控制、业务衔接、长期内节约成本(Bryan Bergeron,2003)。

　　通过对企业组织结构的分析,发现传统的组织结构有两种形式:一种是集中式的,即每一支持职能都服务于所有的业务单元或地区;另一种组织形式称为事业部或分公司的组织形式,其结构是在分公司或者在一个事业部的层面上拥有自身所需的所有后线支持部门,这种组织结构也称为分散式。而在共享服务管理模式下,企业将能够共享的各个职能中的服务部分独立出来,作为一个专门的运营机构提供共享服务,这种结构创造了世界级/地区级的服务体系以满足企业特别服务的需求。在共享服务模式下,各个组织的职能在三个层面发生了变化:第一,从公司总部或者公司管理层面来讲,它所注重的是制定公司总体战略和政策,统一规划人力资源和资金资源分配,进行技术资源开发,设定各职能的标准以及公司总体绩效的管理。第二,在事业部或分公司层面,它所专注的是事业部或分公司的管理和绩效衡量,管理研发、生产、营销、服务,承担各自的损益,关注本事业部的战略或者自己特有的职能。第三,作为共享服务中心,它所提供的是一个跨地区、跨部门、具有规模经济效应的共享服务。实施共享服务的常见企业组织结构如图 4-40 所示。

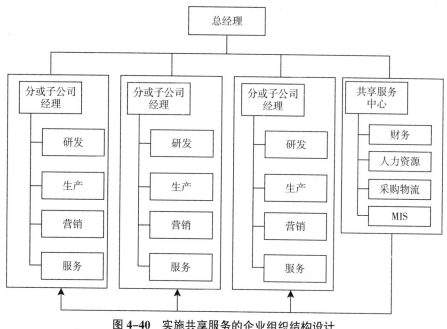

图 4-40 实施共享服务的企业组织结构设计

通过对国内外的实践进行总结，得出财务共享服务的组织模式如下：①实体财务共享服务中心。这是目前公司通常采用的财务共享服务模式。这种模式要求将企业内分布在不同地点的相关财务人员集中到一个单一地点，即将财务人员集中在一个成本较低、具有税收优惠政策的地点，同时，为了适应财务共享服务中心的运作，提高其运作效率，需要同时进行财务流程再造。最终的好处是给企业带来人工成本、固定资产成本、信息系统成本的降低。在这种模式下，原本在企业中负责会计业务处理的人员将成为财务共享服务中心的工作人员，共享服务中心仍然是企业的一部分，具有有限的自主权，成本一般会被分配回各个使用其服务的企业内部部门中。②虚拟财务共享服务中心。这是共享服务中心的未来发展方向。互联网的崛起以及信息和通信技术的快速发展，极大地改变了整个世界的运行方式。它不仅改变了整个生产经营方式价值链，也改变了组织结构和组织行为，如组织结构扁平化、网络化和虚拟化（约翰·纳斯比特，1984）。这种组织模式不需要将财务人员集中到同一地点，而是通过信息和通信技术将不同地理位置的服务功能和机构进行连接，运行全面电子化和网络化。③混合财务共享服务中心。这种组织模式将财务的主要职能集中，例如会计账务处理、现金管理等职能集中，其他职能分散，通过网络与主体连接。每一种组织模式都有自己的优点和不足（如表 4-4 所示），需要根据企业的实际情况做出选择和确定。

表 4-4　财务共享服务组织模式的比较

	实体财务共享服务中心	混合财务共享服务中心	虚拟财务共享服务中心
成本投入	最高	高	较高
适用范围	大公司	跨国公司	各种类型企业
实施效果	最好	好	较好
沟通效果	好	较好	沟通困难
信息化要求	较高	高	十分完善
控制风险	小	大	风险控制点多

三、实施财务共享服务战略的核心要素和风险控制

(一) 实施财务共享服务战略的核心要素

通过对国外实践进行调查表明，大多数组织实施财务共享需要 1~2 年的时间，全球最大的企业管理软件供应商德国 SAP 成功建立亚太区共享服务中心用了 6 年时间。财务共享服务战略的成功实施需要经历四个阶段，即评估阶段、设计阶段、实施阶段和完善阶段（Cedric Read，Hans-Dieter Scheuermann，2003）。其中人员、流程和技术是成功实施财务共享的核心要素（ACCA Report，2002），具体如图 4-41 所示。

（1）人员和文化。财务共享服务中心不同于传统的内部辅助职能，需要对顾客（业务部门）负责。因此财务共享服务战略的成功实施需要从观念转型入手，营造以共享服务为核心的财务文化。财务理念决定了企业财务团队的角色定位和财务价值。随着观念的转变，财务角色及定位将从"账房先生"、"警察"向"业务合作伙伴"和"价值创造者"发展（Martin Fahy，2005），财务角色和定位的发展促使财务人员不仅要做好基础工作，履行好核算、监督和控制的职能，更重要的是充分利用和挖掘信息，前瞻性地策略理财，深入到业务的商业机会与风险评估过程中，成为公司的业务伙伴和公司价值的创造者。财务团队成员诚实地进行开放的沟通，保持良好的学习风气和建立适合的企业文化，不断提高服务质量和顾客满意度，鼓励进行持续改进，从而形成动态的良性闭环

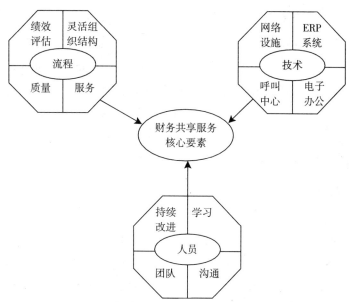

图 4-41 财务共享服务的核心要素

资料来源：Financial Shared Services Centers：Opportunities and Challenges for the Accounting Profession，ACCA Report，2002（略加修改）。

循环管理系统。

（2）流程和组织。在建立财务共享服务中心时，先将原组织的分散流程进行集中，再在财务共享服务中心内部进行流程再造效果颇佳（Donniel S. Schulman，1999）。财务共享服务流程设计的重点在于按照顾客（业务部门）的需求重新设计流程，对共性流程尽可能简化和标准化，以确保服务效率和顾客满意度的最大化。根据企业的实际状况和战略需求（如顾客满意、降低成本、集团管控、支持全球增长等）选择和设计财务共享服务的组织结构。引导管理活动与组织目标相一致的绩效评估体系，包括作业成本导向的评估标准以及共享服务记分卡等，绩效评估报告与服务水平协议共同保证财务共享服务达到预期目的。财务共享服务中心的管理层除对内部运作效果进行评估之外，也利用市场调研、销售或费用分摊数据以及客户需求的变化研究客户行为，而集团公司管理层则关注评估成本、增长率和对业务部门需求的反应速度（Bryan Berg-eron，2003）。财务共享服务中心成功运行后面临的主要任务不仅包括核算、监督和控制，更重要的是服务、支持和价值增值，以保证流程、质量、时间与成本的持续改进。从财务共享服务实践来看，对流程和组织的持续改进会在运行阶段产生显著的成本节约，但在此阶段重点在于避免由于流程的变化而导致服务质量的下降（Elizabeth Van Denburgh，2000）。

（3）技术和系统。由于财务共享服务中心具有信息密集的特征，因此技术的合理运用对于财务组织提供有效的服务活动是基础和保障。与财务共享服务中心的实施和长期运营相关的信息技术包括三类：基本信息技术（包括硬件、软件和系统）、一般目的的信息技术（包括数据存储、数据处理、数据通信、数据输入/输出、数据分析等数据库管理系统）、共享服务流程特有的信息技术（包括能够进行一般性会计处理、工资支付处理、采购、税款处理和交易处理的软件包）（Bryan Bergeron，2003）。另外，一些突破性信息技术也已经改变了财务共享服务的运作方式，如语言处理、声音接口技术、无线系统等。其中基本信息技术和一般目的的信息技术具有通用性，而流程特有的信息技术具有专用性和提供支持高效性。技术和信息系统是建立财务共享服务中心最大的资本投资，但从长远来看，这些投入能为企业节约成本并提高服务质量。

财务共享服务战略实施前后人员、流程、技术三大核心要素会发生显著的变化，具体如表4-5所示。成功实施财务共享服务，必须充分利

表4-5　财务共享服务战略实施前后核心要素的转变

	财务共享服务战略实施前	财务共享服务战略实施后
人员	职能部门人员	服务提供人员
	成本中心	财务共享服务中心（不同于责任中心：投资中心、利润中心和成本中心）
	核算、监督和控制	服务、支持和增值
	对部门和企业负责	对顾客（业务部门）负责
流程	集权或者分散管理	集中管理
	未充分考虑顾客（业务部门）的需求	按照顾客（业务部门）的需求设计流程
	分散、未优化的财务作业流程	简化、标准化的财务处理流程
	管理费用高	管理费用大大缩减（30%甚至更高）
技术	通用性	专用性、提供支持高效性
	信息口径不一致	从业务端统一口径确认数据，集成数据仓库
	基本信息技术和一般目的的信息技术	基本信息技术、一般目的的信息技术、共享服务流程特有的信息技术
	实施过程相对较简单	实施过程过于复杂、技术风险高

用信息网络进行财务流程再造，实现人员、技术、流程（业务流程、会计流程、管理流程）的有机整合，从而优化资源配置，创造和提升企业价值。

（二）实施财务共享服务战略的风险控制

财务共享服务战略实施过程中面临的主要风险包括：财务共享服务中心的选址；结合实际和公司战略对财务共享模式的选择；高额的初始投资，较长的盈亏平衡期；制定新流程和制度，通过服务合约进行规范化服务关系管理；冲击原有体制带来的企业文化风险，因为从行政等级制变为业务合作伙伴，一开始会受到抵制降低效率；工作交接过程中及之后对于员工的持续激励以保持工作热情和积极性；技术和信息系统的合理选择及集成运用；共享服务中心成熟后的控制；等等。风险管理是一个持续的过程，其应对策略之一就是预测风险区并尽早识别，与成功实施财务共享服务战略相关的风险主要分为下面三个层次：

（1）战略层面的风险。①变革管理风险。财务共享服务无论是理念还是运作模式对企业来讲都是新的，它将会对企业原有的管理流程、决策方式、企业文化甚至利益分配格局形成冲击。因此，在推行初期，一部分人必然会采取消极态度。根据变革管理理论，一项大的管理变革在推行初期，一般有20%的人支持，20%的人反对，60%的人持观望态度。变革成功的关键在于能否使60%的观望者持转变态度。因此管理层对此项管理变革的认识和重视程度可以在企业内创造出管理变革的舆论氛围，形成变革的紧迫感，促使持观望态度的管理人员和员工转变观念。②选址管理风险。办公地点的选择标准一般包括通讯设施的发达程度和通信费用；劳动力的成本、质量和数量；税收政策和法律法规；与最终客户之间的距离；当地的环境等因素；办公地点的租金成本和可选择的范围；关键管理员工和职员的工作意愿（Barbara Quinn，Robert Cooke，Andrew Kris，1998）；等等。选址的成功将会为财务共享服务战略的成功实施迈出重要的一步。③服务关系管理风险。服务层次协议是服务关系管理中至关重要的一个组成部分，是业务部门与共享服务中心之间达成的一项协议。服务层次协议将定义服务的范围、成本和质量，并将其书面化。服务层次协议使得财务共享服务不同于单纯的职能合并，更加注重客户

（内部业务部门）的满意度。服务层次协议的内容（Bryan Bergeron，2003）一般包括收费的频率和方式、定价模式、权变因素、质量标准、职责、提供服务的内容、时间期限、适用范围、自主权等，根据企业的具体情况来确定。

（2）组织层面的风险。在财务共享服务中心实施过程中，有可能由于缺少面对面的沟通和交流而导致服务缺乏人性化。①员工风险。与员工管理相关的成功因素包括：高层管理的全力支持；各级管理层的认可；人员定位和关键业务合作伙伴；对员工的教育和培训方案；管理团队思维灵活擅长解决各种问题；持续沟通了解和管理各种变化；与人力资源部门合作确定财务共享服务中心的员工配置等（Andrew Kris，Martin Fahy，2003）。②沟通风险。任何变革的成功实施都有赖于沟通策略的有效配合，沟通策略包括沟通渠道、沟通信息、沟通时间、沟通场所、沟通对象等。如果缺乏有效的沟通渠道，沟通策略的实施必然存在极大的风险。绝大多数员工的阻力源于员工对不好的变革结果的不安全感，或者是由于财务共享服务中心与企业内部主导文化的不适应，因此尽早、尽可能与员工进行坦诚的沟通非常关键。③文化风险。文化差异及其影响是财务共享服务战略成功实施的重要变量，它主要体现在价值观差异、传统文化差异、宗教信仰差异、语言和沟通障碍等方面。文化差异是组织获得业绩的潜在障碍，但如果能够进行有效管理则是一种增值活动：改善解决问题的能力、增加创意和创新、增强灵活性、获取优秀资源、降低成本开支等（泰勒·小柯克斯，2002）。文化差异给财务共享服务带来了机遇和挑战。

（3）执行层面的风险。①技术风险。与财务共享服务中心的实施和长期运营相关的信息技术包括基本信息技术、一般目的的信息技术、共享服务流程特有的信息技术。在信息技术的使用过程中存在的主要风险在于存档、可测量性、产能、安全性、接口、标准、反应度、可用性等方面。②法律风险。财务共享服务中心所覆盖的区域中的各个国家和地区在法律、法规和税务政策上不尽相同，这将会造成服务中心在业务处理上需要照顾到各个国家的特殊情况，尤其是服务中心所在国家的法律和法规。

四、电信运营企业实施财务共享服务战略

在电信运营企业实施财务转型的过程中，最直接的转变来自三个方面：财务数据的业务化、财务核算的集中化以及财务业务的一体化（陈虎，2009）。①财务数据业务化。有利于提升财务人员的工作效率和财务数据的质量。②财务核算集中化。是指传统作业模式下分散在各地服务于不同业务单位的财务人员，通过地域集中或虚拟集中的方式进行统一管理。集团公司实行财务核算集中化的出发点在于，一方面优化治理结构提升企业集团整体信息质量；另一方面关注财务核算集中所带来的业务处理过程的标准化与一致性。财务核算集中不是终点，它只是财务转型所必须经历的一个阶段，具体如图4-42所示。财务共享服务和财务外包相对于集中核算有质的飞跃，集中核算更多地实现了地域的集中，而共享服务则是在集中后进行财务流程再造，正是这种流程再造为财务组织的后续发展创造了有利条件。无论是从流程再造、提升管理水平，还是从业务发展的角度来看，财务共享服务都是财务核算集中化后财务组织未来的发展方向。③财务业务一体化。财务业务一体化彻底带来了财务变革与转型，这种变革的一个重要前提是财务基础业务的剥离。财务转型的实施必须基于财务整体的角色转变，这种转变体现在财务组织、

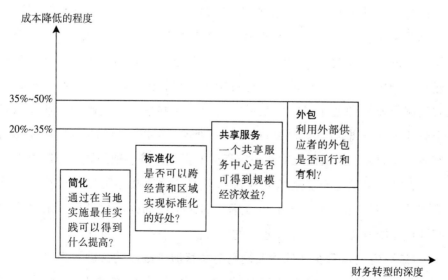

图4-42　财务转型的不同阶段

财务流程、财务人员、财务系统四个方面，这也是财务转型成功实施的前提和保障。

(一) 电信运营企业成功实施财务共享服务战略的重要意义

电信运营企业成功实施财务共享服务战略，其重要意义在于：①提升财务管理核心竞争力。财务共享是财务管理转型的必经阶段，通过对基础性、事务性工作进行集中处理，释放出大量的财务人力资源投入到企业资源配置、决策支撑、风险管控等工作方面，改变原来的财务人员整体冗余却结构性缺员的状况，促进财务管理成功转型，提升财务管理核心竞争力。②提升财务对内外部客户的服务质量。通过财务共享中心的建设、系统的整合、流程的规范，在企业内实施"大财务"战略，使会计核算与业务经营建立直接通道，财务管理与生产经营管理融合在一起，在不断提高基础性财务服务质量的同时，提高对业务前端支撑性需求的响应速度和服务质量。③提升财务对精确化管理支撑能力。一方面，有效提升决策信息质量和服务水平。集团范围内对共性交易性事务实现规范化处理，通过综合缩短核算链条，控制信息生产过程，提高信息处理速度和决策信息质量。另一方面，强化财务决策支撑力量。④提升企业风险集中管控能力 (李春明，2010)。首先，通过强化财务与业务的系统集成度，实现数据的全程不落地处理以及系统间数据的交叉验证，同时通过标准化共享环节稽核要点，实现风险稽核的标准化管理。其次，共享服务为企业资源的集中使用提供基础保障，强化企业总部对资源使用风险的集中控制。通过财务共享促进业务集中，实现采购管理、工程建设、合作业务、营销活动、运行维护等在省公司层面的集中管理，有效控制企业资源使用风险。最后，实施财务共享，将基础会计业务从各个业务单位剥离，由财务共享中心统一处理，可以以更加独立的身份参与经济事项的处理，从而也能在一定程度上强化经济事项的风险控制能力。

总之，电信运营企业成功实施财务共享服务战略可以使企业在降低成本的同时，提高服务质量与效率，加速企业的标准化进程，最终实现资源优化配置促进企业核心业务的发展。

(二) 电信运营企业成功实施财务共享服务战略的关键要素

电信运营企业财务共享服务战略的成功实施涉及的关键要素

（SPORT）包括：地点选择（Site）、流程规范（Process）、组织和人员（Organization）、政策法规（Regulatory）、技术支撑（Technology Support）等方面。

（1）地点选择。财务共享中心选址的直接意义在于与建设共享服务中心的目标或定位保持一致。财务共享服务中心通常有三种不同的运营模式，包括为所有运营单位建立一个单纯中心、为每个区域建立一个共享中心、为每个流程或相关流程建立一个共享中心（陈虎，2009）。鉴于电信运营企业具有全程全网、点多面广、业务链条较长的特点，所以选择为每个区域建立一个共享中心的运营模式，建立省级财务共享中心，并选择省会所在地作为财务共享中心所在地，有利于强化财务集中管控，更好地服务于公司的运营和发展。

（2）流程规范。财务共享中心能否有效运作的重要基础就是流程是否得到优化，所以推行财务共享的首要任务就是梳理流程，制定科学、严谨、统一、精简的流程。流程管理结合财务共享服务自身的特点，能够有效提升其竞争优势，使财务共享中心从本质上改善运作能力。流程的规范不仅涉及财务流程，与财务流程相关的包括计费账务等业务流程作为财务流程的上端和下端也需要进行统一规划、合理调整，实现面向市场、面向公众的一体化的企业运营流程。主要涉及应收与收入循环流程、成本费用与付款循环流程、采购与资产循环流程、计费账务循环流程、总账与报告循环流程、资金结算流程、系统维护与设置流程等。流程的规划不应该只局限于现在的运作模式和系统情况，应基于战略的视角进行前瞻性规划，实现全省范围内流程的规范和统一。

（3）组织和人员。财务共享服务中心的建立要求重新设计财务组织结构，财务组织的角色和定位都会发生相应的变化。其直接表现就是有专门的机构和人员对共享服务范围内的事务进行统一处理，打破现有组织设置形式，在财务部下成立共享服务中心，与其他财务管理和决策分析单位相对分离，配置专门的人员处理共享事务，其人员规模结合现有的核算人员规模进行配置。财务共享中心的建立，有助于企业充实和丰富财务运营支撑职能，加快财务职能转型，更好服务战略，支撑市场运营需要，提升企业价值。

（4）政策法规。由于各地政策和法规的差异对财务共享中心的建设会带来一定的客观影响，也将制约共享的范围和流程的设计。实施财务共享服务后，会计核算层面上升，流程的变更带来税收管理和稽查问题。由于各地市分公司营业税等属地缴纳的税款是当地财政税收的重要来源，所以税收监管层级仍保留在市一级公司，实行属地化管理。所以地市公司财务部门除了负责对外纳税以外，重点开展制度建设、全面预算管理、资金资产管理、成本费用管理、业务支撑、财务和统计分析等更高难度的服务支撑工作，建立符合集团财务管理要求和地市分公司实际情况的财务管理体系。

（5）技术支撑。从财务核算到财务管理直至财务决策，每个领域都闪现着财务信息化的身影。在这种背景下成长起来的财务共享服务，从其诞生之日起就与财务信息化密不可分，相互推动、共同成长。企业进行财务共享必须达到一定的信息化水平，信息系统建设是实现共享的手段，也是制约共享范围和水平的绝对影响因素。埃森哲的一项调查表明，在财务共享服务中应用较广泛的技术包括工作流技术、ERP、文档影像、数据分析和报告工具、数据仓库、员工自助报销、电子报销、电子支付、客户关系管理系统、电子账单系统等。这些信息技术的应用极大地改善了共享服务中心的工作效率、工作质量以及管理便利。另外，在整合的信息化平台中，ERP、影像管理系统、网络报销系统、网上支付和银企互联等系统和技术对财务共享服务中心的贡献最为突出。电信运营企业应该依托 ERP 系统、网上报销系统、合同管理系统、预算管理系统、资金集中支付平台、银企互联系统和 OA 系统，搭建财务共享平台，并建立与外围系统之间的无缝链接，不断提升和完善系统化建设。

总之，电信运营企业通过成功实施财务共享，目的在于真正实现财务信息透明化，即财务流程的透明化、财务制度的透明化、财务系统的透明化、财务结果的透明化，从而有效支撑财务管理向价值管理的转型。

第七节　积极尝试资本运营

在经济一体化向纵深发展的今天，任何企业的生存与发展都不可避免地要参与国际竞争。对电信运营企业而言，实施国际化经营战略，加速自身向国际性企业转变，是企业做大做强、由国内市场向国际市场发展的必由之路。在中央政府和电信行业倡导实施"走出去"战略的今天，积极实施资本运营战略对推动我国电信运营企业的国际化进程具有极为现实而重要的意义。从国际电信运营企业的全球化拓展历程看，不同电信运营企业的出发点虽然不尽相同，但普遍认可的拓展目标有：满足客户的全球拓展而实施业务网络延伸，获取新用户和新市场空间，通过利润潜力更高的国际市场来提高整个企业效益，获取世界先进的管理和技术经验。无论是从中国的电信强国战略还是电信运营企业的自身发展看，通过积极尝试资本运营实施"走出去"战略都是国内电信企业发展的必经之路。

一、资本运营的内涵与模式

（一）资本运营的内涵及内容构成

资本运营，是指以企业资本为主要对象的企业重组、资本扩张和资本收缩等经营活动，其主体主要是企业，客体是资本及其运动，动机是追求资本增值的最大化，本质是企业产权的交易，结果是企业产权的转移或重新划分及由此而引起的企业资产控制权和剩余索取权的转移或重新划分。资本运营的内容贯穿企业资本存量、资本增量、资本配置以及资本收益等价值管理的整个过程。相对于商品经营和资产经营而言，资本运营是企业经营的最高层次，是企业经营发展的必然趋势和最高阶段。

企业集团资本运营包括四个组成部分：资本存量经营、资本增量经营、资本配置经营和资本收益经营（陈月明，2007）。①资本存量经营。资本存量经营从涉及的范围来看，包括企业现存的全部资产和全部资本。资本存量经营是指在不增加资本投入的情况下，对企业现存资本的经营。其目标是通过对闲置资本和使用效率低的资本进行运作，挖掘潜在经济效益，使现有的资本存量创造更大的价值。在企业存量资本中，有使用中、未使用或闲置之分；在使用资本中，有效率高低之分；在资本使用效率一定情况下，由于投向不同，有资本增值率高低之分。资本存量经营的核心是要解决资本闲置以及资本利用率低的问题。企业资本闲置从基建、生产和销售等环节来看主要表现为：在投资建设环节固定资产交付使用率低；在生产环节存在封存、未使用、不需用的固定资产，积压材料，废品等；在销售环节产品存在积压。资本利用率低主要表现为：机器设备等固定资产开工不足、原材料利用率低等。进行资本存量经营包括：第一，采取有效营运措施，盘活资本存量，使闲置资本充分发挥作用；第二，提高资本使用效率，使效率低的资本提高利用率；第三，重组或者重新配置存量资本，使低增值率资本向高增值率资本转化。②资本增量经营。资本增量是指企业在资本存量基础上增加的资本投入量，它从资本占用或者使用角度看，表现为企业集团资产的增加；从资本来源形成角度看，表现为企业集团权益的增加。资本增量经营正是研究在企业资本增加过程中的资本运营及其效果。进行资本增量经营，首先要以最低的资本成本取得企业集团发展所需的增量资本，其次要以资本增值为目标，充分有效地使用增量资本。增量资本的高效使用表现在：以增量资本盘活、激活存量资本；以增量资本推进企业扩张，优化企业规模；以增量资本提高企业技术水平。进行资本增量经营包括：第一，规模管理。处理好资本投入与企业经济规模的关系，确定合理的企业规模。第二，技术进步管理。不断提高技术选择、技术创新、技术推广、技术引进、技术改造的水平。第三，筹资管理。选择筹资渠道、筹资方式，优化筹资结构和权衡筹资风险，降低筹资成本。第四，投资管理。确定投资方向、投资结构和投资项目，深入进行投资项目可行性研究，选择科学的决策程序与方法，提高投资收益率。③资本配置经营。资本配置经营主要研究资本在不同来源或用途之间的配置。这个配置既包括空间上的配置，即资本在不同产品、不同行业、不同产业、不同地区间的配置，又包括时间上的配置，即资本在不同时期的配置。企业集团资本配置状况可用资本配置结构或者资本结构表示。资本结构优化可从资本使用结构优化和资本来源结构优化两方面进行。资本使用结构优化，有利于促进企业资产结构、产品结构优化，还可促进行业结构、地区结构优化，使资本发挥最大的使用效率，获取最大效益，实现企业集团整体价值最大化。主要包括：一定量的资本如何在不同产品或不同用途之间进行配置，使投资收益率最大，如多项目组合投资决策等；生产一种产品如何优化配置各种资本资源的结构，使成本最低，如固定资产与流动资产结构优化、固定资产内部结构优化、流动资产或原材料内部结构优化等。资本来源结构优化，指调整企业负债与所有者权益及其内部结构，均衡风险、收益与成本，使自有资本发挥最大控制力和效率，实现股东价值最大化。④资本收益经营。资本收益是资本运营的所得或者成果，从持续经营角度看，资本收益分配既是终点，也是始点。资本收益管理从广义看，包括资本收益过程管理、资本收益业绩管理和资本收益分配管理（张先治，2009）。资本收益过程管理的内容主要有价格管理、收入管理、成本管理等；资本收益业绩管理的内容主要有利润管理、盈利能力管理、资本收益考核评价等；资本收益分配管理的内容包括资本收益分配标准、分配政策、分配方式等。从狭义看，资本收益管理主要指资本收益分配管理。因为资本收益分配政策与分配方式选择，对持续经营企业的资本经营，对企业筹资、市场价值等都至关重要。

（二）资本运营的模式

（1）扩张型资本运营。资本扩张即扩张型资本运营是指在现有的资本结构下，通过内部积累、追加投资、吸纳外部资源等方式，使企业实现资本规模的扩大。根据产权流动的不同轨迹可以将资本扩张分为三种类型，即横向型资本扩张、纵向型资本扩张和混合型资本扩张。①横向型资本扩张。是指交易双方属于同一产业或部门，产品相同或相似，为了实现规模经营而进行的产权交易。横向型资本扩张不仅减少了竞争者的数量，增强了企业的市场支配能力，而且改善了行业的结构，解决了市场有限性与行业整体生产能力不断扩大之间的矛盾。②纵向型资本扩张。是指处于生产经营不同阶段的企业或不同行业部门之间，有直接投入产出关系的企业之间的交易。纵向型资本扩张将关键性的投入产出之间的关系纳入到自身控制范围内，通过对原料和销售渠道以及对用户的控制来提高企业对市场的控制力。③混合型资本扩张。是指两个或两个以上相互之间没有直接投入产出关系和经济技术联系的企业之间进行的产权交易。混合型资本扩张适应了现代化企业集团多元化经营战略的要求，可实现跨越经济技术联系密切的部门之间的交易。

（2）收缩型资本运营。收缩型资本运营是指企业把所拥有的一部分资产、子公司、内部某一部门或分支机构转移到公司之外，从而缩小公司的规模。它是对公司总规模或主营业务范围进行的重组，其根本目的是追求企业价值最大化以及提高企业的运行效率。收缩型资本运营通常是放弃规模小且贡献少的业务，放弃与公司核心业务没有协同或很少协同的业务，宗旨是支持核心业务的发展。当一部分业务被收缩掉后，原来支持这部分业务的资源就相应转移到剩余的重点发展的业务，从而母公司可以集中力量开发核心业务，有利于主流核心业务的发展。收缩型资本运营是扩张型资本运营的逆操作，其主要实现形式有资产剥离、公司分立、股份回购等。①资产剥离。是指把企业所属的不适合发展战略目标的资产出售给第三方，这些资产可以是固定资产、流动资产，也可以是整个子公司或分公司。②公司分立。是指公司将其拥有的某一子公司的全部股份，按比例分配给母公司的股东，从而在法律和组织上将子公司的经营从母公司分离出去。通过资本运营，形成一个与母公司有着相关股东和股权结构的新公司。在分立过程中，不存在股权和控制权向第三方转移的情况，母公司的价值实际上没有改变，但子公司却有机会单独面对市场，有了自己的独立的价值判断。公司分立通常可分为标准式分立、换股式分立和解散式分立。③股份回购。是指股份有限公司通过一定途径购买本公司发行在外的股份，适时、合理地进行股本收缩的内部资产重组行为。通过股份回购，股份有限公司达到缩小股本规模或改变资本结构的目的。需要注意的是，资本裂变与收缩并非一定是企业经营失败的标志，它是企业发展战略的理性选择，属于与扩张经营相对应的资本运营模式。

对于我国企业集团来说，资本运营的核心内容包括：①资本存量经营的存量资产通过并购、重组、剥离、分立得以盘活；②资本增量经营中引进战略投资者，进一步激活国有资本，以提升核心竞争力和国际竞争力；③资本配置经营中通过使用不同资本运作方式优化资本使用结构和资本来源结构；④资本收益经营中通过改制上市、剥离与分立等方式优化股权结构、强化股权管理。

二、资本运营动因的理论解析

综上所述，扩张型资本运营的主要方式是并购（横向并购、纵向并购与混合并购），收缩型资本运营的主要方式是剥离、分立与股票回购。弗里德里克（Friedrich，2002）认为并购动机理论分为七类：垄断理论、效率理论、入侵者理论、价值理论、扩张理论、过程理论和波动理论。斯科特（Scott，2004）认为并购动机理论分为五类：垄断理论、效率理论、扩张理论、自由现金流量假说和税收理论。并购的主要动机为：规模经济动机、范围经济动机、降低交易成本动机、市场势力动机和多元化经营动机。剥离与分立的理论基础为：效率理论、激励理论和资源优化配置理论，主要动机为提高管理效率、适应环境、反收购防御、激励效应与优化配置资源。股票回购的理论基础为：效率理论、资本结构理论与控制权增效假说，其主要动机为提升公司股价，改善公司形象、保持公司的控制权，防止被收购、资金盈余，向股东返还资金、改善资本结构。不同的资本运营方式其理论基础和动因有所差异，对国外研究成果进行总结如表4-6所示。

国内学者陈帅、袁波（2005）认为企业资本运营的动因包括：效率性动机、战略性动机、功利性动机、国家政策性动机和机会性动机。并对我国企业并购的动机总结为：救济性并购——消除亏损的动机；存量调整式并购——优化资源配置的动机；扩张型并购——组建企业集团的动机；投机型并购——获取低价资产的动机；资源型并购——享受优惠政策的动机；管理型并购——降低代理成本的动机。在实务中普遍使用的是协同效应理论，该理论将并购动机分为三个方面：财务协同效应、管理协同效应和经营协同效应。

表4-6　资本运营的理论基础与动因解析

资本运营主要方式	理论基础	主要动因
并购	• 垄断理论 • 效率理论 • 入侵者理论 • 价值理论 • 扩张理论 • 过程理论 • 波动理论 • 自由现金流量假说 • 税收理论	• 规模经济 • 范围经济 • 降低交易成本 • 市场势力（垄断） • 多元化经营
剥离与分立	• 效率理论 • 激励理论 • 资源优化配置理论	• 管理效率 • 环境适应 • 反收购防御 • 激励效应 • 资源有效配置
股票回购	• 效率理论 • 资本结构理论 • 控制权增效假说	• 提升公司股价，改善公司形象 • 保持公司的控制权，防止被收购 • 资金盈余，向股东返还资金 • 改善资本结构

总之，企业资本运营战略的选择要建立在对企业发展战略充分拟合和匹配的基础上，以企业竞争优势为根本出发点，通过一系列战略整合来规划和实施，以充分体现资本运营战略的正向杠杆效应。

三、电信运营企业海外拓展中实施资本运营的现状与分析

伴随着国内四家主导电信运营企业成功实现海外上市以及中国入世开放进程的加快，成功实施资本运营必将提上议事日程。电信运营企业海外拓展的具体形式各不相同，有形的如全球网络建设、投资并购、剥离等，无形的如战略联盟、国际双边合作等。海外拓展经营是一个长期的积累过程，根据跨国经营理论及发达国家运营企业的实践经验，电信运营企业国际化一般会经历下面5个循序渐进的阶段（熊小明，2007），如图4-43所示。

截至2008年5月，我国电信运营企业在海外拓展中已逐步实施资本运营战略，标志着国际化进程进入了新阶段，泰尔网对我国四家运营企业的资本运营实践总结如下：

（1）中国电信——追求务实稳健。中国电信是最早开展海外拓展的

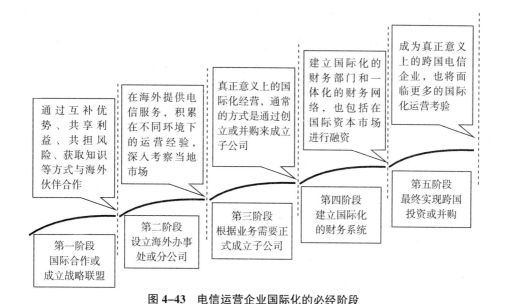

通过互补优势、共享利益、共担风险、获取知识等方式与海外伙伴合作

在海外提供电信服务，积累在不同环境下的运营经验，深入考察当地市场

真正意义上的国际化经营，通常的方式是通过创立或并购来成立子公司

建立国际化的财务部门和一体化的财务网络，也包括在国际资本市场进行融资

成为真正意义上的跨国电信企业，也将面临更多的国际化运营考验

第一阶段
国际合作或成立战略联盟

第二阶段
设立海外办事处或分公司

第三阶段
根据业务需要正式成立子公司

第四阶段
建立国际化的财务系统

第五阶段
最终实现跨国投资或并购

图4-43　电信运营企业国际化的必经阶段

国内运营企业，"效益优先、风险可控"是其海外拓展遵循的基本原则。中国电信的海外拓展策略包括：实施海外上市、开展跨国经营、构建全球通信网络、建立战略联盟。中国电信的海外拓展特点包括：①重视网络延伸，自建或购买了大量网络资源。国际光缆可通达71个国家和地区。②为实现服务延伸，在美国、欧洲、中亚等重要地域设置公司或办事处。中国电信的海外拓展主要实现国内大客户的服务在国外的延续，一方面承接国内客户对国际通讯的需求；另一方面跟随大客户的海外拓展，为当地中资企业提供国际到国内的通讯联系。自2000年起，中国电信的美国公司、中国香港公司、欧洲办事处等海外机构相继成立，网络、业务和服务成功地延伸到了北美、南美、中国香港、东南亚和欧洲。③积极联合政府"走出去"，降低海外拓展风险。2005年，中国电信主要承担了信息产业部牵头建设的"大湄公河次区域信息高速公路"，以及中缅、中越、中老光缆和传输通道建设项目。中国电信在海外拓展中都是基于网络基础、客户需求与业务应用而展开，追求务实稳健。

（2）中国网通——擅长资本运营。海外拓展曾被中国网通列为公司三大战略之一，采取境外迂回战略，通过海外拓展成为泛亚太地区主导运营商。中国网通的海外拓展策略包括：整体上市、并购、出售。①通过并购亚洲环球电讯等举措，获得海外网络资源。2003 年，中国网通仅以 1.2 亿美元借亚洲网通就收购了濒临破产的亚洲环球电讯海底光缆资产，成为第一个尝试以并购手段"走出去"的中国电信运营企业。2005 年，通过收购电讯盈科的股份，合作拓展新业务，中国网通宣布作价约 10 亿美元收购电讯盈科扩股后总股本的 20%股份，一跃成为电讯盈科的第二大股东和战略投资者。②通过引入外资，股权结构多元化，增强自身实力。2005 年，西班牙电信 3 次向中国网通注资，收购网通 9.9%的股份。③通过出售不良资产，调整国际战略布局。由于经营不善，亚洲网通一直在拖累中国网通的盈利，2006 年，网通以总价超过 4 亿美元的价格出售了亚洲网通的上市及非上市资产，一方面摆脱亚洲网通的经营性亏损；另一方面套现部分资金以发展宽带战略和奥运项目投资。中国网通相比较而言最擅长资本运营。

（3）中国移动——审慎大步迈进。中国移动海外拓展制定了"输出优势、拓增价值"的策略，希望通过直接获得牌照、网络、客户等资源实现海外扩张，以港澳台地区为中心，向东南亚、南美等新兴市场辐射，最终覆盖欧洲和北美等地。①竞购海外电信公司，期望拓展快速增长的发展中国家和新兴市场。2005 年 6 月，中国移动以 11 亿美元竞购巴基斯坦电信公司（PTCL），然而，阿联酋电信以高价 26 亿美元竞购成功。2005 年 4 月，中国移动参与竞购卢森堡电信公司 Millicom 谈判的总收购金额达 53 亿美元，却因 Millicom 期望的价位太高，无法按此价格成交。两次并购虽然都以失败告终，但体现了中国移动探索国际战略的谨慎步伐。2007 年 1 月，最终成功竞购拥有 150 万用户的巴基斯坦第五大移动运营商 Paktel，并拥有其 88.86%的股份。②收购香港华润万众，进入香港移动市场。2005 年 10 月，中国移动收购香港华润万众电话有限公司全部已发行的股份，收购总价值约 33.84 亿港元。通过收购华润万众，中国移动可以进入香港电信市场，同时，利用其在香港的移动电话网络和牌照，进行内地用户赴港的漫游业务。在地域选择上，中国移动选择了与中国内地文化、经济、地理环境都息息相关的周边市场，一方面可以扩大中国移动的地理覆盖范围；另一方面使中国移动在采购、市场营销和产品开发等各个方面实现协同效应。中国移动在海外拓展方面起步最晚，但举措最多。

（4）中国联通——立足 C 网运作。中国联通是唯一两网运营的运营商。GSM 网定位于中低端用户，用户群较大；CDMA 网定位于高端用户，技术先进，附加增值业务丰富。中国联通的海外拓展策略包括：通过股权投资、并购、设立合资公司或独资公司等形式，倡导以 CDMA 为主线的市场战略。海外拓展主要针对 C 网，目标是为高端用户提供更方便优质的漫游服务，并在海外拓展 C 网的用户群，扩大规模效应。①2003 年与中兴合作投资罗马尼亚邮政电信。②2004 年 9 月，中国联通花费 10 万澳门元（折人民币 10.02 万元）获得了澳门地区 CDMA 1X 网络及提供跨区域移动电信服务的牌照。这是我国内地电信运营公司首次在大陆以外的地区获得移动运营许可。③2006 年，中国联通红筹向韩国 SKT 定向发行 10 亿美元可转换债，通过资本纽带使 SKT 成为中国联通的重要战略伙伴。

在中国政府的主导下，2008 年 5 月中国电信行业进行了重组，中国电信收购中国联通 CDMA 网（包括资产和用户），中国卫通的基础电信业务并入中国电信，中国联通与中国网通合并，中国铁通并入中国移动，重组完成后发放 3G 牌照。中国运营商形成了"三足鼎立"的格局，三家运营商均具备运营全网业务的能力。

总之，我国电信运营企业的资本运营水平和思想仍显保守和落后，今后在激烈的市场竞争和海外扩张中，应积极尝试多元化资本运作，同时审慎地决策资本运作组合与手段。在资本运营中，必须把握好时机的选择，把握多元化资本运作的方式，以确保成功实施资本运营。从国内外无数成功与失败的资本运营案例可以总结出成功的资本运营表现出以下五个方面的特征，即方式、时间、风险控制、资金供应链、效果。只有同时关注这五个方面，才能实现企业资本扩张、资金筹措、资本增值的主要目的。

四、电信运营企业成功实施资本运营的策略

（一）树立资本运营意识并强化价值投资理念

资本运营意识的树立要求电信运营企业在以下几个领域实现经营意

识的转变：一是从只注重电信网络的建设、电信业务的经营和电信收入的循环，向电信资本的输入、输出的循环转变；二是从电信运营企业以往只注重利润的积累，向加快资本积累转变；三是从企业的经营、决策主要围绕电信建设和经营，向围绕资本的使用效益和资金的循环增值转变；四是从电信运营企业的经营手段只注重电信建设和经营，向产权市场和资本市场的各种操作形式转变。

产业经营和资本运营是高科技企业发展的两个车轮，两者并重，不能只重视其中任何一方。因此，对于电信运营企业来说，无论是产业投资还是资本运营其目的都是为了实现价值最大化的终极目标。价值投资理念就是企业并不是一味盲目追求规模和股权的扩张，而是更加注重资产价值的及时变现，尤其是强调通过快速的资产周转来不断优化资产和精干主业，从而提升企业资产的质量和效益，把价值最大化作为企业的战略目标，创造价值并实现价值增值，例如和记电讯对 Orange 股份的出售创造了"千亿卖橙"的神话，对所持位于印度的 Hutchison Essar 67% 的股权出售实现较高溢价。中国有些企业缺乏价值投资意识，在投资时往往只考虑如何经营或一味追求扩张，没有在经营中适应战略调整的需要，主动退出与战略发展方向不符的业务，实现投资增值。只有在投资项目经营不善，甚至难以维系时才被动考虑退出。国内电信运营企业应学习和借鉴强调资产价值，而不应单纯追求资产规模的资本运营模式。

（二）内部管理型战略和外部交易型战略并举

企业就像一棵树，从根部生长，根基是核心能力，树干是核心产品，核心产品由核心能力和生产经营单位养育，所得果实就是最终产品。核心能力的建立是赢得竞争优势的法宝，企业内部管理型战略（生产经营）和企业外部交易型战略（资本运营）的有效运用是获得与提升核心能力的根本途径，也是企业经营的精髓，它们之间的关系如图 4-44 所示（胡玉明，2002）。对于电信运营企业集团来说，企业核心能力的培育，既可以通过整合内部资源，即实施内部管理型战略；也可以通过整合外部资源，即外部交易型战略。企业在具体实践中，应正确运用两种战略培育和发展企业核心能力：①通过内部管理型战略巩固企业核心能力：控制成本、提高管理水平、网络设备更新改造、开发新市场、采用新营

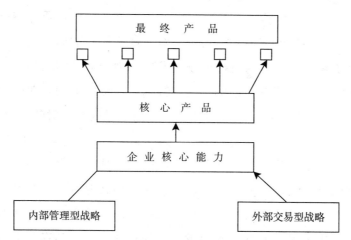

图 4-44 企业核心能力的培植与内部管理型、外部交易型战略

销手段等；②利用外部交易型战略强化企业核心能力：增资扩股、兼并收购、公开上市、战略联盟等资本运营手段。但企业内部管理型战略只是企业获得持续竞争优势的基础条件，企业要扩展生存空间，在更大、更广的范围内控制资源，仅靠内部挖潜是极其有限的，必须走资本运营之路。而且，企业任何一项具体的竞争优势均会随着外界环境的变化而具有一定的生命周期。企业要在既有竞争和生存优势的基础上，获得新的、更强的竞争优势，以适应环境变化，就必须应用资本运营战略。

（三）谨慎选择合作伙伴和市场进入方式

电信运营企业在进行资本运营时，对合作伙伴的选择非常重要。首先，目标公司应该与本国企业有相同或者相似的业务领域，而且业务领域不能与本公司业务发生冲突；其次，目标公司要与本企业在业务开展方面形成优势互补；最后，要考虑目标公司的技术标准、网络结构等与本企业的主导技术能否匹配。电信运营企业海外市场拓展区域的选择与其所选择的拓展模式有很大关联，不同业务模式的目标市场具有较大差异。就国际业务和网络延伸来说，国际业务需求规模主要是由国际贸易水平、文化交流以及该国电信发展水平等因素所决定，显然中国与美国、西欧以及东亚地区之间的跨境通信需求最大。在美国、西欧和东亚等重点国家和地区进行网络延伸和机构建设，是中国电信运营企业首选拓展的目标市场，同时应选择发达国家的合适的电信运营企业进行合作，联合拓展这些地区的电信市场。目标市场的选择，要注重重点突破，避免"全面开花"。要深刻理解目标市场，对当地的用户群体及法律政策等环境有充分了解，分析判断目标市场的发展潜力及业务需求趋势，熟悉当地市场的管制环境及市场竞争状况，特别是要评估电信企业的自身综合能力和优势，选择关键市场进行拓展，进而形成区域辐射效应（熊小明，2007）。此外，地域的选择，不但要考虑目标区域的电信业务发展情况，还要考虑目标区域的文化背景和地缘政治，要选择与自己国家有相似文化背景的国家。除了需要考虑投资收益、市场状况、政府管制、法律规定等常规因素外，对国家关系、社会制度、民族习惯、宗教信仰等在本土运营中容易忽视的地方也要给予足够的重视。从某种意义上看，这些非常规因素其实更需要给予更高度的重视，因为一旦在这些方面出现问题，就不是简单的经济问题，一般说来，也不是电信企业本身所能解决的问题，它经常会引发更大的政治或外交事件。企业国际化阶段理论认为，企业国际化应该被视为一个发展过程，这一过程表现为企业对外国市场逐渐提高承诺的连续形式。只有先经营好本国市场，然后才能扩展到邻近市场，最后再扩展到世界市场上去。

（四）资本运营方式的多样化

首先，由于资本运营方式的选择受到很多因素的影响，因此电信运营企业应根据具体的情况采取合适的方式。在政府开放程度高、市场化程度高的国家实施国际化运营，可以成立自己的子公司。在政府开放程度高、市场化程度低的国家或者地区实施国际化运营，可以考虑和目标区域原有的数一数二的电信公司合资成立一家新的电信公司，既有一定的监督公司运营的权利，又能和熟悉本土的运营商合作，避免风险。在政府开放程度低的国家或者地区实施国际化运营，无论其市场化程度是高还是低，运营商都可以采取参股目标运营商的方式，这样可以避开目标国政策的限制，顺利进入市场。其次，由于海外拓展所需的投资数额巨大，仅靠自有资金远远不能满足企业的需求，因此，要充分利用资本市场的融资优势，灵活采取多元化融资方式，为企业的海外拓展提供充足的资金支持，同时又可适当分散投资风险。例如，和记电讯最引人注目之处就在于其高超而频繁的资本运营。通过实施多元化资本运营，强化对外部资金的使用和配置，为 3G 建设和运营提供充足的资金保障。同时，借助资产并购，实现规模的快速扩张，以及电信业务的国际化、规模化和多元化。将子公司和优质资产分拆上市，成为和记电讯募集资金和扩大知名度的有效途径，也分散了在全球的投资风险。把握时机出售资产是和记电讯收回投资、优化主业和资产的常用手段。在实施多元化资本运营的同时，始终保持自由现金流为正，是和记电讯决策投融资规模的最根本出发点。

（五）加强风险管理和控制

电信运营企业海外拓展既包括经济风险因素，又包括非经济风险因素，在经济风险因素中，战略选择阶段中的战略定位失误，评估实施阶段中的低估并购成本、交易方案设计缺陷，整合阶段中的文化冲突和人力资源整合等都是中国电信运营企业海外并购扩张的主要风险因素。而政治、社会、军事、法律、舆论等非经济风险因素则贯穿并购扩张的各个阶段（如表 4-7 所示）。

表 4-7 中国电信运营企业海外并购扩张三阶段可能面临的主要风险因素

项目	经济风险	非经济风险
战略选择	战略定位失误 行业选择失误 目标企业选择失误	政治 社会 军事
评估实施	低估目标成本 交易方案设计缺陷 融资失利 汇率与利率波动	政治 法律 舆论 —
并购整合	文化冲突 资金链断裂 企业管理模式冲突 人才流失	政策 法律 社会 宗教

海外拓展对电信运营企业有着很高的要求，如充足的现金流、良好的政府关系、企业的资源整合能力、自身强大的经营管理能力、风险管理和控制能力等。所以，电信运营企业的海外拓展绝对不能单纯为了国际化而国际化。任何国际战略的出发点都应该以盈利为原则，以为企业增加新的收入和利润增长点为目标，正视并管控各种经济风险和非经济风险。目前电信运营企业在海外的投资对象都是中小型，这样可有效降

低海外风险。目前国内市场竞争日趋激烈，ICT 等新业务的启动，都需要电信运营企业投入更大的精力，如果海外市场拓展规模过大，很可能造成国内竞争的失利，所以需要从战略高度进行有效权衡。

（六）紧随客户，积极和政府、设备制造商联合实施"走出去"战略

中国电信业已成为国际业务在泛亚地区的中枢。目前，中国的国际业务出局业务量已经占亚洲的 12%，超过邻国和其他地区。在这样一个经济区域提供电信服务，我们必须紧随国内大客户，为客户提供端到端的电信解决方案和服务。近几年里，工信部与不少周边国家构建了通信领域的合作组织或长效机制。例如中国电信的大湄公河次区域信息高速公路，以及中缅、中越、中老光缆和传输通道建设项目，都是和政府携手实施"走出去"战略。电信运营企业积极了解和利用政府主导的合作，可以在拓展国际化之路的过程中降低拓展风险。另外，设备制造商在海外拓展方面也走在了运营企业之前，在海外扩张过程中所到达的国家和地区数目众多，大多分布在发展中国家，且一般与当地政府和运营企业建立了良好的合作关系。因此，国内电信运营企业在实施国际化战略的过程中与设备制造商联合走出去，一方面可以为它们的海外机构和人员提供通信服务；另一方面可利用它们与所在国政府、运营企业的良好关系，顺利进入当地市场。

（七）产融结合成为电信运营企业资本运营新趋势

产融结合，即产业资本和金融资本的结合，指二者以股权关系为纽带，通过参股、控股和人事参与等方式而进行的结合。产融结合的本质在于企业通过产融结合，实现对金融机构的控制，构成一种包含金融机构的内部资本市场，从而对资本配置产生的影响。这种影响主要体现为：提高企业集团资金的使用效率，有效降低企业集团外部金融市场的交易成本，增加企业集团的收益和资本积累速度，产生一种跨行业的协同效应，最终形成较为显著的竞争优势。产融结合是产业发展的必然趋势，通过产业资本与金融资本的融合，可加快集团企业的财富聚集的速度，并且能最大限度地利用社会资源。2010 年 3 月 10 日，中国移动子公司广东移动与浦发银行签订股份认购协议，广东移动以人民币 398 亿元（相当于港币约 452.55 亿元）现金有条件对价认购浦发银行向中国移动定向增发的每股 18.03 元的 22.1 亿股股份，占浦发银行全部股份的 20%，成为第二大股东。双方还签署了《战略合作备忘录》，共同发展包括移动支付和移动银行卡在内的移动金融和移动电子商务业务。中国移动入股浦发银行，实质就是电信产业资本通过银行进入金融产业，以此实现方兴未艾的产融结合。同时，中国银联近日联合商业银行、移动通信运营商、手机制造商等，共同成立移动支付产业联盟，传统的电子支付开始向移动支付延伸。我国电信运营企业和银行业之间开始合作的声音越来越大，合作的步伐也日益加快。中国电信开始在多个城市与银联合作电子支付项目。中国联通也与中国银行在北京签署全面战略合作协议，正式建立战略合作伙伴关系。与此同时，中国联通还与中国平安达成战略合作，双方将在基础通信服务、行业应用、合作开发、金融及保险、联合营销等领域全面深化战略合作，建立密切的合作伙伴关系。

第八节　完善财务管理报告体系

随着相关利益者（包括政府监管部门、境内外资本市场、投资人、债权人、企业经营者、员工等）越来越关注企业财富和价值的创造，越来越关注企业未来的成长以及企业未来长远的竞争、生存与发展能力，对企业财务信息的需求愈发迫切，并且要求企业财务信息必须达到内容真实、信息完整、客观公允、披露及时等要求，因此财务管理报告体系亟待完善。

一、财务管理报告体系的内容和演进

（一）财务管理报告体系的内容

会计是个信息系统，可分为会计信息生成系统和会计信息加工利用系统两大分支，也即对外的财务会计系统和对内的管理会计系统，以此为依据生成的报告被称为财务会计报告（对外）和管理会计报告（对内）。由于财务会计报告侧重反映企业事后的经营活动信息，主要供债权人、投资者、社会公众等外部利益相关者使用，因此财务会计报告也被称作外部财务报告；而管理会计报告则侧重于对企业经营活动的全过程进行预测决策、规划控制和分析评价，并主要向企业管理当局、内部各职能部门等内部利益相关者提供财务与非财务信息，因此管理会计报告也被称作内部管理报告。

财务会计报告是公司向资本市场传递公司生产经营总体情况的主要渠道。对财务信息质量的要求包括：真实可靠、内容完整、决策相关、可理解、可比、实质重于形式等。我国在《企业会计准则》中规定，信息质量的两个重要特征是信息的相关性和可靠性。"相关性"是指与决策相关，即能够帮助相关利益者预测过去、现在和将来事项的结局，或者去证实或校正预期的情况，从而具备影响决策的能力。"可靠性"则源自两个重要特征，即反映真实性与可验证性。理想状态下的会计信息应同时具备相关性和可靠性，可靠性是基础，是中心，是会计信息的灵魂（葛家澍，2003）。由于财务会计报告信息不是一个简单的、纯自然的客观过程，受到多方相关利益者主观意愿的影响，而不同相关利益者的利益又往往是相互冲突的，因此财务会计报告信息是复杂的，主要原因包括（陆正飞，2006）：首先，不同相关利益者偏好不同。有的偏好以"市价"为基础的信息（更相关），有的则更偏好以"历史成本"为基础的信息（更可靠）。其次，财务会计报告信息影响管理者利益。会计信息是业绩评估与经营者报酬确定的基础和依据。最后，财务会计报告信息影响经济运行。资本市场、经理人才市场等有效运行离不开会计信息。财务会计报告信息的供给与需求是多种力量综合作用的结果，影响其信息供给的主要因素包括法规力量、市场力量以及信息披露相关的成本等，相关利益者之所以需要财务报告信息，一方面是因为财务报告信息有着减少决策者所面临的不确定性的潜在能力，另一方面是因为财务报告信息较其他竞争性信息来源有一定的相对优势，如更直接与相关利益者的经济利益相关、更可信、成本较低、更及时等。财务会计报告信息的基本功用是：通过为投资者等提供"相关"信息，创造出控制"逆向选择"

的有效机制；通过生产出不易为管理者操纵的"可靠"信息，用于经理报酬契约等目的，控制"道德风险"。但是这两者之间又存在冲突，这便是财务会计的困惑。

管理会计报告是财务部门向公司各级管理层提供决策支撑的重要途径。对管理会计报告的基本要求包括：规范体系、丰富内容、提升质量、定期、定向、决策相关性等。公司要逐步建立规范的内部管理会计报告体系，不断丰富报告内容，提升报告质量，通过向管理层、业务部门定期、定向地提供内部管理报告，才能最终实现价值最大化的终极目标。"高质量"的管理会计报告应做到（汤谷良等，2004）：首先，支撑战略决策。管理会计报告通过对公司战略进行支撑，确保战略计划对关键成功因素的挖掘，确定实施方案和财务绩效衡量标准，并建立战略目标监控系统。其次，实现管理沟通。企业内部管理会计报告可以作为企业的重要沟通工具，要为实现公司战略决策层、管理控制层、作业执行层的无缝连接，塑造"让员工像股东一样思考"的公司文化发挥作用。通过规范、高效的报告指标和报告流程，使企业的战略渗透到各个层级、各位员工的日常经营行为中，以保证做到基于价值导向并对战略执行、业务经营、财务状况、风险程度等进行实时监控。最后，实施薪酬激励机制。通过管理会计报告系统，反映经营者、管理单位、员工的业绩和表现，并适时实施相应的奖惩措施。总之，内部管理报告通过面向组织各层次的定制化报告将信息使用者置于一个价值创造系统，通过价值链上各个环节的关系拉动、推动绩效的提升，鼓励组织各层次员工相互沟通和合作，寻找解决问题的系统方案，为组织各层次员工的系统思考、持续学习提供支持和方向指引，有助于组织绩效管理目标的实现。

（二）财务管理报告体系的演进与发展

1. 财务会计报告的演进与发展

从会计信息披露的发展历史，可以看出财务会计报告是逐渐演化而成的，其内容是沿着下面的路径发展（赵艳丽，2009）：账户余额表→资产负债表→收益表→财务状况变动表→现金流量表→财务报表附注→财务报表以外的财务信息和非财务信息。表内确认和表外披露两种表述形式表现为财务报表和其他财务报告，二者构成了今天的财务报告。财务报告从简单的"账户余额表"发展成为现在的包括报表、报表附注、表外信息等在内的有机体系，其产生及每一次的发展变化都是会计环境变化的结果，这些发展变化使得财务会计报告也不断发展变化，以更好地适应相关利益者的信息需求。

随着人们对会计信息的日益关注，作为会计信息主要传输方式的财务会计报告也越来越受到人们的关注。然而在现实生活中，会计信息的使用者对财务会计报告所提供的信息含量颇为不满，财务会计报告在美国、英国、加拿大等国家受到了广泛的批评，石中美（2006）对这些批评进行系统总结主要包括：现行财务报告关于企业财务绩效的衡量，基本上是基于历史成本，这与未来业绩的预测和充分计量并不相关；现行财务报告过于重视盈利的单一计量。而单一数据不可能反映企业每一报告期内影响价值变化的各个侧面；现行财务报告过于重视利润的计量，而利润是以权责发生制为基础。此外，长期以来，现行财务报告缺乏对现金流动应有的关注；会计信息严重不完整；以交易为基础的确认计量原则忽略了非交易性的资产价值变化；对无形资产确认不够；忽略货币的时间价值和企业的社会责任；不能反映企业经营的风险性；未能考虑不断出现的非常复杂的交易和事项的确认和计量；不能反映企业未来的经济利益等（葛家澍、杜兴强，2004）。美国纽约大学教授巴鲁·列弗（2003）在安然事件爆发后美国国会召开的听证会上对现行财务报告提出批评。他认为当前财务报告缺乏下列重要资料：①交叉结盟。公司通过战略联盟、合资经营、合伙与特殊目的实体从事广泛的商业活动，已成为当前典型的经营模式。这些常见的活动在财务报表上通常被忽略，或是以不恰当的会计方法加以呈现，因而对给相关利益者提供的信息产生不良影响。②未实现的义务。目前的会计制度基本上忽略了大部分尚未实现的义务和合约，而这类义务和合约往往在未来形成负债。而公司所承担的这些未实现的义务和合约，通常难以定量化，导致扭曲公司实际经营状况。③企业可能遭遇的风险。随着金融工具不断创新，使企业与股东面临难以定量化的巨大风险。尽管20世纪90年代以后美国证监会要求在公开说明书和财务报告中披露有关风险，但实际上对特定风险却缺乏足够的阐述。④无形资产。目前所经确认的无形资产与金融资产大多是商品。然而公司的价值主要源于其所持有的无形资产，例如专利权、商标权、特定组织结构与组织管理系统。现行会计制度的处理是将大部分无形资产假定为缺乏未来效益，并将其列为当期费用（石中美，2006）。科罗拉多大学教授保罗·米勒（2004）等在《高质量财务报告》中指出财务报告的七宗罪：①低估证券市场；②模糊的表述；③假设和虚构；④利润平滑；⑤最少限度的报告；⑥最少限度的审计；⑦编制报告成本上的缺乏远见。

自 1996 年美国证券交易委员会（SEC）提出将"透明度"作为评价国际会计准则委员会（IASC）"核心准则"后，对于财务会计报告的要求从高质量向高透明度演进（周晓苏、李进营，2009）。"透明度"是指财务会计报告的会计盈余对企业真实经济收益信息的反映程度（Bhattacharya & Daouk Welker，2003），或者说投资者通过企业的财务会计报告能够看穿企业的本质。提高信息透明度可减轻道德危险（moral hazard）与逆向选择（adverse selection）的问题。高透明度的财务会计信息应具有较高的信息含量，不仅有助于缓解公司与外部投资者之间的信息不对称，降低公司的资本成本和投资者的预期风险，而且能引导投资者进行正确的价值评断和理性决策，从而有助于提高资本的配置效率（巴塞尔银行监管委员会，1998；王艳艳和陈汉文，2006）。Baek et al.（2004）发现，披露质量较高的公司，在金融危机时市值降低程度较小。由此可见，若企业借助财务报告与信息披露提高本身的透明度，不只可以减少信息不对称等问题，更可提高企业的价值。对于财务会计报告信息透明度的衡量，Bush & Smith（2004）认为会计信息透明度的衡量指标应该涵盖财务报告呈报的频率、信息的及时性和其被财务分析师及其他中介机构传播和解释的程度（周中胜、陈汉文，2008）。根据深交所发布的《2007 年证券市场主体违法违规情况报告》在 2007 年上市公司违规案例中，出现频率最高的是上市公司及其高管在信息披露方面的违规，占据了整个违规 80% 以上的比例。上市公司信息披露违规主要表现为如下情形（深交所，2008）：①对股权转让不作及时披露；②对重大事项不作披露或者不及时披露；③对关联交易不披露、不完整以及不及时披露；④不按期披露年报；⑤在上市公司收购中不按照规定披露或者不及时披露；⑥对涉及对外担保，特别是对母公司的担保问题，不及时、完整披露信息；⑦对母公司的资金占有情况，不完整、及时披露信息。总之，高透明度、可比性、充分信息披露被 SEC 并列为高质量财务会计报告的三个基本要求（SEC，1996）。

2. 管理会计报告的演进与发展

内部管理报告的演进历程，从内部管理业绩评价的角度来看，大致可分为五个时期（叶小平，2006）：①成本绩效评价时期。企业追求产出最大化，以哈瑞（1911）建立标准成本制度为代表。②财务绩效评价时期。企业追求投资报酬最大化，以杜邦公司的唐纳德森·布朗（1960）为代表，主要注重以投资回报率为核心的财务指标，并建立了著名的杜邦财务体系。③企业价值评价时期。追求企业价值最大化，以麦尔尼斯（1971）、帕森（1979）为代表，注重 EVA、销售利润率、现金流量、资产负债率等财务指标。④股东价值评价时期。强调股东财富最大化，注重每股收益、每股收益增加值、MVA 为核心的财务指标，以加里·阿什沃思（1999）为代表。⑤财务指标和非财务指标相结合时期。凯尔文·克罗斯和理查德·林奇提出将总体战略与财务和非财务信息相结合的业绩评价系统，强调组织战略在确定业绩指标中所扮演的重要角色，美国著名管理会计学家卡普兰和诺顿提出了用于企业战略经营业绩评价的平衡计分卡，并广泛运用于战略管理、人力资源管理和财务管理等领域。

国外对于管理会计报告的研究，一直与管理会计的研究融合在一起，并随着管理会计的发展而发展，大致可分为追求效率的执行型内部报告、追求效益的决策型内部报告、遗失相关性的内部报告以及复兴的内部报告（邱芳，2007）。而在国内，内部管理报告研究被视作企业内部管控的一个重要组成部分，从内部会计控制角度对内部管理报告进行研究，并没有形成规范的内部管理报告体系，并且专项系统研究十分罕见。对于内部管理报告的研究，主要有两种思路：一种以内部管理控制为核心，另一种以内部会计报告为核心。以内部管理控制为核心的研究思路，其重心定位在控制模式上，根本目的在于对企业各项经济活动进行管理控制。而以内部会计报告为核心的研究思路，其重心定位在提供的信息上，根本目的在于对企业内部管理当局提供与决策控制相关的信息，并且只强调信息的相关性，而不太强调信息的可靠性。同时受到报告使用人内部化的制约，在编制方法、编制内容、编制流程上更注重依据企业的实际情况进行设计和选择，更具灵活性。

管理会计报告的研究对象大体可分为：①基于战略目标的实现状况；②基于不同产品经营状况和获利能力；③基于不同战略经营单位或地区经营状况和财务指标；④基于作业与经营环节；⑤基于绩效考评；⑥基于资本投资决策分析和管理控制分析；⑦基于风险识别与控制；⑧基于公司与同行业或标杆公司竞争地位分析；⑨基于供应商和顾客价值分析；⑩基于组织和不同类型责任中心；⑪基于现金流量控制与平衡分析等。管理会计报告采用的评价模式大体可分为：①以财务分析如杜邦分析模式为牵引；②以价值管理模式（EVA）为牵引；③以平衡计分卡和战略地图分析为牵引；④以关键绩效指标为牵引；⑤以自由现金流为牵引等（汤谷良等，2004）。

企业内部管理会计报告所需信息范围广、内容详细，与企业外部财务会计报告所容纳的信息相比更具有独特性及针对性。也正是由于这种各企业管理会计报告需求的独特性及针对性，使管理会计报告难以统一格式。因此，如何针对不同行业、不同企业的特点，设计适合于企业的管理会计报告便成为正在探索的难题。

二、电信运营企业财务管理报告体系的现状与不足

电信运营企业是典型的资金密集型企业，作为在港、美两地上市的上市公司，不断加强和提高财务信息披露的准确性、及时性和完整性，是资本市场的基本要求。特别是美国出现了"世通"、"爱迪菲尔电信"等财务报告舞弊事件后，资本市场对这方面的要求就更加严格。国外关于财务报告舞弊成因理论已相当成熟，主要包括"舞弊三角理论"、"GONE 理论"和"企业舞弊风险因子理论"（吴国萍、朱君，2009）。其中，舞弊三角理论认为财务报告舞弊主要是由压力、机会和自我合理化三要素组成，这三个要素之间相互作用且缺一不可。GONE 理论认为财务报告舞弊源于贪婪、需要、机会和暴露四个方面，其中贪婪和需要与行为人直接相关，机会和暴露与组织环境相关。企业舞弊风险因子理论

认为，舞弊风险因子由一般风险因子与个别风险因子组成。一般风险因子指主要由进行自我防护的组织或实体控制的因素，个别风险因子指因员工个体差异导致，组织或团体控制范围之外的因素。上述三种财务报告舞弊成因理论重点关注财务报告舞弊产生的动机和条件，主要包括：上市公司面临的压力、内部控制的缺陷、外部监管的薄弱以及舞弊者的道德水平。国内有代表性的研究包括：娄权（2004）认为财务报告舞弊的影响因素包括文化、动机、机会和权衡，四者缺一不可；葛家澍和黄世忠（1999）认为，经济利益与政治利益驱动是导致我国企业财务舞弊的主要根源；吴国萍和朱君（2009）则认为财务压力是导致财务报告舞弊的直接诱因，而公司治理无效、注册会计师审计质量差、证监会处罚力度不足则为财务报告舞弊提供了机会。中国电信运营企业必须引以为鉴，从根源着手严格遵守上市公司的信息披露准则，采取一系列必要和有效的管控手段，确保财务信息披露的及时、准确和完整，提高财务信息披露的质量。财务报告是投资者进行决策的重要依据，也是政府部门进行经济决策时关注的重要信息来源。总结我国上市公司近年来财务舞弊和财务管理失误等方面的案例，财务报告应用指引概括出下面重要风险：企业财务报告的编制违反会计法律法规和国家统一的会计准则制度，导致企业承担法律责任和声誉受损；企业提供虚假财务报告，误导财务报告使用者，造成报告使用者的决策失误，干扰市场秩序；企业不能有效利用财务报告，难以及时发现企业经营管理中的问题，还可能导致企业财务和经营风险失控。

电信运营企业近几年纷纷开展了以整体财务管理体制集中变革为核心的财务转型工作，其主要目的之一就是通过完善财务会计报告以提高呈报的财务信息质量。通过会计集中核算，省公司财务核算中心集中处理所属全部单位的会计核算工作，通过建立收入、成本、资金、资产等核算工作的专业分工和集中监控，在会计核算方法、会计判断标准、科目核算口径、财务报表口径等各方面实现规范统一，会计核算处理流程进一步制度化和标准化。此外，通过报账平台系统中的财务业务映射规则，大多数经济业务均能自动生成会计分录，减少人为判断差错。从而使财务信息质量得到提升，财务信息的准确性、可比性、规范性得到增强。同时，梳理和优化统一公司内部各单位的业务流程，以及财务报告的编报流程并不断完善财务信息系统建设。目前电信运营企业的财务转型工作尚处于实施初级阶段，这一阶段的主要目标就是确保数据的准确性。通过标准化的财务流程和核算处理，确保提供正确的财务数据，成为其他模块的信息来源。另外，电信运营企业对于强制性信息披露基本能够按照既定要求执行，但是在自愿性信息披露方面还有待进一步提高，以实现公司内在价值和市场价值有机统一的终极目标。

电信运营企业现行财务会计报告所承载的信息量有限，已难以满足经营者，尤其最高管理层独特的信息需求。依据企业的个性化信息，将管理当局的需求融汇于管理会计报告，使之成为用于投资及经营决策的工具，这便是管理会计报告的初衷。它将在完善企业经营管理和维持企业高效运转中起重要的作用。从电信运营企业目前的内部管理报告来看，主要表现在：报表编制的工作量大、效率低，数据之间的逻辑性和准确性较差；更侧重于数据的统计，对分析工作投入的精力少，且分析的重点和深度不够；缺乏精细化的成本和收益管理信息，对经营和管理决策的支持力度不够。从整体来看，管理会计报告的结构尚不够合理，决策支持和财务分析花费的时间和精力较少，分别只占10%和20%，而内部管理报告的编制占用了70%的时间和精力，最终的效果不够理想，因此决策支持体系亟待完善。

三、电信运营企业完善财务管理报告体系的策略

萨班斯法案对财务报告的质量提出了苛刻的要求，要求公司管理层对财务报告的真实性、可靠性承担法律责任。会计核算、报表合并是进行集团内部控制的重要环节，其工作质量也是财务报告真实可靠的保障。电信运营企业需要进一步完善信息质量保障机制提高信息质量，统一数据口径，整合业务、统计与财务信息，加强财务数据分析与预审工作，重点关注对资本市场披露、对集团上报的重要数据，加强数据预审，保证数据披露质量。运用报表盈余管理改善外部披露信息，实现自定义管理需求，通过报表系统自动生成标准的定制管理报表，深化月报审核和重大事项报告制度，强化预防机制，完善财务报告制度，减少会计差错。

满足预算管理、管理报告和成本管理对核算信息的要求，定期生成标准的内部管理报告。按照集团要求建设综合统计信息二级平台，实现集团与省级系统的二级架构。而作为会计核算、会计报表载体的会计信息系统的统一，是实现集团公司内部会计核算统一（包括会计科目、会计报表、会计政策等会计制度以及支撑会计核算的会计信息系统的统一），改善内部控制环境，防范与控制财务报告风险的重要手段。对于电信运营企业来说，只有对现行核算流程进行全面梳理，建立适合 ERP 系统运行的核算体系，优化财务报告流程，逐步建立集团一体化的财务会计核算以及报告体系，才能进行有效的全面预算管理、内部控制及全面风险管理、综合绩效管理。

（一）对外财务报告体系的完善

电信运营企业一方面需要逐步建立和完善信息质量确保机制，通过建立信息质量确保机制、跟踪境内外会计准则变化、完善企业内部财务会计制度、规范会计核算流程、统一内部各单位业务流程、完善企业财务信息系统、规范财务报告编报流程、建立财务报告质量监督与奖惩制度、提升与审计师的沟通协调能力等建立财务信息质量确保机制。另一方面，公司还应不断加强会计信息披露和沟通工作。会计信息披露具有经济后果，会计信息披露的质量是各种会计契约保证实施的基础，上市公司的逐利特征必然会诱使信息披露成为一种均衡的策略行为（Kirschenheiter & Melumad，2002）。会计信息披露与沟通的规范化是企业的一项重要的财务资源，会引领投资者和分析师充分、客观、公正地评估公司的经营管理情况，以实现公司内在价值和经济价值的统一。

（二）内部管理报告体系的完善

1. 内部管理报告体系的结构性转变

理想的内部管理报告结构应该是决策支持占 50%、经营分析占 40%、管理报表编制占 10%（刘今秀，2008）。理想的内部管理报告与传统内部管理报告相比，在人员的时间和精力分配、人员的综合素质、分析的深度和广度、提供数据的精确度、高效管理决策支撑等方面都提出了更高的要求。具体如图 4-45 所示。

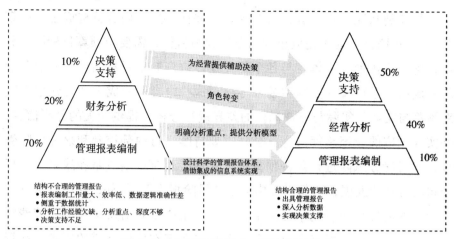

图 4-45　内部管理报告体系的结构性转变

2. 内部管理报告体系的设计思路

第一，管理会计报告体系设立时应考虑亟待实现的管理目标。主要包括：管理会计报告体系的建立需要明确会计信息的服务对象和服务范围；管理会计报告体系要实现为企业公司治理与企业管理的双重目的提供所需信息。电信运营企业应利用财务转型的契机逐步形成面向组织各个层级和层次的内部管理报告系统，具体分为集团公司、省公司和地市公司等层级，组织、流程和作业等层次，针对不同层级和层次设计合适的内部管理报告，设计应具有价值链系统思维，针对不同层级深入到不同层次，将财务和运营紧密结合。

第二，要明确各层级和层次使用者的管理需求。管理会计报告的信息需求者所处的层级不同，关注点就会有所不同。例如，集团层面的信息需求者需要关注集团整体发展状况和价值实现状况，而省公司层面主要关注整体盈利情况，地市公司层面关注更多的是分客户群、分产品、分业务流程和分网络元素的盈利状况以及生产经营状况等。因此，明确不同使用者的期望和需求，是企业建立健全管理会计报告的前提和关键。

第三，立足于管理目标，抓住所需解决的关键问题，追溯各层面的分析目的。电信运营企业在对市场营销方案和固定资产网络投资前需要利用管理会计指标进行投资项目决策分析，在对业务和网络进行投资后需要利用管理会计指标分客户群、分产品、分业务流程和分网络元素持续进行盈利状况分析并进行投资项目后评估，这些内容就构成了"决策报告"。集团公司为了完成企业的总体业绩目标，需要将预算目标层层分解，落实到各责任主体，与各个责任主体协商制定考核制度，并对其业绩完成情况进行管理控制和绩效考核，这些内容就构成了"责任报告"，对预算与实际、实际与行业标杆的差异进行分析，提供相关的分析信息，并实施相应的业绩奖惩措施。公司需要持续进行内部控制和财务风险管理，并对财务风险进行预警预测，使管理层及时调整战略和战术，实现公司的可持续发展，这些内容构成了"风险报告"。另外，在以价值创造为导向的内外部市场竞争环境下，为了满足决策者对市场及客户消费定位的管理需求以及投资者对企业当前价值和潜在价值估值的要求，在管理会计报告中就会相应产生"价值报告"。普华管理顾问公司（PWC，2001）提出，价值报告是一种涵盖了财务与非财务层面的绩效评价指标体系，着力描述目前无法量化的无形资产变化情况，用以反映企业真实价值，缩小企业与市场信息差距，提供符合管理者和投资者需要的财务信息报告。随着企业价值报告的产生，管理会计、财务会计与投资会计三者之间的信息渠道将会彼此打通，甚至实现某种程度的融合（张家伦，2010）。其显著利益在于能让管理层传递价值报告结论给内外部利益相关者。价值报告应当包括企业战略核心能力、无形资产、智力资本、社会责任、市场机会与业务拓展、风险、加权平均资本成本等驱动企业价值（EVA）创造的内外因素。企业价值报告实际上是由一系列报表形式构成的报告体系。

3. 内部管理报告体系的内容构成

电信运营企业在明确了公司内部各层面的用户需求及管理目标后，便可形成管理会计报告的整体框架。由于管理会计报告与财务会计报告相比具有个性化的特点，所以不可能有固定的报表结构及项目。但为了使管理者快速获取决策相关信息和投资者快速获取公司价值信息，应将管理会计报告的总体性结论作为管理会计报告的上层，主要用户是公司内部战略层和外部投资者。这一层级的报告可以用数据、图表、文字描述等方式进行传递。常规的管理会计报告应该根据各方相关利益者对管理会计报告的需求，分为四个部分，即风险报告、决策报告、责任报告、价值报告，并构成了管理会计报告的中层，主要用户是公司内部各级管理层。整个管理会计报告的数据支撑部分就成为管理会计报告的底层，主要包括不同维度盈利状况表、生产经营状况分析表、财务管理状况分析表和资产属性维度报表等，主要用户是公司内部作业层。其数据主要来源于现行的财务会计报告、公司内部的成本费用数据库及其他信息，公司需要根据业务类型特点加入一些非财务数据的个性化指标。这样电信运营企业就可以建立起一套适合自身特点的个性化、系统化的内部管理报告体系，具体如图4-46所示。

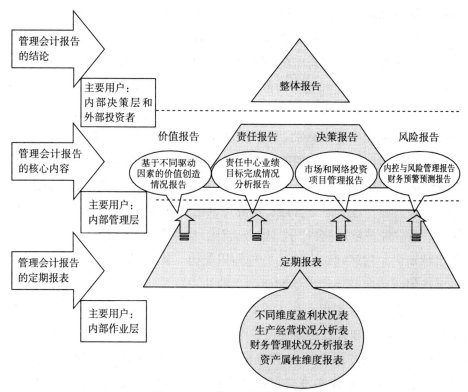

图4-46 内部管理报告体系构成

内部管理会计报告应体现"结构化"的思想（张先治，2010），将复杂的、不确定的信息分维度、分层次呈现，以反映信息的完整性和综合性。主要体现在：①从作业层、执行层到管理层和决策层，信息复合度和因果关联度应逐步提高，以满足决策相关性的要求。②财务信息与非财务信息相结合，以保证信息的互补性和完整性。③与公司战略和环境特征相匹配，以利于确定合适的功能定位。同时，内部管理会计报告还应体现"系统化"的思想，报告信息是企业管理信息系统的重要组成部分，动态跟踪、预测、反馈实体流和资金流，对象主要是企业内部的相关利益者，通过促进企业经营管理活动等内部信息的流动和转化，发现关键价值驱动因素，为履行内部决策、控制、评价、激励、沟通等管理职能提供信息支持。总之，内部管理会计报告是反映整个企业经营管理过程与经营管理结果的内部管理书面文件，它建立的基础应是要满足企业董事会、管理层、经营层及核心员工等相关利益者的不同需求，并为他们提供内部决策、控制、评价、激励、沟通等所需的个性化信息。

4. 建立和完善内部管理报告体系的策略

第一，着力培养复合型的管理会计人才。面对新的市场竞争形势和企业管理需求，建立和完善内部管理报告体系需要电信运营企业不断着力培养复合型的管理会计人才，一方面，引领公司财务转型的成功实施；另一方面，强化财务战略的执行力，为市场支撑和管理决策支撑奠定良好的人才基础。作为合格的管理会计人才应该具备金融学（金融市场学、投资学等）、管理学（公司治理、战略管理、市场营销管理、生产运作管理、人力资源管理、财务管理、物流与供应链管理等）、经济学（宏观经济学、微观经济学）、会计学（财务会计、成本管理会计、审计）等方面的学科知识，构建起综合型的管理知识架构。从外部来看，时刻关注资本市场的新动向需要经济学和金融学的知识背景；而从内部来看，必须娴熟运用会计专业知识和深入了解市场、网络、运维等企业管理知识才能够为市场经营和管理决策提供良好的服务支撑。

第二，制定和规范内部管理报告制度。电信运营企业为了确保内部管理会计报告具体实施时可以成为高绩效的管理工具，管理报告设计及实施时应遵循：①公司制定管理会计报告操作指南，以利于提高管理会计基本概念范畴的规范性和管理会计报告实务运作的效率性；②制定严密高效的内部管理会计报告制度流程，从填报目标、报送流程、相关责任等环节进行明确。管理会计报告的报送周期也应根据各管理部门的需求来确定。制定严密的流程制度，有利于管理会计报告体系的建立和规范。

第三，逐步建立和完善全面成本管理体系。电信运营企业需要通过逐步建立和完善分客户群、分产品、分业务流程和分网络元素的成本管理体系，从而实现准确地核算不同业务主体的盈利能力和投资效益，并在此基础上通过明确成本费用发生的责权利关系，建立企业内部转移价格体系，实现客户、产品收入或成本的有效分摊，从源头加强成本的效益分析，并逐步建立成本管理流程评价体系，推动成本效益的事前分析和监控，实现资源的优化配置。不断加强财务成本管理与企业经营信息的相关性研究，通过使用对标管理、作业成本法、网络成本法等先进的成本费用管理方法，打通企业运营管理与财务管理的沟通通道，为企业战略决策与内部管理提供支持，推动建立财务部门与业务部门之间的新型合作关系。通过不断推进企业的精细化管理并最终为上市信息披露和盈利预测提供完整的成本信息提供支持，提供高质量的管理信息，引领企业外部投资者，实现企业生产经营和资本市场的良性互动，提升公司资本市场的形象。

第三部分 案例篇

第 五 章

中国移动公司实施财务转型的现状与问题分析

随着中国的和平崛起与现代化的日益推进，国际化进程不断深化，无论是国家还是企业都意识到了提升软实力（包括企业管理制度、企业文化建设等）的重要作用。只有拥有强大软实力的企业才可能在激烈的竞争格局中拥有强大的核心竞争力。中国移动审时度势不懈努力，为了支撑公司的战略转型积极进行财务转型，通过精细化运营和管理，积极参与企业价值创造，深度参与企业价值管理。通过财务集中管理体系的建立和实施，拓宽财务管理领域，提升会计核算质量和水平，强化财务管理的广度和深度，实现财务处理流程化、规范化和财务信息透明化，从而更好地发挥出财务管理对企业发展的保障支撑作用。其财务核算中心的建立和财务共享服务理念的渗透符合世界管理变革的主流方向，有利于降低内控风险，大幅提升财务管理效率和效果。

第一节　中国移动公司简介

中国移动公司通信集团是根据国家关于电信体制改革的部署和要求，在原中国邮电电信总局移动通信资产总体剥离的基础上，组建的特大国有企业集团，是国内经营基础电信业务的主体电信运营企业之一，拥有全球第一的网络和客户规模。中国移动通信集团公司全资拥有中国移动（香港）集团有限公司，由其控股的中国移动有限公司在国内 31 个省（自治区、直辖市）设立全资子公司，并在香港和纽约上市。目前，中国移动有限公司是我国在境外上市公司中市值最大的公司之一。在中国移动省级子公司内部，设立地市级和县级分公司，实行总分公司制管理。2009 年 7 月 8 日，《财富》杂志中文网站公布了 2009 年世界 500 强排行榜，入榜的电信运营企业有 21 家，较 2008 年减少 1 家。其中中国移动在入榜的电信运营企业中排名第 8 位（按营业收入），但市值却居于全球运营商的首位，利润额居于全球运营商的第二位，整体财务经营绩效处于全球运营商领先地位，并且真正为股东创造了最高的价值。如表 5-1、表 5-2 所示。

表 5-1　2008 年 500 强企业中电信运营企业业绩指标一览表

排名	公司名称	国家/地区	营业收入 （百万美元）	利润 （百万美元）	EVA （百万美元）	市值 （十亿美元）
29	AT&T	美国	124028.0	12867.0	−8598.90	168.22
44	NT&T	日本	103684.4	5362.0	413.16	81.94
55	Verizon	美国	97354.0	6428.0	−11046.60	96.32
61	Deutsche Telekom	德国	90259.6	2170.6	−8845.10	66.67
66	Telefónica	西班牙	84814.7	11112.3	107.50	105.67
77	France Télécom	法国	78289.6	5955.7	−3776.80	74.35
94	Vodafone	英国	69138.4	5188.3	−10578.90	111.32
99	China Mobile	中国	65015.1	11442.0	9080.85	204.01
166	Telecom Italia	意大利	45118.1	3240.6	−5226.70	21.50
207	Vivendi	法国	37165.9	3810.0	−544.80	53.99
210	BT	英国	36626.5	−139.9	−2313.10	16.25
219	Sprint Nextel	美国	35635.0	−2796.0	−8859.40	5.27
232	KDDI	日本	34814.4	2217.1	61.76	30.94
237	Comcast	美国	34256.0	2547.0	−7716.00	48.14
263	China Telecom	中国	31813.6	−50.6	−5643.49	30.75
273	América Móvil	墨西哥	31012.5	5337.1	2.15	50.88
332	Softbank	日本	26607.5	429.7	−3412.21	18.51
410	Telstra	澳大利亚	22371.1	3303.5	903.60	47.62
419	China United Telecom	中国	21980.6	2840.5	204.69	28.97
434	Royal KPN	荷兰	21372.7	1949.6	114.30	12.62
469	Direc TV Group	美国	19693.0	1521.0	565.60	21.96

资料来源：http://www.fortunechina.com（曹宇英计算，何瑛指导）。

表 5-2　2008 年 500 强企业中电信运营企业排名一览表

公司名称	500 强中排名 （营业收入）	财务绩效综合评 价排名	经济价值排名 （EVA）	市值排名
China Mobile	8	1	1	1
AT & T	1	2	17	2
Verizon	3	3	21	5
Telstra	18	4	2	12
América Móvil	16	5	9	10
Comcast	14	6	16	11
NT & T	2	7	6	6
KDDI	13	8	8	13

公司名称	500强中排名（营业收入）	财务绩效综合评价排名	经济价值排名（EVA）	市值排名
France Télécom	6	9	13	7
Vivendi	10	10	10	9
Direc TV Group	21	11	3	16
Telefónica	5	12	7	4
China United Telecom	19	13	5	15
Deutsche Telekom	4	14	18	8
Telecom Italia	9	15	14	17
Vodafone	7	16	20	3
Royal KPN	20	17	6	20
Softbank	17	18	12	18
China Telecom	15	19	15	14
BT	11	20	11	19
Sprint Nextel	12	21	19	21

资料来源：上市公司年报（曹宇英计算，何瑛指导）。

第二节　中国移动公司实施财务转型的必要性

在经历了电信行业重组分营的巨变后，企业外部环境对企业内部管理体制提出了更新、更高的要求。为了推动通信企业实现从粗放经营向集约经营转变，各通信运营商都先后进行了财务管理体制改革。中国移动实行了省对地市的收支两条线管理，为财务集中管理奠定了坚实的基础。所谓财务管理体制是指划分企业财务管理方面的权责利关系的一种制度，是财务关系的具体表现形式。一般来说包括企业投资者与经营者之间的财务管理体制和企业内部的财务管理体制两个层次。企业集团财务管理体制是明确集团各财务层级财务权限、责任和利益的制度，其核心问题是如何配置财务管理权限，其中又以分配母公司与子公司之间的财权为主要内容。它属于企业财务管理工作的"上层建筑"，对其"经济基础"企业集团的理财活动起着推动、促进和导向作用。中国移动通信集团作为国家授权经营的大型国有企业集团，其财务管理体制包含着两个层次。第一层次是国家作为投资人与中国移动通信集团母公司之间的财务管理体制；第二层次是集团母公司与各子公司之间的财务管理体制。本文所说的财务管理体制仅指母公司与子公司之间的财务管理体制。

随着电信运营企业陆续在港、美上市，资本市场对电信运营企业的企业绩效提出了更高的要求，要求企业每年的收入增长幅度要高于成本费用的增长幅度，利润增长幅度要高于收入增长幅度，最终实现企业价值最大化的终极目标。因此，如何实现企业价值最大化，确保企业的战略目标在财务管理等各个方面都能顺利落地，成为电信运营企业迫切需要解决的问题。例如，中国移动 2005 年实现大型设备集中采购，成本比 2004 年下降了 27.9%。随后，网络运维体制采取了集中监控、集中维护、集中管理的方式，为网络运行质量提供了可靠保证。随着网络、计费等一系列集中化的完成，也使得财务集中管理被提上了议事日程。

在财务集中管理之前，各省公司各自为政，信息道出多门，集团总部缺乏对成员企业的强有力监控，也无法监督企业战略是否真正得到了具体落实，企业精细化管理在执行过程中存在诸多问题，难以真正落地和得到切实执行。这些都会影响到集团战略管理目标的实现。鉴于现有财务管理体制与企业战略之间存在的冲突，中国移动在审慎考虑之后必然会将着眼点放在企业内部管理价值链的重新审视和打造上。管理价值链是指通过集中化管理和建设、组织架构调整等工作实现对业务发展的有力支撑，最终体现企业战略的顺利落地。它包括战略管理、企业文化、组织流程、人力资源、财务管理等方面。中国移动公司现行的总部、省、市、县四级财务管理体制已经无法满足战略转型的需求，因此迫切需要进行财务转型。其存在的突出问题表现在：

（1）规范问题。中国移动公司各省以及各市对于同一件经济事项的财务处理有时会出现不一致的现象，这直接导致汇总之后的财务信息不能准确体现企业的实际运营状况，另外，外部审计部门由于分成太多的项目组，组和组之间缺乏有效的沟通和交流，也间接导致未能发现部分处理不一样的经济业务。不一致的业务处理不但直接干扰了一个中国移动战略构想的落地，更使得信息有用性大打折扣，无法为企业的经营决策提供精确的信息支撑。

（2）控制问题。中国移动省公司对市公司各级核算工作缺乏有效的审核与监控，交易处理的透明度和信息质量无法得到可靠的保证；省公司对市公司主要通过审计检查和考核进行事中与事后控制，对市分公司会计信息质量问题和重大风险无法控制；财务部门对业务前端的财务监控缺乏统一规范，监控力度不够，容易导致交易处理过程中的舞弊风险。

（3）效率问题。首先，由于中国移动公司的各级省公司有自己的核算软件，并根据自己的实际情况开发了大量的功能类似的财务外围软件，例如固定资产、营业稽核、往来账核销、合同管理等，从而导致了大量资源在全集团范围内的重复浪费。而且，这些外围软件经常有大量的补丁软件，从而导致后期的软件整合过程中升级困难，带来大量的手工调整工作，降低了工作效率。其次，由于中国移动公司的整体资金流覆盖了总部、省、市、县、营业网点等范围，资金在上述环节均存在不同程度的滞留现象，省公司、总部也未能高效地调度资金，影响了资金的使用效率。最后，现有核算在省公司本部和市分公司分散处理，影响了全省核算的整体效率，并潜在影响统一性与准确性。又由于各市分公司核算人员对规则的理解和核算工具应用水平不同，制约了会计核算处理效率的提高。

（4）支撑和服务问题。中国移动公司各省以及各市在日常工作中，对于财务核算业务能够及时地进行，对于资产管理、成本控制和预算管理都比较重视。但对于日常财务分析、经营分析、预算分析重视不够，未能充分发挥财务管理工作对于企业运营行为的指导和支持功能。财务人员忙于日常的核算业务，没有足够的时间与精力参与前端业务提供财务支持；目前的财务报告缺乏业务视点，因此无法满足业务部门对定制化决策支持的信息要求；财务管理人员的专业能力、业务分析能力、市场和前瞻意识还有所欠缺。

（5）资源优化配置问题。中国移动公司的预算只是基于财务报表的预算，由于末端未与业务流紧密结合，不能从业务活动为起始评估预算的合理性。各级地市公司作为成本中心，其预算管理一方面仅停留在编制过程，在实际执行中，不能严格按照预算控制开支，也没有对预算执行情况进行及时反馈，无法真正发挥全面预算管理的作用；另一方面缺乏相应的考核机制。对于各部门预算管理仅局限于总量管理，没有按照预算的执行情况分部门、分季度进行考核，从而将省公司对于预算的考核压力全部交给了财务部门，这不利于移动公司整体预算管理水平的提高。因此，尽管理论上是基于总体战略规划编制预算，但实际在操作过程中并没有体现战略在资源分配层面应该体现出来的作用，预算管理作为战略实施的保障与支撑体系，未能实现资源的优化配置（程轶，2008）。

另外，中国移动的标杆企业沃达丰也于 2006 年成功进行战略转型，重新确立了公司的五个战略目标：在欧洲市场削减成本并挖掘市场潜力；在新兴市场力争高速增长；为用户提供全面通信需求的产品；整合资源提高效率；对资本结构和股利政策进行战略平衡。公司通过战略性调整改变了过去沿袭多年的国际化和移动专营原则，更加关注真正能够引导企业增长的市场目标。2002 年公司推行的全球财务集中管理模式为这次战略调整的成功实施奠定了坚实的基础，功不可没。沃达丰为了实现五大战略目标，在三个领域分别制定财务目标，有力地支撑了公司战略转型。总之，无论是从外部环境、市场环境，还是从内部运营看，中国移动都需要通过财务转型实施更加系统化、精细化的财务管控模式，提升企业竞争力，以适应日益复杂的竞争环境以及外部监管机构日益严格的监管要求。

第三节　中国移动公司实施财务转型的现状与问题分析

为了实现移动集团公司"做世界一流企业，实现从优秀到卓越的新跨越"的发展战略目标，中国移动开始进行财务转型，以核算集中为支点带动包括预算在内的整体财务管理体制集中变革，建立真正符合企业发展战略的财务集中管理模式。

一、中国移动公司财务集中管理及目标

财务集中管理是基于网络环境下实现集团财务统一核算、统一财务报告和统一各项财务管理制度的一种新的管理理念和模式。这种模式是一种与知识经济时代的产品多样化需求相适应，与企业内部扁平化的组织结构及网络化的信息结构相配套的财务管理模式，是在集权基础上适当分权、集中与分散巧妙结合的集中式财务管理模式。其核心思想是为了实现财权的集中控制、资源的集中配置以及信息的集中共享。通过财务集中管理可以实现集成化管理、直接管理和实时动态管理。

中国移动基于战略导向的财务集中管理，是基于对企业发展战略的清晰判断，在此基础上构建的财务集中管理系统。财务集中管理的根基在于信息集中，必须利用信息技术构建网络环境，实现集团总部集中监控，达到企业集团成员之间资源共享、合作共赢、共同发展。财务集中管理是落实企业整体战略的重要举措，不能片面理解成是为了集中而集中，应该重点关注集中后的效果，确保财务集中管理的结果是战略目标顺利实现。

中国移动财务集中管理的目标是"全面预算控制、财务集中核算、资金集中收付、债务集中管理、资产统一管理、数据综合分析"。在建立统一的核算管理流程的基础上，根据集团公司战略规划建立财务集中管理系统。按现代企业制度的要求，将母子公司关系划分为三个层次：集团本部为发展战略中心、投资决策中心、经营监控中心和资本融通中心。一是行使重大经营决策权，要进一步明确重大决策的范围、程序和职责。二是行使人事管理权，对所属企业负责人进行分类任命、科学考核、完善激励与约束、加强培训。三是行使投资收益权，全资子公司的资产收益全额上缴，由集团根据发展战略需要决定是否追加投资，对控股、参股子公司充分体现集团股东的意志。子公司（省公司）作为利润中心，从事产品经营，执行集团公司产权管理、资产收益、经营预算等规定。子公司下属的地市级部门为成本控制中心，负责日常经营活动和成本的控制（项洪波，2008），如表5-3所示。集团公司下发和调整规范性管理

表5-3　中国移动集团责任中心划分以及权限规定

层　次	责任中心	权　限
集团公司	投资中心	重大经营决策权 人事管理权 投资收益权 经营监控权 资本融通权
省公司 (子公司)	利润中心	执行集团公司重大规定 业务经营权 收益获取权
地市公司	成本中心	执行集团和省公司重大规定 成本费用控制权 日常经营活动管理权

文件，实现资金管理、资产监管、成本费用控制、收入利润及分配、财务报告、预算管理、人员培训、预算考核的统一和规范；通过资金集中、经营集中和人员集中三大控制手段，实现财务管理统一和控制，有力保障集团财务集中管理的顺利进行，同时财务工作重心可以真正做到由会计核算工作向财务管理和财务监控转移。

二、中国移动公司财务转型的具体实施策略

2006年，中国移动开始在省公司层面推行财务集中管理的试点工作，实施省公司层面的财务集中，通过在财务组织架构及职能合理调整与财务信息化系统建设的支持下，将地市公司的会计核算工作向省公司层面集中，实现信息收集、信息处理与会计核算的标准规范，促使财务工作在统一规范、信息准确、风险控制、资源配置、业绩改善等方面获得实质改进，并通过财务管理与会计核算职能的适度分离，为企业财务从核算型向战略型转型奠定必要的基础。其主要意义在于：有利于促进财务管理转型，提升财务管理核心能力；有利于财务向业务靠拢，实现对经营的全方位支撑；有利于缩短核算链条，提高财务效率；有利于会计核算规范化，财务报告实时化；有利于财务信息透明化。其总体思路就是把会计核算、资金支付等操作性工作集中到省公司层面，统一为各市分公司提供专业化的财务服务，市分公司不再负责会计核算工作。由于各地市分公司营业税等属地缴纳的税款是当地财政税收的重要来源，

所以税收监管层级仍保留在市一级公司，实行属地化管理。其具体措施如下：

（一）组织变革——组织机构建设与职能分配

中国移动省公司层面的财务集中管理是指在原则上不改变省公司现有的管理架构、职能权限的基础上，通过设立财务部直接管理的财务核算中心，统一设立和集中管理省公司本部以及所属的分公司资金账户，集中处理分公司范围业务的会计核算工作，分公司的财务工作重心则转向提高执行力度、精细化运作、为业务提供良好服务与支撑、优化资源配置与执行控制、提升信息挖掘深度与导航职能，为管理层和业务部门提供有价值的信息与决策支撑等。转型之后集团公司财务、省公司财务部、省公司财务核算中心、分公司财务部等各自需要履行的职能具体如下（王爱群、王洪玖，2009）：①集团公司财务部。集团公司财务部需要履行的职能包括：决策支持、财务监控、价值管理和财务共享服务。专注于财务管理、价值创造和决策支持。②省公司财务部。省公司财务部需要履行的职能包括：负责财务会计政策制定、财务管理控制和高附加值的决策支撑类工作；负责向财务核算中心提供财务会计政策的指导、培训以及问题答疑，并对会计核算中心进行会计检查；财务核算与财务管理职能分离后，为保持两者之间的互动与配合，负责建立良好的沟通渠道，建立充分共享的信息平台，使财务管理人员了解到及时、准确、完整的核算信息。省公司财务部应根据不相容职位相分离和精简高效的原则，设置相应的财务管理与会计核算岗位。③省公司财务核算中心。省公司财务核算中心隶属于省公司财务部，独立运作。其需要履行的职能包括：前端外部衔接、核心交易处理以及后端综合支撑。A.前端外部衔接。政策衔接：全面了解并掌握会计核算政策，向财务核算中心交易处理人员传达会计核算政策，并向财务部政策制定者反馈政策执行中的问题。报账支持：面向财务核算中心以外查问、咨询与投诉的回应。B.核心交易处理。C.后端综合支撑。④市分公司财务部。市公司财务部需要履行的职能包括：由于取消了市公司的核算职能，市公司财务人员将不再从事核算工作，一部分人将做更简单的核算支撑工作，如对单据进行初核、传递档案等；另一部分人将从事难度更高的服务支撑工作，如财务分析、经营分析、预算管理及分析、内控管理、收入管理、资产及工程财务管理、税务管理等。同时，负责所在地市分公司范围内的县级营销中心的财务管理工作，收入资金的归集与上划工作，定期与业务部门对账，还负责对所属基层营业部资金上缴的日常审核、对账、检查与监督工作。将从简单的"事后反映"转变为"事前"参与决策、"事中"参与控制、"事后"参与评估考核相结合。⑤县公司财务支持岗位。转型后县公司不设财务部只设财务支持岗位，其需要履行的职能包括：A.报账职能。负责汇总县公司的报账原始资料，传递至市公司财务部；B.出纳以及营收资金稽核职能。总之，随着财务集中管理的逐步深入，报账职能和出纳职能应逐步弱化，而营收稽核功能将应逐步强化。

（二）人员管理——合理安排与转型培训

在人员安排上，研究生（或会计工作经验非常丰富）、本科生（或会计工作经验较为丰富）、本科以下（或应届生等无会计工作经验员工）各占一定的比例，同时建立内部阶梯和通道，满足员工自我提升的需要。在实施财务集中管理过程中，也要加强对市公司会计人员的转型培训，增强对企业管理和市场经营的培训和认识，尽量使他们能够基于经营的视角来从事财务管理类工作，从而加强对一线运营的财务支撑。

（三）资金集中——搭建资金集中管理体系

资金集中的实质是在原来收支两条线管理的基础上加强对资金的管控力度，主要表现在利用当前银行先进的资金汇划手段，加快收入资金的归集速度，减少资金在县、市的沉淀比例，提高资金使用效率。同时，除必须使用现金、同城托收和支票在当地结算的支出外，其余资金均实现省公司统一支付，规范了资金支付行为。资金集中管理模式下收支两条线与其他管理之间的关系如图5-1所示。

实现资金集中的主要工作是搭建资金集中管理体系，包括建立银行集团账户，确定资金自动上划与下拨方式，实现批量支付等。银行集团账户指省公司设立一级账户，市分公司在当地设立二级账户，一、二级账户之间可以实现资金的自动上划与下拨。一、二级账户均以省公司名义设立，两级账户间通过不同的账号予以区分。资金上划的时间与频率由公司根据需要预先设定，由银行系统实现自动上划。二级账户为零余

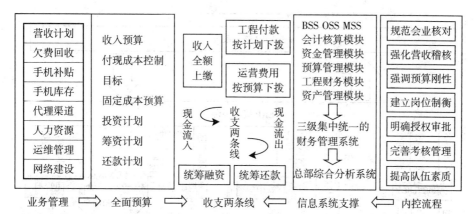

图5-1 资金集中管理模式下收支两条线与其他管理的关系

额管理,省公司使用二级账户集中为各市公司进行支付。当二级账户发生支出时,先透支,然后由一级账户实时下拨资金至二级账户,资金实际不再留存在市公司当地。由于集中结算牵涉的工作量非常巨大,因此,需要通过建立银企互联系统与银行方面建立接口,实现批量支付。通过资金集中,减少了资金周转的中间环节,有效地实现资金管理风险与效率的有机统一。

(四) 系统建设——财务集中管理系统支撑

财务集中管理后,由于经济业务发生地点与会计信息处理地点存在空间上的差异,带来了一系列与信息有关的问题,包括信息的采集、传递、反馈等,信息处理效率成为焦点难题。所以只有依靠财务管理信息系统建设,才能实现对信息的有效管理。

财务集中管理相关系统建设改造工作主要包括两部分:财务扩展系统建设和ERP改造。财务扩展系统建设包括:报账平台系统、银企互联系统、营收资金稽核系统、合同管理系统财务需求;ERP改造包括:ERP核心系统改造、ERP接口平台。建立完整的涵盖财务会计核算与资金结算等相关业务流程的信息系统支撑,从而提升财务集中管理组织运作的有效性。同时为了达到各省系统建设的相对一致性,中国移动制定了统一的系统建设规范,以平台统一的方式进行系统建设。财务集中相关系统体系架构如图5-2所示。

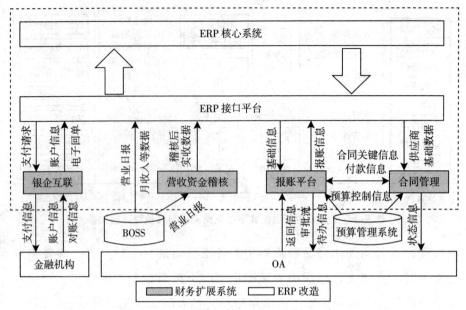

图 5-2　财务集中管理相关系统体系架构

　　中国移动省公司层面引进了财务集中管理系统，希望提高企业的财务集中核算的意识，并进一步明确财务集中管理的目标：全省范围内统一制定数据格式，规范报账数据采集依据，保证财务入账依据的标准化，为业务集中奠定基础；审批流程电子化，通过报账单据的电子化审批，在保证审批质量的前提下加速单据流转；实现全省的资金统一管理和监控，并建立全省统一的银企互联系统，实现企业信息系统和银行的对接；实现信息—业务—管理一体化，以省公司为经营管理中心，以地市公司为业务中心模式。

　　总之，财务集中管理的基础是财务集中核算，实行集中核算能及时准确地处理会计信息，通过集中核算能实现财务职能由交易处理向决策支持的转变。中国移动目前的财务转型是通过财务集中管理来推动和具体实施的，而财务集中管理的成功实施则是以组织再造、人员再造和流程再造作为基础和保障。

三、中国移动公司实施财务转型过程中存在的问题及分析

　　中国移动公司财务转型的实施已取得一定成效，主要表现在流程的

日益完善、财务核算规范性加强、分公司与财务核算中心的良好沟通和互动等方面，但在转型实施的第一阶段仍然存在一些问题，主要表现在以下几个方面：

（一）效率问题

财务转型过程中最大的压力是效率问题，表现在付款效率和对市场变化的反应速度上。首先，表现在报账效率不高。从业务人员方面来看，主要是由于不了解新的报账单据的填写规范和要求、不熟悉新的报账流程、尚未熟练使用新的报账平台系统、提供的原始单据等资料不全、需要比财务集中之前填写更多的业务信息所导致；从财务人员方面来看，主要是由于对报账平台的核算工作还比较生疏、尚未熟练使用报账平台、银企互联等系统所导致。其次，表现在营收资金管理难度大。中国移动公司由于营业网点遍及城乡，资金集中统一起来后，各地分公司对营业厅资金的管理力度不一定能到位，核算工作又集中到了省公司的财务核算中心，加大了高效管理营业款资金的难度，从而影响工作效率。再次，由于分公司不能及时取得经营状况数据，对市场经营进行快速反应不利，会加大省公司的工作难度。最后，表现在会计核算链条过长，需要不断优化。

（二）质量问题

主要表现在报账不均匀和不及时。由于集中初期业务人员递交报账单质量不高、反复退单修改，另外由于地市公司初核工作量较大导致单据月底积压现象较为明显，由于不能均衡入账对会计信息的质量会有一定的影响。另外，报表人员远离业务前端，与分公司物流、计费、市场等部门的沟通和衔接都将会减弱，相应地发现问题的能力也会下降，将直接影响报表的质量。

（三）人员问题

首先，由于认识的不到位，可能会在某种程度上影响分支机构管理人员的工作积极性，认为"财权"有所削弱；其次，由于财务人员素质参差不齐，人员的轮岗、调动受到很大的限制；最后，由于某些县公司缺少财务报账人员，缺乏对业务人员的指导和监控，从而使得制度在执行过程中的效果会大打折扣。

（四）风险问题

实施财务集中管理后，全省的财务档案都集中到省公司进行集中管理，档案管理员工作量大，特别是大量的凭证接收工作，造成档案管理员与会计、出纳工作交接过程中，无法一一对照凭证附件张数核对检查凭证附件数量，因此会存在附件遗漏的风险。

因此就需要持续加强和优化财务集中的制度管理、流程优化、财务系统建设等工作，以保证中国移动公司财务转型的成功实施。

第六章

中国移动公司财务转型的实施路径与应用价值

第一节 中国移动公司基于战略导向的财务转型实施路径

目前从国内外企业实施财务转型的实践经验来看，财务转型有三种趋势（Stewart Clements、Michael Donnellan，2004）：一是更新系统，以决策支持为导向；二是面向经营，提供服务；三是优化财务组织，降低成本。财务转型的三种趋势的有机融合最终将会在企业内部建立一套高效精简的财务系统，实现企业价值最大化的终极目标。中国移动正是选择了将三种趋势有机融合的基于战略视角实施财务转型的拓展路径，其具体内容如下。

一、财务战略规划

中国移动集团公司为了实现"做世界一流企业，实现从优秀到卓越的新跨越"的战略目标，制定了"在集团发展战略的指导下，全面提升公司价值创造和价值管理能力，实现公司价值可持续成长"的财务战略。同时，开始着手进行财务转型。其转型思路是以核算集中为支点带动包括预算在内的整体财务管理体制集中变革，建立真正符合企业发展战略的财务集中管理模式。

二、财务组织变革

中国移动公司为了成功实施财务转型需进行财务组织变革，主要通过财务组织角色转换、结构设计与职能定位三个方面进行。

（一）财务组织角色转换

随着中国移动财务转型的逐步实施，财务角色将从"簿记员"、"警察"、"业务合作伙伴"向"价值创造者"发展，这对于财务人员来说是巨大的挑战。财务角色和定位的发展促使财务人员不仅要做好基础工作，履行好核算和监督的职能，更重要的是充分利用和挖掘信息，前瞻性的策略理财，深入到业务的商业机会与风险评估过程中，发挥财务专业顾问的作用，真正成为公司的业务伙伴和公司价值的创造者。这四个阶段是一种层层递进的关系，前面工作是后面工作的基础，后面工作又是前面工作的升华。现代财务组织与传统财务组织相比，角色发生了很大的转换，主要表现在流程、组织和人员、技术三个方面，如表 6-1 所示。

表 6-1　现代财务组织与传统财务组织角色的转换

	传统财务组织	现代财务组织
流程	分离的 侧重内部的 集权的	跨职能部门 以客户为中心 通过技术手段控制
技术	手工为主 支离分割 独立体系 难以获取决策相关信息	自动化的流程 单一数据源 集成应用系统 数据的一致性和可获取性
组织和人员	专业技术能力 相互独立	业务和财务的合作 团队参与

（二）财务组织结构设计

中国移动公司的财务转型是基于省公司层面的财务共享进行的，在原则上不改变省公司现有的管理架构、职能权限的基础上，通过设立财务部直接管理的财务核算中心，统一设立和集中管理省公司本部以及所属的分公司资金账户，集中处理分公司范围业务的会计核算工作，分公司的财务工作重心则转向提高执行力度、精细化运作、为业务提供良好服务与支撑、优化资源配置与执行控制、提升信息挖掘深度与导航职能，为管理层和业务部门提供有价值的信息与决策支撑等。中国移动公司的财务组织结构设计如图 6-1 所示。

（三）财务组织职能定位

中国移动通过财务转型的成功实施，可以缩短企业核算链条，提升风险管控能力，实现财务处理流程化、规范化，财务信息透明化，提升财务核算质量和水平，形成以财务管理、运营支撑、财务共享三大职能组成的新型财务体系（如图 6-2 所示）。从内部来看，首先需要进行财

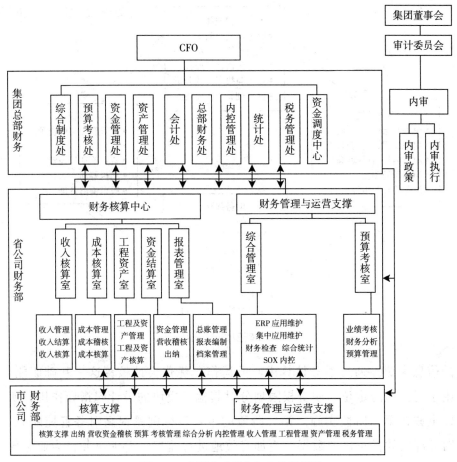

图 6-1　中国移动财务组织结构设计

务内部职能的调整，在现有按财务专业划分的职能管理模式基础上，增加分客户群提供财务支撑的管理维度，通过财务转型为以客户为中心的经营财务体系打下坚实的基础；其次，进一步梳理完善财务内部的运营流程，建立向分客户群营销体系提供高效财务支撑的业务流程，并最终建立以客户为中心的经营财务体系。

对于中国移动公司来说，财务管理的核心职能包括：会计核算、资金管理、资产管理、税务管理、投资管理、成本管理、内部控制与审计、预算以及业绩管理与综合分析等方面。中国移动公司的财务转型应该分两个阶段分步实施，第一阶段的主要目标是确保数据的准确性。通过标准化的财务流程和核算处理，确保提供正确的财务数据，成为其他模块

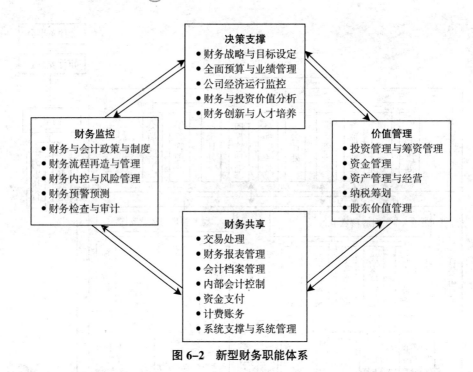

图6-2　新型财务职能体系

的信息来源。通过财务核算中心的运作，优化会计核算这一基础职能。由于财务职能定位与职责权限划分对其他各模块的设计起指导作用，所以也放在第一阶段实施。第二阶段的主要目标则是提高财务管控能力。财务部门凭借正确的数据，更加有效地进行监控、管理业务，为业务部门提供有价值的决策支持信息和专业化财务服务。目前，中国移动公司的财务转型还处于第一阶段，只有核算先行，紧密衔接公司战略，按顺序和阶段来优化财务管理职能，才能最终导致财务转型成功实施。

　　成功实施转型后的中国移动财务组织，从"财务服务战略"角度，要支撑企业战略的制定和执行，充分理解企业战略对财务的要求，对企业主要经营活动进行战略层面的价值评价，对财务资源的优化配置要体现对战略的执行，并主动引导各部门基于战略导向从事生产经营活动。从"财务服务生产经营全过程"角度，应参与制定企业重要的经营策略，参与市场营销活动和重要决策过程，对重要生产经营活动要从价值角度进行事前评估、事中参与、事后评价，确保企业可持续的价值提升。

三、财务执行体系

企业的财务战略目标能否实现，关键在于是否能够建立一套完善的财务管理执行体系，以执行力强化管理，营造一种执行文化，鼓励和引导每个员工在执行过程中不断创新实践，努力完成各项任务，以实现企业的财务战略目标。

（一）财务共享

对中国移动来说，财务共享的价值并非只是核算、结算等操作规范的统一与财务信息质量的提高。财务共享的实施需要放在财务转型的大框架之下，它铺垫了转型所必需的数据基础、组织基础以及财务和人力资源保障，以财务转型促进管理转型，支撑经营转型。财务共享中心不同于传统的责任中心（成本中心、利润中心和投资中心）。首先，财务共享服务从职能定位上强调的是集成服务而不是集中控制；其次，财务共享服务从业务功能看并非是单一功能与服务的载体，其服务种类几乎覆盖了所有可能合并精简的财务会计和财务管理业务，并且跨越了传统责任中心的功能划分。中国移动财务共享服务战略的成功实施涉及的关键要素包括：①选址。财务共享中心通常有三种运营模式（陈虎等，2009），包括为所有运营单位建立一个共享中心、为每个区域建立一个共享中心、为每个流程建立一个共享中心。中国移动在国内 31 个省（自治区、直辖市）设立全资子公司，在省级子公司内部，设立地市级和县级分公司，实行总分公司制管理。所以鉴于成本收益、当地环境、税收和法律、人力资源等诸多因素的影响，适合建立省级财务共享中心，并选择省会所在地作为财务共享中心所在地。②流程。建立协同化、标准化、高效化的流程体系。流程管理的优势在于提升成本优势、增强应变能力并创造可持续发展能力。中国移动的流程体系建设是共享运营的基础，应充分体现协同化、标准化、高效化的原则，其主要表现在：A.流程体系建设应充分体现业务和财务的协同化。通过强化业财协同，不仅可以剔除部分过渡性环节，而且通过强化业务端控制，可在一定程度上简化财务稽核环节，提升流程运作质量和效率。B.流程体系建设应充分体现整体业务流程设计的规范化、所有环节操作的标准化、业务流程以及信息系统的变更流程规范化、客户需求响应机制的标准化，有效提升共享流程运作效率和质量，同时还可严格控制各环节的风险。C.流程体系建设应充分体现经营运作的电子化。通过实施原始单据的远程扫描和影像化处理，可实现共享全流程处理和稽核的电子化，从而极大地提升流程运作效率。为了降低共享运营成本，对原始单据与影像的一致性稽核可采用集中化、外包的形式完成，实现流程的高效化要求（李春鸣，2009）。③组织和人员。中国移动的财务组织结构将包括集团专业财务、经营支持财务和财务服务平台（财务共享中心）三个组成部分。共享中心的人员数量取决于：核算中心职能范围、信息系统对会计核算和资金支付的支撑能力、核算业务集中度、核算中心人均业务量确定以及内控流程的严密程度等。共享中心需要确定岗位职责体系和各岗位人员要求，还需要考虑如何进行人员的培训和职业生涯管理以及需要建立适当的绩效考评体系等。同时对业务人员需要进行持续不断的培训，培训内容包括共享 IT 系统操作、业务规则及时限要求、业务处理及稽核方法等。④技术支撑。中国移动应依托 ERP 系统、网上报销系统、合同管理系统、预算管理系统、资金集中支付平台、银企互联系统和 OA 系统，搭建财务共享平台，以规范建设、保证效率、控制风险、提升能力、信息共享作为 IT 系统建设的总目标。⑤共享服务体系。对中国移动而言，完善的共享服务体系建设将包括三个方面（李春鸣，2009），即共享运营保障体系、客户服务体系和第三方服务保障。其中共享服务运营保障体系用来约束共享双方的权利和义务，确保共享运营质量，实践中主要是指员工报账信用管理和服务水平协议；客户服务体系主要面向共享服务对象，对其需求进行快速响应和服务，为确保服务标准的一致性和高质量，服务界面应该统一并做到操作的简单便捷性，实践中主要是服务热线和网站平台；第三方服务保障主要包括票据速递服务和金融服务，应通过协议明确双方的权利职责，确保第三方服务的高效率。总之，集中管理共享服务对中国移动来说是实施"走出去"战略、成为真正的国际型企业所必须迈出的重要一步。

（二）价值管理

价值是由三个基本规则所推动的：①获得超过资本成本的回报（盈

利）；②增加业务和投资基数（成长）；③管理和接受适当的业务风险和财务风险（风险）（Andrew Black，Philip Wright，John Davis，2001）。所以中国移动价值实现和管理的过程就是管理成长、追求盈利和控制风险的过程，只有三者的最优结合才能保证公司着眼于长远发展战略和公司的可持续增长。为了最终实现价值最大化的理财目标，中国移动必须以战略体系落地为目标，推进由"SBP（战略、预算、绩效）"三者构成的闭环反馈良性循环系统，建立战略"三维度"（盈利、成长、风险）预算管理模型，形成战略驱动的卓越绩效管理模式。一方面，以战略为导向，以作业为基础，使全面预算管理成为战略实施的保障、资源配置的依据。另一方面，在公司的管理控制链中，综合绩效管理通过计划和预算管理实现和公司战略管理的联结，在公司价值管理系统中处于高端地位。高效的绩效管理要求形成系统性和持续性的作业驱动循环，而不再是单一的作业；将人员、流程和技术进行有机结合，以支持绩效管理；追求过程和结果的动态平衡，建立公平的绩效管理系统；建立一种责任、权力、利益统一的企业文化，以支持绩效管理的成功实施。总之，全面预算管理和综合绩效管理（经济增加值和平衡计分卡）是中国移动进行价值管理的两大重要工具，不断制约和驱动企业通过盈利、成长和风险之间的动态平衡来实现价值创造和价值管理。①全面预算管理。经过多年的发展完善，全面预算管理已经成为中国移动贯彻企业转型战略、实现企业价值最大化、促进财务结构优化、防控财务风险的重要手段。但是到目前为止仍然存在与转型战略不相适应的环节，所以中国移动应借财务转型契机深入拓展全面预算管理的深度与广度，逐步实现以地域维度为基础聚焦客户维度，对重点转型产品专项配置的多维预算管理体系（唐珂，2010）。实现收入、全成本和资本支出在客户维度的全面配置，实现现金流量、资产负债在地域维度的预算管理，实现对重点转型产品收入、直接成本的预算管理。②综合绩效管理。中国移动应运用层次分析法（AHP）逐步构建一个整合 BSC 和 EVA 的战略绩效管理模型，把影响公司价值的价值驱动因素整合到公司的战略管理体系中。通过 BSC 和 EVA 的整合框架，公司可以将其日常的经营管理、业绩评价和整体战略目标紧密结合起来，把管理层从日常管理工作中解脱出来，并在很大程度上避免了公司短期行为与长期战略目标的冲突。基于 AHP 方法的 BSC 和 EVA 整合战略绩效管理模型的目标就是创造价值、实现价值的可持续增长。它以价值最大化为公司的终极目标，来制定公司战略与计划、分解确立短期目标、激励和指导员工，为完成公司的价值最大化目标而进行的一系列行动战略、组织、控制、评价等，它能成功地实现公司战略目标和日常经营决策的连接。总之，基于层次分析法（AHP）构建的整合 BSC 和 EVA 的战略绩效评价模型，可以使管理者更加专注于企业价值创造，让企业真正成为不断改善的学习型组织。整合战略绩效管理模型如图 6-3 所示：

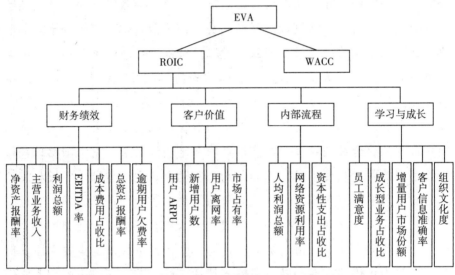

图 6-3　中国移动基于层次分析法的整合战略绩效评价模型

（三）财务报告

中国移动实施财务转型后，为了进一步满足相关利益者以及企业内部经营管理和决策支持的需要，财务报告与决策支持体系亟待完善，形成对外财务报告和内部管理报告"双规制"。①对外财务报告。中国移动公司需要逐步建立和完善信息质量确保机制，同时在巩固现有信息披露质量的基础上，逐步增加自愿性信息披露，信息披露规范化的信号显示作用首先有助于企业传递一种诚实可信的形象，增加财务的透明度，还可以帮助消除对企业传递一些不利的猜测；其次有助于投资者真正了解企业，增强对企业的信心，有利于企业顺利渡过难关。在不断巩固现有信息披露质量的基础上，逐步增加自愿性信息披露，提高信息披露价值。自愿性信息披露的内容不仅包括财务信息，还包括但不限于公司核心能力的战略规划信息、业绩预测及修正信息、与咨询机构或中介机构沟通的信息、对会计准则未要求披露而对投资者决策有重要影响的信息，以及公司社会责任信息等。中国移动公司需要逐步将财务核算体系由目前的满足对外披露为主演进到内外兼顾，以强化财务对业务的核算支撑职能。②内部管理报告。内部管理报告是电信运营企业财务部门向公司各级管理层提供决策支撑的重要途径，报告信息应分维度、分层次加以呈现。从其具体用途来看，大体可以分为：电信行业与企业价值分析报告、驱动价值成长的内外部因素报告；分客户群、分产品、分业务流程和分网络元素的盈利状况和成本分析报告（如客户盈利性报表，客户成本报表，产品盈利性报表，产品成本报表，网络在用及备用报表，逻辑网络元素成本报表，零售服务对象成本报表，业务流程成本报表等）；生产经营分析报告；重要经营指标衡量报告；网络资产属性维度编制的报告；按责任中心（集团本部为投资中心，省公司为利润中心，地市公司为成本中心）编制的管理报告；市场营销案的盈利状况评估以及固定资产投资项目评估报告；财务管理分析报告；财务内控与风险管理报告；财务预警预测报告等。实施财务转型后的中国移动将逐步围绕产品、客户、渠道、地域等维度，以价值管理为核心，建立规范的内部管理报告体系，从产品定价、保本点测算、投资回报、套餐价值评估、商业模式分析、价值链管理等方面，加强对市场前端的服务与支撑，更好履行"业务合作伙伴"和"价值创造者"的职能。

（四）财务人才

中国移动应逐步建立企业集团财务人员能力素质管理模型，分岗位体系梳理（明确财务序列的岗位层级、岗位职责分工界面，以及岗位晋降及调整通道）、能力素质模型建设（针对财务序列岗位特征及本企业经营管理要求，分析确定财务序列岗位的能力素质模型及分级评价标准）、管理机制设计（基于能力素质模型，设计财务人员能力素质评价、测试、考核、培训及培养等相关机制）、相关体系建设（基于能力素质模型，针对财务人员各项核心能力素质要求，进行相应的培训课程开发、测试题库建设以及有关资料的数据库建设）几个步骤进行，因为人员安排与管理是决定中国移动的财务转型能否成功实施的重要环节。目前，人员管理主要涉及三个方面的问题：人员的来源和用工形式、人员安排、人员晋升与流动。中国移动实施财务转型后，除了省公司财务共享（核算）中心以外，集团公司财务部、省公司财务部、市公司财务部都将需要更多履行财务管理、价值创造和决策支持的职能。因此，转型对财务人员来说是机会又是挑战，必须从各方面更新自己的知识结构和技能才能够胜任新的角色。①对于集团公司财务部、省公司财务部，需要培养一批具有前瞻性的战略型、经营型财务人才。因为高层财务人员需要更多地在企业发展战略的制定和执行上为企业做出贡献，并且还应积极参与宏观经济环境分析和行业环境分析，以确保战略决策的制定建立在科学的基础之上，并有效控制战略风险对企业财务的影响。同时，还应积极参与国际化战略的实施，特别是相关业务的发展与国际化融资、投资和资本运作之间的联系。当然，在整个国际化战略的实施过程中，财务人员更要发挥监督的作用，这不仅仅是对财务资源的监督，需要结合企业战略目标，识别出实现企业目标的关键成功要素，从而设计关键业绩指标，并对关键业绩指标进行监控，以保证企业战略目标的实现。②地市公司财务部。财务集中促使地市公司财务人员转型，一方面，从事简单的核算支撑工作，如对单据进行初核、传递档案等；另一方面，从事高难度的工作，如财务分析、经营分析、预算管理及分析、内控管理、收入管理、资产及工程财务管理、税务管理等。财务共享中心的建立必须与财务管理转型、经营财务体系搭建紧密结合，在市公司需要培养一批既了解企业的经营规律，又精通财务管理知识的人员队伍，通过观念转型和专业提升积极从事财务管理和运营支撑工作，从稳健型的核算人员转型为分析型、创造型的财务管理人才。所以，首先需要进行财务内部职能的调整，在现有按财务专业划分的职能管理模式基础上，增加分客户群提供财务支撑的管理维度，通过财务职能转型为以客户为中心的经营财务体系打下坚实的基础；其次进一步梳理完善财务内部的运营流程，优化调整财务内部组织架构，建立向分客户群营销体系提供高效财务支撑的业务流程以及组织架构，并最终建立以客户为中心的经营财务体系。③财务共享（核算）中心。财务共享中心人员的合理安排与管理直接决定财务转型的成功与否。对于中国移动公司这样的大型中央企业来说，正式职工的流动性较差，所以财务共享中心的职员在用工形式上可以采取全部从地市分公司选聘、全部从社会招聘以及部分从地市分公司选聘部分从社会招聘三种方式，其中第三种方式比较适合当前的财务转型现状。中国移动公司社会招聘方式的优点在于保持灵活的用工，降低人工成本；缺点在于加重了市分公司财务人员转型和分流的压力，培训成本较高，且要占用企业新增员工的指标。地市分公司选聘方式的优点在于熟悉通信业务和流程，业务水平较高，毋需花费过高的培训成本；缺点在于员工发展空间有限，人员流失会日益严重。财务共享（核算）中心需要保留一部分业务素质较高、具有良好职业素质和职业判断力的人员，处理复杂业务的会计核算。所以工作岗位可以按照重要性和复杂性程度设定为几个层级，层级较高和对企业信息保密、资金安全影响较大的岗位从地市分公司选聘人员，层级较低的岗位从社会公开招聘人员。中国移动公司实施财务转型之后面临的最大风险就是人员的流失率过高，不能提供满意的信息质量和服务质量，从而导致核算质量下降。所以急需建立适应财务集中管理的人才培养机制，为财务核算、财务管理配备所需的专业人才，为不同岗位的人才进行不同的职业发展规划，建立职业晋升渠道；设立公平合理的薪酬与激励机制，加大人才的培训与开发力度，形成岗位轮换机制，培养高素质的财务工作人员，逐步建立基于价值导向的学习型财务组织。

四、财务基础管理

中国移动财务转型的成功实施必须以下列条件作为前提和保障：①集团领导的支持。中国移动财务管理整体转型需要取得集团高层领导的重视和支持，这是变革成功的前提，集团领导可在关键问题上从集团全局角度出发把握整体方向。②清晰的授权体系。中国移动集团财务对省公司、市公司财务授予适度的权力，并通过有效的控制体系监控权力的运用和被授权者的行为，以增强集团决策的效率和水平、控制风险和激励员工，集团授权体系也需要在适应集团发展的范围内进行调整，与战略需要相呼应。③有效的沟通与宣传。在整个集团范围内对财务管理转型进行宣讲，在适当的时间向各级利益相关人员传递适当的信息，征求他们的意见和反馈，了解他们的需求与期望，取得其对变革的理解与配合。④各级业务、财务部门的配合。集团各级业务与财务人员通力配合，为达到财务变革的总体目标而努力；使集团员工了解财务管理转型不仅是财务部门的工作，它还将涉及集团众多业务领域和流程，需要全体人员的协作。⑤业务流程的再造。财务部门积极参与集团的业务流程，从计划预算、资金、资产、成本、投资管理等多个方面参与业务流程的再造、业务运作与决策的主要环节，及时准确地为管理者提供有效的财务信息与相关分析。⑥人员的再造。财务人员主动迎接变革，完善能力结构；通过教育与培训提高财务人员的知识与技能，提高财务人员整体素质以满足集团未来财务管理的需要。⑦系统的集成。建立统一整合的财务管理平台，实现数据在集团范围内的收集、共享和利用，满足财务核算、资金管理、预算管理、成本管理、资产管理等方面的需求。

第二节　中国移动公司实施财务转型的应用价值分析

目前，中国移动公司实施财务转型的第一阶段试点工作已经基本完成，取得了一定的实际应用价值，管理成效主要表现在公司治理、管理控制、财务治理以及财务管理等方面。

一、公司治理层面

公司治理是从公司层面处理不同相关利益者之间的关系，以实现经济目标的一整套制度安排。而财务集中管理则是通过对财权的集中统一安排，解决公司治理中"配置和行使控制权"的问题。中国移动以财务集中管理变革引领的财务转型实现了省公司部分财权的集中，并在一定程度上解决了省市公司之间的委托代理问题。

二、管理控制层面

管理控制是管理者为了实现企业价值最大化的目标，兼顾效率和效果两方面获取和使用资源的过程。中国移动实施省公司层面财务集中后，下属核算单位由以前的近 400 个减少为 30 余个，首先，实现了信息在省公司层面的集中共享，省公司能够全面真实掌握全省的财务信息，更好地支撑管理控制；其次，加强了人员控制，减少了各项财务核算政策的执行层级，使集团总部制定的政策能够得到更快、更好的执行。这种财务体制的变革，大大改变了以前信息分散、执行链条长所产生的管理不同步、执行效果不理想的状况，有利于全集团整体管控力和下属公司执行力的提升。

三、财务治理层面

财务治理的实质是一种财务权限划分（可以是相关利益者之间，也可以是企业内部），核心在于对公司财权进行合理配置，实现财务激励约束机制和财务决策科学化，从而形成相互制衡关系的财务管理体制。中国移动实施财务转型进一步优化了财权在省市公司之间的合理配置，一方面，财权适当集中到省公司，发挥了省公司集权的优势，提高整体资源的利用效率；同时，便于统一财务政策，降低行政管理成本；另外，还有利于发挥财务调控功能，完成预定财务目标。另一方面，分公司保留部分财权，发挥分权的优势，提高分公司的积极性和市场反应速度。

四、财务管理层面

财务治理给财务管理提供了一个运行的基础和责任体系框架，而财务管理则主要涉及具体的财务运营过程。财务治理和财务管理均是为了实现价值的有效创造，但是财务管理着眼于怎样产出较大的价值，财务治理是为了确保这种价值创造能够符合相关利益者的要求。财务管理成效主要表现在（吴晓东，2009）：①会计核算。会计核算集中后，首先，省公司财务核算中心集中处理所属全部单位的会计核算工作，通过建立收入、成本、资金、资产等核算工作的专业分工和集中监控，在会计核算方法、会计判断标准、科目核算口径、财务报表口径等各方面实现了规范统一，会计核算处理流程也进一步制度化和标准化。其次，提升了对分公司财务行为的监控力度，降低了企业的财务风险，也增强了分公司的整体执行力。再次，通过报账平台系统中的财务业务映射规则，大多数经济业务均能自动生成会计分录，减少了人为判断差错。最后，通过成立由财务、市场、数据、业务支撑中心等部门组成的跨部门虚拟团队，建立常态化沟通机制，能够大大增强业务与财务的配合力度。②资金管理。资金结算集中后，省公司集中管理全省的资金账户，通过集团账户方式建立起归集及时的收入账户体系；资金支付集中在省公司处理，地市公司仅保留少量的零星支付。通过建立营收资金稽核系统，实现对遍布各地的营收渠道资金缴存和归集的自动分级稽核，加强了收入资金监控的力度；同时，银企互联系统能实时获取各级资金账户的余额及交易信息，省公司可以实时掌控全省的资金变动情况。实施财务集中管理，大大提高了省公司资金管控手段和能力，减少了资金归集环节，规范了资金支付行为，提高了资金使用效率，高度防范资金风险。③内部控制。由于会计核算和资金结算的集中，省公司的会计处理规范性、会计信息质量和资金管控能力大大提高，信息更加对称和透明，有效地降低了公司在财经法规遵循、会计信息失真、资金安全等方面的财务风险。同时，省公司层面集中监控与财务报告相关的关键控制点的执行，相关内部控制得以加强，更好地满足了 SOX 法案的要求。此外，通过对财务组织架构的重组和业务流程的再造，省、市公司的财务人员职责更加明晰，分工更加合理；通过建立信息系统，大量手工操作被系统处理替代，操作权限被严格界定，并且流程在系统中得以固化，大量新技术的运用提供了更加高效的安全机制。这些都为公司加强内部控制、降低财务风险发挥了重要作用。④预算管理。通过分公司预算上报系统和省公司滚动预算系统进行日常的预算监控，及时实现对各部门和分公司的预算调整和管控。通过预算执行分析报告，实现下达目标、分解目标、调整目标的差异及动向的定期分析，对各项主要成本费用的执行进度以及偏差原因进行重点分析，为预算的持续改进积累经验，同时也不断提升预算的权威性。⑤信息系统。通过财务集中相关信息系统的改造和建设，省公司已经初步建立起有效支撑业务报账、会计核算、资金结算、营收稽核、合同管理、预算管理等业务环节高度集成的财务信息系统，涵盖了会计处理和管理控制的全流程。信息系统的集成实现了信息"一点录入，全程使用"，减少了手工操作和重复录入。

第三节　中国移动公司成功实施财务转型的关键问题

目前，国内三家电信运营企业都已纷纷开始进行财务转型与变革，并试图建立符合企业发展战略的财务集中管理模式，要想真正成功实施财务转型需要重点关注的问题包括：

（1）文化（Culture）——塑造学习型财务文化，构建学习型财务组织。企业不断致力于建立多层次财务人才体系的过程，也是塑造学习型财务文化、构建学习型财务组织的过程。

（2）人才（Talent）——拓展财务人才成长通道。合理设定岗位等级，结合岗位能力要求和公司发展需要，让员工明确自己的职业发展方向和能力提升的重点；通过理顺岗位体系，搭建职业发展平台，拓展职业发展空间；通过建设有导向性的职业发展机制，形成合理的财务人才梯队。

（3）执行（Execution）——提高财务管理运作能力。需基于战略导向提升财务管理运作能力，成功实施"价值引导、成本管控、效益分析、需求挖掘"职能，将财务管理体系从传统核算型逐步转变为决策支持型，为企业的发展提供强有力的支撑。

（4）价值（Value）——进行全流程的财务精确化价值管理。逐步建立和完善全流程的价值管理体系，从预算管理、放号营收、维护支撑、采购管理、招标管理、存货管理、费用计量、投标报价管理、绩效管理等方面实施全流程的财务精确化管理，实现企业效益、价值管理的精益求精。

（5）风险（Risk）——及时确认并有效规避或降低风险。财务转型过程中会存在一定的风险，如观念转型风险、流程再造风险、信息技术支撑风险、外部监管风险、资金管理风险、单据流转风险、财务团队建设等风险，因此需要随时采取各种措施及时确认并有效规避或降低风险。

财务转型的实施为电信运营企业的整体现金流量管控和价值管理创造了一个良好的控制环境和途径。但如何对组织不同层级的现金流量进行管理控制，确保现金的合理使用和保障现金的安全性，并最终实现企业价值最大化的目标，对于电信运营企业来说，还停留在方法论上，重在"集中"而不是"管控"，欠缺对流程优化和现金总量平衡的考虑。因此就需要构建电信运营企业现金流量管理控制模型，并通过对现金流的管理控制实现企业集团整体的财务管理控制，从而不断提升财务竞争力，最终在激烈的竞争中立于不败之地。

附 录

附 录 1

电信运营企业实施财务转型的现状调查问卷

提示：本问卷旨在了解我国电信运营企业实施财务转型的现状，分析目前财务转型中存在的问题，从而提出具有可操作性的建议以利于推进我国电信运营企业财务转型的成功实施，而不是寻求标准答案。所以请您立足于公司的实际情况及本人的真实想法填写。在此对您的支持和参与表示衷心的感谢！

1. 您的性别：男　（　　）　　　　女　　　　　（　　）

2. 您的职位：

A. 非主管　　　（　　）　　　B. 基层主管　（　　）

C. 中层主管　　（　　）　　　D. 高层主管　（　　）

3. 您的教育程度：

A. 专科以下　　（　　）　　　B. 专科　　　（　　）

C. 本科　　　　（　　）　　　D. 硕士研究生（　　）

E. 博士研究生　（　　）

4. 您任职的单位以及部门：（　　　　　　　　　　　　）

单选：问题 1~4，请选择一项，在括号中画勾。

1. 您认为贵公司实施财务转型目前处于哪个阶段？

A. 尚未开始　（　　）

B. 初级阶段　（　　）

C. 中级阶段　（　　）

D. 高级阶段　（　　）

2. 您认为贵公司实施财务转型取得的成效如何？

A. 尚未见成效　（　　）

B. 成效一般　（　　）

C. 成效明显　（　　）

D. 成效十分显著　（　　）

3. 您对贵公司目前财务管理的职能定位？

A. 核算型　（　　）

B. 管理型　（　　）

C. 战略型　（　　）

D. 综合型　（　　）

4. 您对贵公司目前财务角色的定位？

A. 账房先生　（　　　）

B. 警察　　　（　　　）

C. 业务合作伙伴　（　　　）

D. 价值创造者　（　　　）

多选：问题 5~10，请选择一项或者多项，在括号中画勾。

5. 贵公司实施财务管理的主要目标是什么？

A. 记账算账　（　　　）

B. 市场占有率　（　　　）

C. 收入成长　（　　　）

D. 利润　（　　　）

E. 投资报酬率　（　　　）

F. 现金流量　（　　　）

G. 价值最大化　（　　　）

H. 社会责任　（　　　）

6. 贵公司进行财务转型是基于哪些方面的需要？

A. 企业转型　（　　　）

B. 资本市场监督　（　　　）

C. 投资者　（　　　）

D. 企业发展的内在要求　（　　　）

E. 业务部门　（　　　）

F. 其他　（　　　）

7. 您认为战略型财务的功能主要体现在哪些方面？

A. 改善基本财务作业流程　（　　　）

B. 提供高附加价值的经营业务分析　（　　　）

C. 公司风险与机会的管理　（　　　）

D. 绩效管理的建立和完善　（　　　）

E. 公司价值管理　（　　　）

F. 财务评估与控制　（　　　）

8. 贵公司是否已经引进了下列先进的管理工具？

A. ISO9000　（　　）

B. 全面质量管理　（　　）

C. 平衡计分卡　（　　）

D. ERP　（　　）

E. 全面预算管理　（　　）

F. 六西格玛　（　　）

G. 价值管理体系（EVA）　（　　）

H. 企业流程再造　（　　）

9. ①贵公司推行全面预算管理的主要目标是什么？

A. 目标利润　（　　）

B. 现金流量　（　　）

C. 成本管理和控制　（　　）

D. 绩效评价　（　　）

E. 提高对市场前瞻性　（　　）

F. 其他　（　　）

②贵公司编制全面预算使用的主要方法是什么？

A. 固定预算　（　　）

B. 增量预算　（　　）

C. 零基预算　（　　）

D. 弹性预算　（　　）

E. 滚动预算　（　　）

F. 作业预算　（　　）

10. 贵公司强化综合绩效管理使用的主要方法是什么？

A. 国有资本金绩效评价指标体系　（　　）

B. 关键业绩指标法（KPI）　（　　）

C. 360 度全方位绩效考核法　（　　）

D. 基于经济增加值的绩效考核方法　（　　）

E. 平衡讨分卡　（　　）

F. 其他　（　　）

评级：问题 11~16，请对每个选项评级，在括号中画勾。

11. 贵公司在实施财务转型的过程中对下述几个方面的重视程度如何?

	极不重视	不重视	一般	重视	十分重视
A. 营造以价值为中心的财务文化	( )	( )	( )	( )	( )
B. 规范财务管理基础工作	( )	( )	( )	( )	( )
C. 提升财务管理执行力	( )	( )	( )	( )	( )
D. 完善全面预算管理	( )	( )	( )	( )	( )
E. 强化综合绩效管理	( )	( )	( )	( )	( )
F. 加强风险管理与内部控制	( )	( )	( )	( )	( )
G. 探索作业成本管理	( )	( )	( )	( )	( )
H. 积极尝试资本运营	( )	( )	( )	( )	( )
I. 财务业务信息系统整合	( )	( )	( )	( )	( )

12. 贵公司在规范财务管理基础工作方面的重视程度如何?

	极不重视	不重视	一般	重视	十分重视
A. 统一会计核算制度	( )	( )	( )	( )	( )
B. 统一财务报告体系	( )	( )	( )	( )	( )
C. 统一经济业务核算规范	( )	( )	( )	( )	( )
D. 规范和健全成本费用定额管理	( )	( )	( )	( )	( )
E. 财会人员培训与经验交流	( )	( )	( )	( )	( )

13. 贵公司在提升财务管理执行力方面的重视程度如何?

	极不重视	不重视	一般	重视	十分重视
A. 公司理财能力	( )	( )	( )	( )	( )
B. 财务报告模式对信息质量的保障能力	( )	( )	( )	( )	( )
C. 财务政策与制度的执行能力	( )	( )	( )	( )	( )
D. 财务对业务的支撑能力	( )	( )	( )	( )	( )
E. 改善基本财务作业流程	( )	( )	( )	( )	( )

14. 贵公司在进行财务业务信息系统整合提升业绩方面的重视程度如何?

	极不重视	不重视	一般	重视	十分重视
A. 简化	( )	( )	( )	( )	( )

B. 标准化　　　　　　　(　　) (　　) (　　) (　　) (　　)

C. 共享服务　　　　　　(　　) (　　) (　　) (　　) (　　)

D. 外包　　　　　　　　(　　) (　　) (　　) (　　) (　　)

E. 财务职能外包　　　　(　　) (　　) (　　) (　　) (　　)

15. 贵公司在加强内部控制和风险管理方面对下面问题的重视程度如何？

	极不重视	不重视	一般	重视	十分重视
A. 内部控制认识不到位	(　)	(　)	(　)	(　)	(　)
B. 机构设置不合理，权责不明晰	(　)	(　)	(　)	(　)	(　)
C. 执行监督、奖惩不力	(　)	(　)	(　)	(　)	(　)
D. 文档记录不全	(　)	(　)	(　)	(　)	(　)
E. 风险管理环境尚未形成	(　)	(　)	(　)	(　)	(　)
F. 风险评估较弱	(　)	(　)	(　)	(　)	(　)
G. 风险应对措施较少	(　)	(　)	(　)	(　)	(　)
H. 风险监督与评价	(　)	(　)	(　)	(　)	(　)
I. 信息系统与业务的衔接	(　)	(　)	(　)	(　)	(　)

16. 贵公司在改进成本管理方面对下面举措的重视程度如何？

	极不重视	不重视	一般	重视	十分重视
A. 建立以会计核算为基础的会计体系	(　)	(　)	(　)	(　)	(　)
B. 基于作业而非职能部门进行资源分配	(　)	(　)	(　)	(　)	(　)
C. 完善投资项目闭环管理体系	(　)	(　)	(　)	(　)	(　)
D. 加强物资资产管理	(　)	(　)	(　)	(　)	(　)
E. 加强欠费管理	(　)	(　)	(　)	(　)	(　)
F. 财务流程的改善	(　)	(　)	(　)	(　)	(　)
G. 优化全面预算管理	(　)	(　)	(　)	(　)	(　)
H. 探索和试点作业成本法	(　)	(　)	(　)	(　)	(　)
I. 从信息技术投资中获取价值	(　)	(　)	(　)	(　)	(　)

问卷到此结束，感谢您在百忙之中参与此次调研！

附 录 2

电信运营企业实施财务转型的现状统计结果

一、 财务管理的目标、角色与功能定位

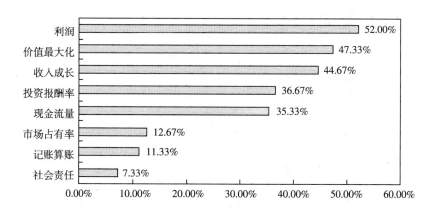

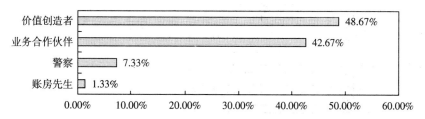

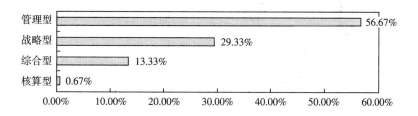

二、 财务转型的动因

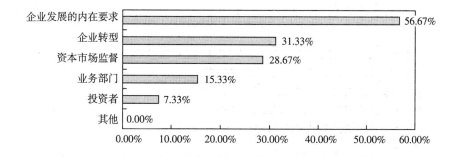

三、战略型财务的功能

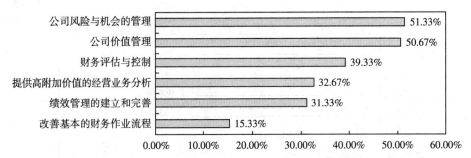

四、企业管理新工具的使用

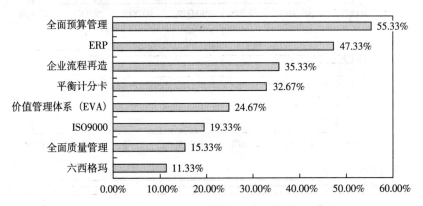

五、全面预算管理的目标和方法

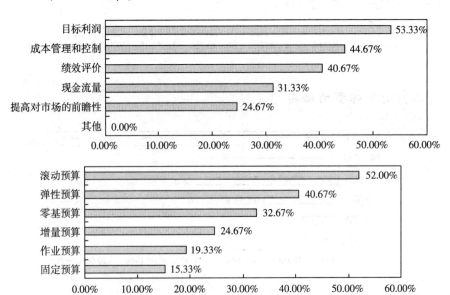

六、绩效评价方法的选择和使用

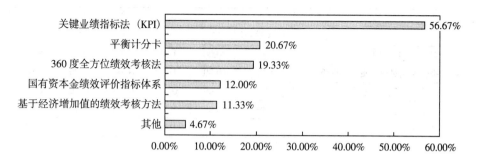

方法	百分比
关键业绩指标法（KPI）	56.67%
平衡计分卡	20.67%
360 度全方位绩效考核法	19.33%
国有资本金绩效评价指标体系	12.00%
基于经济增加值的绩效考核方法	11.33%
其他	4.67%

0.00%　10.00%　20.00%　30.00%　40.00%　50.00%　60.00%

七、财务转型的实施

	均值 （降序排列）	极不重视　→　十分重视 （%）				
		1	2	3	4	5
加强风险管理与内部控制	4.83	0.00	0.00	0.00	17.33	82.67
规范财务管理基础工作	4.63	0.00	0.00	5.33	26.67	68.00
完善全面预算管理	4.63	0.00	0.00	3.33	30.67	66.00
财务业务信息系统整合	4.50	0.00	0.00	2.67	44.67	52.67
提升财务管理执行力	4.37	0.00	0.00	13.33	36.00	50.67
强化综合绩效管理	4.36	0.00	0.00	0.00	64.00	36.00
营造以价值为中心的财务文化	3.99	4.00	2.00	10.67	57.33	26.00
探索作业成本管理	3.22	10.00	8.00	32.00	50.00	0.00
积极尝试资本运营	2.87	13.33	10.67	64.00	0.00	12.00

八、财务管理的基础工作

	均值 （降序排列）	极不重视　→　十分重视 (%)				
		1	2	3	4	5
统一会计核算制度	4.76	1.33	0.67	2.00	12.67	83.33
统一财务报告体系	4.73	0.67	0.67	1.33	19.33	78.00
统一经济业务核算规范	4.45	0.67	0.67	12.00	26.00	60.67
财会人员培训与经验交流	4.16	0.00	1.33	7.33	65.33	26.00
规范和健全成本费用定额管理	4.14	0.00	1.33	9.33	63.33	26.00

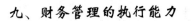

九、财务管理的执行能力

	均值 (降序排列)	极不重视 → 十分重视 (%)				
		1	2	3	4	5
财务对业务的支撑能力	2.96	0.00	1.33	2.00	48.67	48.00
财务报告模式对信息质量的保障能力	2.92	0.00	1.33	10.00	38.00	50.67
财务政策与制度的执行能力	2.92	0.00	0.00	1.33	60.00	38.67
改善基本财务作业流程	2.80	0.00	1.33	14.00	47.33	37.33
公司理财能力	2.79	0.00	1.33	16.00	45.33	37.33

十、财务业务信息系统的整合

	均值 (降序排列)	极不重视 → 十分重视 (%)				
		1	2	3	4	5
共享服务	4.42	0.00	0.00	7.33	43.33	49.33
标准化	4.37	0.67	0.67	8.00	42.67	48.00
简化	3.99	1.33	2.67	16.00	56.00	24.00
外包	2.87	13.33	8.00	57.33	21.33	0.00
财务职能外包	2.21	32.67	13.33	54.00	0.00	0.00

十一、内部控制与全面风险管理的完善对策

	均值 (降序排列)	极不重视 → 十分重视 (%)				
		1	2	3	4	5
信息系统与业务的衔接	4.68	0.00	0.00	8.00	16.00	76.00
内部控制认识不到位	4.52	0.67	0.67	4.67	34.00	60.00
风险监督与评价	4.13	1.33	1.33	14.00	49.33	34.00
执行监督、奖惩不力	4.11	0.00	1.33	15.33	54.67	28.67
风险管理环境尚未形成	4.03	1.33	0.67	16.00	57.33	24.67
机构设置不合理，权责不明晰	3.96	0.00	1.33	22.67	54.67	21.33
文档记录不全	3.96	0.00	1.33	18.00	64.00	16.67
风险评估较弱	3.92	1.33	1.33	22.67	53.33	21.33
风险应对措施较少	3.79	4.00	1.33	26.00	49.33	19.33

十二、成本管理的改进举措

	均值 (降序排列)	极不重视 → 十分重视 (%)				
		1	2	3	4	5
优化全面预算管理	4.63	0.00	0.00	1.33	34.00	64.67
加强欠费管理	4.48	0.00	0.00	6.67	38.67	54.67
建立以会计核算为基础的会计体系	4.42	0.00	1.33	2.67	48.67	47.33
财务流程的改善	4.41	0.00	1.33	8.67	38.00	52.00
加强物资资产管理	4.00	0.00	0.00	24.00	52.00	24.00
从信息技术投资中获取价值	3.96	0.00	1.33	21.33	57.33	20.00
完善投资项目闭环管理体系	3.60	3.33	3.33	38.67	39.33	15.33
基于作业而非职能部门进行资源分配	3.39	3.33	3.33	48.67	40.00	4.67
探索和试点作业成本法	3.35	4.00	4.00	49.33	38.67	4.00

附 录 3

2009 年《财富》杂志公布的世界 500 强企业中入榜的 21 家电信运营企业的综合绩效评价及排名——基于因子分析和模糊评价

附录 3-1　21 家电信运营企业盈利能力指标一览表

排名	公司名称	国家/地区	盈利能力				
			主营业务利润率（%）	总资产利润率（%）	净资产收益率（%）	每股收益（美元）	EBITDA占收比（%）
29	AT&T	美国	18.59	4.76	13.35	2.17	30.58
44	NT&T	日本	18.68	4.86	7.10	1.20	33.60
55	Verizon	美国	17.34	3.30	15.41	2.26	24.77
61	Deutsche Telekom	德国	10.22	2.81	7.95	0.34	30.38
66	Telefónica	西班牙	23.94	7.61	40.01	1.63	39.47
77	France Télécom	法国	19.20	4.68	17.11	2.25	22.64
94	Vodafone	英国	14.28	2.20	3.63	0.93	35.33
99	China Mobile	中国	54.67	18.50	25.50	0.82	80.46
166	Telecom Italia	意大利	81.22	1.84	6.55	0.11	51.00
207	Vivendi	法国	50.80	7.27	13.89	2.23	27.99
210	BT	英国	1.92	−0.28	−47.93	−1.10	24.61
219	Sprint Nextel	美国	−7.41	−4.56	−14.26	−0.98	20.93
232	KDDI	日本	12.67	7.06	11.84	5.37	25.84
237	Comcast	美国	19.65	2.23	6.24	0.87	30.70
263	China Telecom	中国	2.75	0.23	0.46	0.01	16.32
273	América Móvil	墨西哥	20.47	15.19	41.11	1.74	37.42
332	Softbank	日本	13.43	0.97	5.23	0.43	18.44
410	Telstra	澳大利亚	25.86	10.47	32.14	2.95	42.92
419	China United Telecom	中国	36.09	9.99	16.41	0.21	33.17
434	Royal KPN	荷兰	19.34	5.47	35.43	0.77	35.61
469	Direc TV Group	美国	13.69	9.63	31.34	1.36	20.70

附录 3-2　21 家电信运营企业偿债能力指标一览表

排名	公司名称	国家/地区	偿债能力		
			资产负债率（%）	流动比率（%）	已获利息倍数
29	AT&T	美国	63.68	53.34	6.87
44	NT&T	日本	33.09	159.15	1.83
55	Verizon	美国	79.39	100.65	6.37
61	Deutsche Telekom	德国	64.99	63.97	3.03
66	Telefónica	西班牙	80.42	13.04	3.99
77	France Télécom	法国	71.04	58.34	3.63
94	Vodafone	英国	44.48	46.62	4.78
99	China Mobile	中国	32.66	133.00	14.13
166	Telecom Italia	意大利	71.57	79.75	1.34
207	Vivendi	法国	53.01	79.69	14.42

排名	公司名称	国家/地区	偿债能力		
			资产负债率（%）	流动比率（%）	已获利息倍数
210	BT	英国	99.42	64.30	0.96
219	Sprint Nextel	美国	66.34	132.85	−1.98
232	KDDI	日本	45.14	122.55	3.66
237	Comcast	美国	64.21	41.57	2.66
263	China Telecom	中国	51.28	31.39	1.03
273	América Móvil	墨西哥	68.79	76.79	10.80
332	Softbank	日本	81.20	112.65	1.96
410	Telstra	澳大利亚	68.27	79.88	7.29
419	China United Telecom	中国	40.07	28.85	2.32
434	Royal KPN	荷兰	103.44	34.35	4.61
469	Direc TV Group	美国	70.66	112.80	7.63

附录 3-3　21 家电信运营企业资产管理能力指标一览表

排名	公司名称	国家/地区	资产管理能力		
			总资产周转率（%）	固定资产周转率（%）	CAPEX 占收比（%）
29	AT&T	美国	46.16	126.00	15.76
44	NT&T	日本	70.09	165.34	16.57
55	Verizon	美国	50.45	113.47	17.55
61	Deutsche Telekom	德国	52.54	154.11	20.30
66	Telefónica	西班牙	58.13	195.81	14.05
77	France Télécom	法国	56.15	203.01	13.40
94	Vodafone	英国	29.30	227.97	16.99
99	China Mobile	中国	44.06	91.99	44.90
166	Telecom Italia	意大利	27.33	156.39	24.07
207	Vivendi	法国	49.91	401.96	7.88
210	BT	英国	74.13	141.05	14.21
219	Sprint Nextel	美国	58.32	159.71	10.86
232	KDDI	日本	110.92	179.23	16.44
237	Comcast	美国	30.08	141.72	16.88
263	China Telecom	中国	1.23	3.55	919.99
273	América Móvil	墨西哥	88.11	183.38	16.53
332	Softbank	日本	82.27	362.48	7.04
410	Telstra	澳大利亚	65.50	105.83	19.74
419	China United Telecom	中国	44.52	53.98	36.55
434	Royal KPN	荷兰	58.31	183.58	13.55
469	Direc TV Group	美国	134.26	531.81	9.90

附录 3-4　21 家电信运营企业成长能力指标一览表

排名	公司名称	国家/地区	成长能力			
			总资产增长率（%）	主营业务收入增长率（%）	净利润增长率（%）	每股收益增长率（%）
29	AT&T	美国	-3.77	4.29	7.66	11.28
44	NT&T	日本	4.47	-5.60	-4.51	-1.92
55	Verizon	美国	8.23	4.16	16.43	18.95
61	Deutsche Telekom	德国	2.04	-1.36	14.01	161.54
66	Telefónica	西班牙	-5.65	2.67	-14.18	-12.83
77	France Télécom	法国	-10.46	6.98	-23.85	-30.34
94	Vodafone	英国	19.98	15.61	-54.41	-53.50
99	China Mobile	中国	16.72	15.19	29.57	29.43
166	Telecom Italia	意大利	-2.42	-3.60	-20.30	-8.33
207	Vivendi	法国	25.70	17.25	-1.86	-1.33
210	BT	英国	-0.27	3.31	-104.66	-105.12
219	Sprint Nextel	美国	-9.40	-11.24	-90.50	-90.46
232	KDDI	日本	19.10	-2.75	2.27	2.38
237	Comcast	美国	-0.35	10.88	-0.94	3.57
263	China Telecom	中国	6.53	3.27	-95.97	-96.67
273	América Móvil	墨西哥	24.73	11.94	1.50	4.19
332	Softbank	日本	-3.78	-3.71	-60.26	-60.71
410	Telstra	澳大利亚	5.38	2.90	9.84	10.40
419	China United Telecom	中国	3.24	-1.18	58.19	54.35
434	Royal KPN	荷兰	-3.56	2.37	-49.77	-45.77
469	Direc TV Group	美国	9.80	14.19	-36.47	13.33

附录 3-5　21 家电信运营企业股本扩张能力指标一览表

排名	公司名称	国家/地区	股本扩张能力		
			每股净资产	每股资本公积金	每股未分配利润
29	AT&T	美国	16.25	15.47	6.17
44	NT&T	日本	16.91	3.06	11.92
55	Verizon	美国	14.66	14.17	6.77
61	Deutsche Telekom	德国	4.28	5.11	-1.86
66	Telefónica	西班牙	4.07	0.34	3.48
77	France Télécom	法国	13.15	7.68	0.98
94	Vodafone	英国	2.59	4.44	-2.56
99	China Mobile	中国	3.23	0.63	2.58
166	Telecom Italia	意大利	1.68	0.12	1.02
207	Vivendi	法国	16.05	4.46	5.30

续表

排名	公司名称	国家/地区	股本扩张能力		
			每股净资产	每股资本公积金	每股未分配利润
210	BT	英国	2.30	3.02	-3.60
219	Sprint Nextel	美国	6.87	16.58	-10.92
232	KDDI	日本	4.54	0.89	3.25
237	Comcast	美国	13.94	14.00	2.56
263	China Telecom	中国	2.19	0.98	0.36
273	América Móvil	墨西哥	4.23	0.55	2.59
332	Softbank	日本	8.20	2.11	3.97
410	Telstra	澳大利亚	9.18	-0.20	5.15
419	China United Telecom	中国	8.66	0.05	0.20
434	Royal KPN	荷兰	2.17	5.45	-3.53
469	Direc TV Group	美国	4.34	-3.30	-0.11

附录3-6 21家电信运营企业现金保障能力指标一览表

排名	公司名称	国家/地区	现金保障能力		
			每股经营现金净流量	资产现金回收率（%）	自由现金流占收比（%）
29	AT&T	美国	5.68	12.69	10.67
44	NT&T	日本	4.57	18.09	2.10
55	Verizon	美国	9.36	13.16	9.55
61	Deutsche Telekom	德国	1.53	12.48	11.82
66	Telefónica	西班牙	3.41	16.38	15.29
77	France Télécom	法国	7.51	16.55	14.45
94	Vodafone	英国	3.71	8.00	13.95
99	China Mobile	中国	9.65	29.44	27.07
166	Telecom Italia	意大利	0.62	10.43	24.56
207	Vivendi	法国	4.07	11.92	19.91
210	BT	英国	10.23	16.08	3.53
219	Sprint Nextel	美国	2.17	10.61	6.43
232	KDDI	日本	17.18	20.77	-1.80
237	Comcast	美国	3.53	9.05	13.16
263	China Telecom	中国	0.78	17.43	698.75
273	América Móvil	墨西哥	3.44	27.02	17.51
332	Softbank	日本	4.46	10.21	4.93
410	Telstra	澳大利亚	6.52	22.52	17.11
419	China United Telecom	中国	2.40	16.62	17.44
434	Royal KPN	荷兰	2.33	16.85	18.29
469	Direc TV Group	美国	3.50	23.64	7.92

附录 3-7　21 家电信运营企业基于因子分析的各层面因子得分

排名	公司名称	盈利能力	偿债能力	资产管理能力	成长能力	股本扩张能力	现金保障能力
1	AT&T	0.05	0.76	0.47	0.11	1.38	0.43
2	NT&T	−0.08	−1.34	0.51	−0.14	1.16	0.57
3	Verizon	−0.04	−0.08	0.25	0.37	1.23	0.57
4	Deutsche Telekom	−0.36	0.34	0.53	0.67	−0.40	−0.23
5	Telefónica	0.40	−0.47	0.30	−0.18	−0.35	0.21
6	France Télécom	0.01	0.35	0.41	−0.26	0.52	0.33
7	Vodafone	−0.25	0.53	0.37	0.15	−0.59	−0.17
8	China Mobile	1.23	0.48	0.32	0.89	−0.45	0.84
9	Telecom Italia	0.49	−0.20	−0.26	−0.31	−0.67	−0.45
10	Vivendi	0.43	1.57	−0.18	0.78	0.81	0.15
11	BT	−1.18	−0.42	0.38	−0.95	−0.74	0.78
12	Sprint Nextel	−1.18	−1.35	0.28	−1.32	−0.16	−0.25
13	KDDI	0.40	−0.37	1.00	0.21	−0.31	0.33
14	Comcast	−0.23	0.08	0.38	0.25	0.95	0.48
15	China Telecom	−0.75	−0.07	−0.74	−0.77	−0.63	−0.61
16	América Móvil	0.58	0.97	0.23	0.67	−0.38	0.42
17	Softbank	−0.51	−0.80	0.18	−0.76	0.06	0.27
18	Telstra	0.64	0.52	0.24	0.22	0.09	0.65
19	CU Telecom	0.18	−0.10	−0.20	0.53	−0.20	0.19
20	Royal KPN	0.11	−0.41	0.37	−0.48	−0.63	0.22
21	Direc TV Group	0.07	0.00	1.15	0.32	−0.69	0.13

附录 3-8　21 家电信运营企业基于模糊评价的综合绩效排名

500 强中排名	公司名称	国家	综合得分	绩效评价排名
8	China Mobile	中国	0.5422	1
1	AT&T	美国	0.5301	2
3	Verizon	美国	0.4460	3
18	Telstra	澳大利亚	0.3570	4
16	América Móvil	墨西哥	0.3069	5
14	Comcast	美国	0.3008	6
2	NT&T	日本	0.2742	7
13	KDDI	日本	0.1852	8
6	France Télécom	法国	0.1733	9
10	Vivendi	法国	0.0590	10
21	Direc TV Group	美国	0.0174	11
5	Telefónica	西班牙	0.0123	12

续表

500强中排名	公司名称	国家	综合得分	绩效评价排名
19	China United Telecom	中国	0.0083	13
4	Deutsche Telekom	德国	−0.0387	14
9	Telecom Italia	意大利	−0.1385	15
7	Vodafone	英国	−0.1570	16
20	Royal KPN	荷兰	−0.2079	17
17	Softbank	日本	−0.3126	18
15	China Telecom	中国	−0.6766	19
11	BT	英国	−0.7295	20
12	Sprint Nextel	美国	−0.7397	21

附录3-9　21家电信运营企业因子得分排名及综合绩效排名

500强中排名	公司名称	盈利能力排名	偿债能力排名	资产管理能力排名	成长能力排名	股本扩张能力排名	现金保障能力排名	绩效评价综合排名
8	China Mobile	1	6	11	1	15	1	1
1	AT&T	11	3	5	12	1	7	2
3	Verizon	13	12	14	6	2	5	3
18	Telstra	2	5	15	9	7	3	4
16	América Móvil	3	2	16	4	13	8	5
14	Comcast	15	9	8	8	4	6	6
2	NT&T	14	20	4	13	3	4	7
13	KDDI	7	15	2	10	11	10	8
6	France Télécom	12	7	6	15	6	9	9
10	Vivendi	5	1	18	2	5	15	10
21	Direc TV Group	10	10	1	7	20	16	11
5	Telefónica	6	18	12	14	12	13	12
19	China United Telecom	8	13	19	5	10	14	13
4	Deutsche Telekom	17	8	3	3	14	18	14
9	Telecom Italia	4	14	20	16	19	20	15
7	Vodafone	16	4	9	11	16	17	16
20	Royal KPN	9	16	10	17	18	12	17
17	Softbank	18	19	17	18	8	11	18
15	China Telecom	19	11	21	19	17	21	19
11	BT	20	17	7	20	21	2	20
12	Sprint Nextel	21	21	13	21	9	19	21

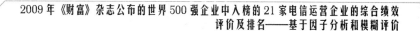

附录 3-10   21 家电信运营企业 500 强、综合绩效、EVA 及市值排名

公司名称	500 强中排名	绩效评价综合排名	EVA 排名	市值排名
China Mobile	8	1	1	1
AT&T	1	2	17	2
Verizon	3	3	21	5
Telstra	18	4	2	12
América Móvil	16	5	9	10
Comcast	14	6	16	11
NT&T	2	7	4	6
KDDI	13	8	8	13
France Télécom	6	9	13	7
Vivendi	10	10	10	9
Direc TV Group	21	11	3	16
Telefónica	5	12	7	4
China United Telecom	19	13	5	15
Deutsche Telekom	4	14	18	8
Telecom Italia	9	15	14	17
Vodafone	7	16	20	3
Royal KPN	20	17	6	20
Softbank	17	18	12	18
China Telecom	15	19	15	14
BT	11	20	11	19
Sprint Nextel	12	21	19	21

资料来源：2008 年上市公司年报（曹宇英计算，何瑛指导）。

2010 年《财富》杂志公布的世界 500 强企业中入榜的前 20 家（共 23 家）电信运营企业的关键绩效指标

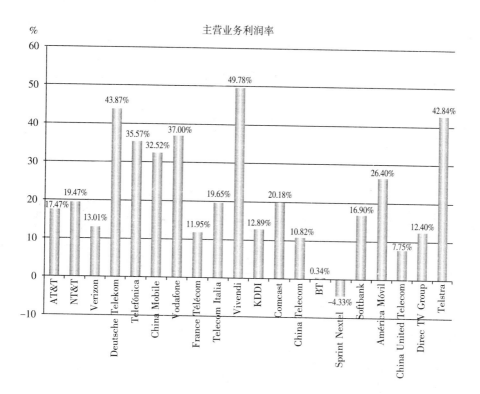

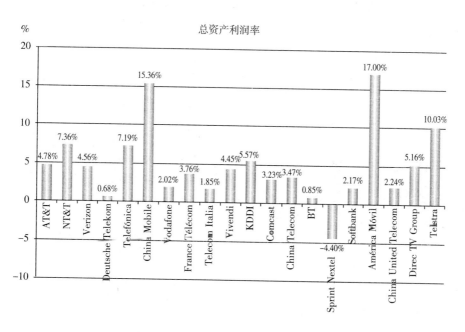

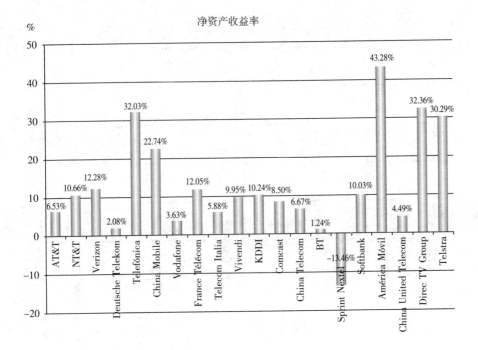

净资产收益率

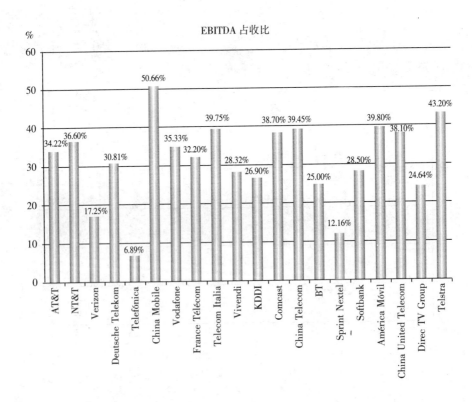

EBITDA 占收比

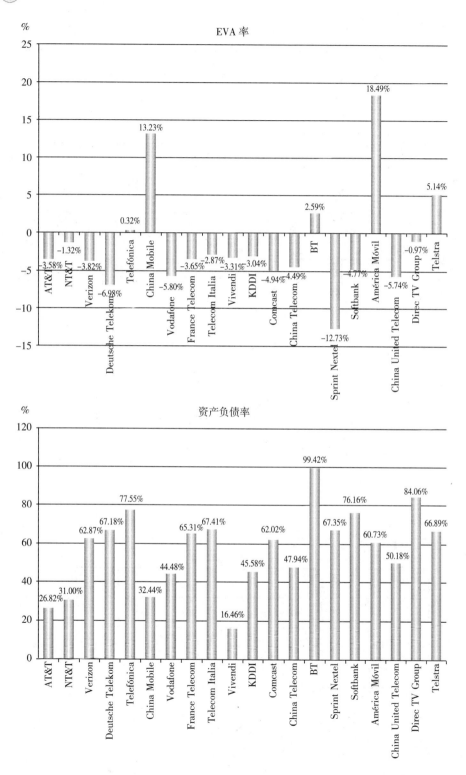

流动比率

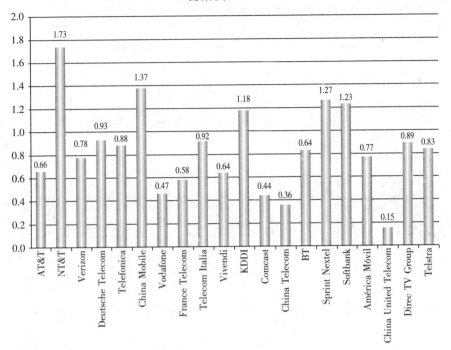

利息保障倍数

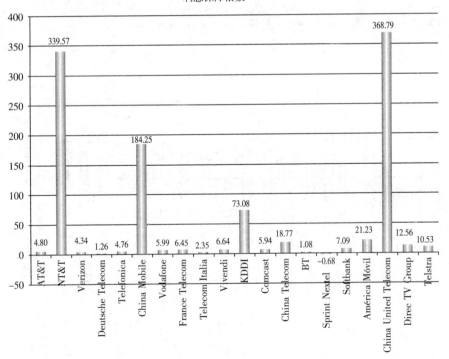

总资产周转率

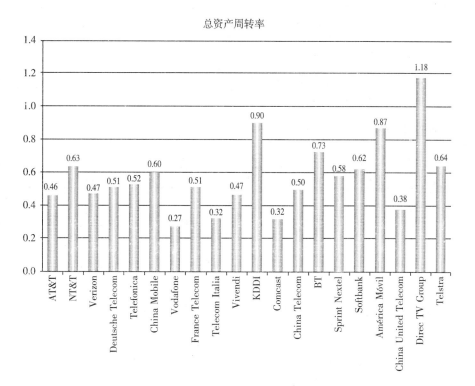

固定资产周转率

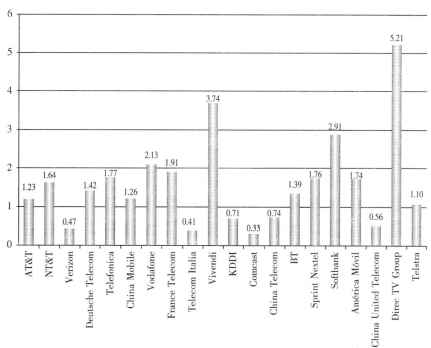

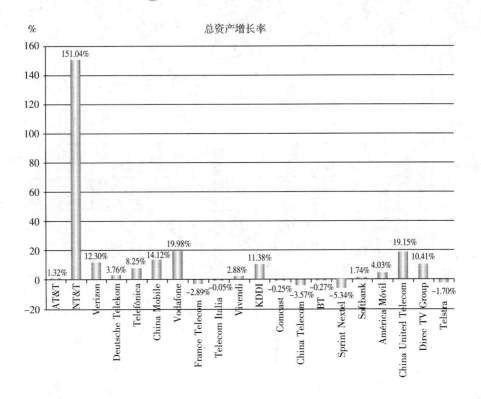

总资产增长率

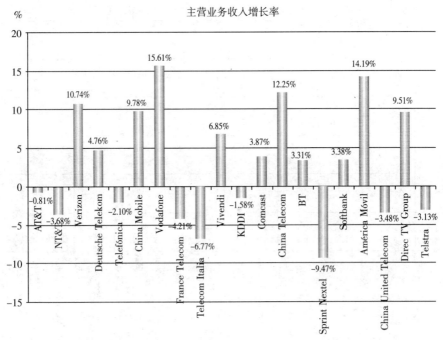

主营业务收入增长率

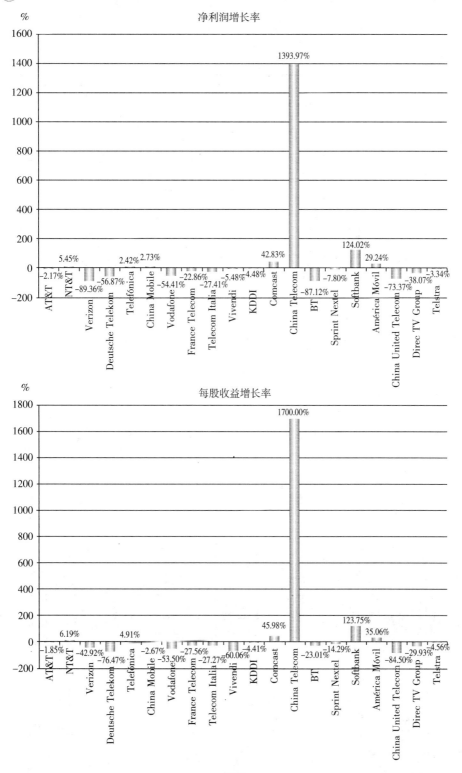

净利润增长率

每股收益增长率

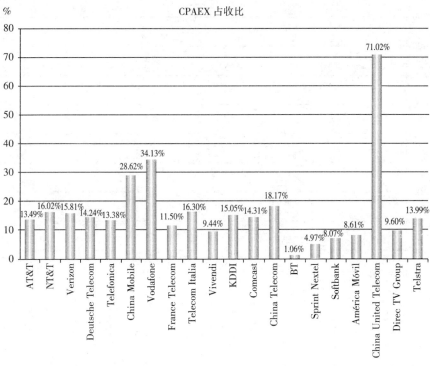

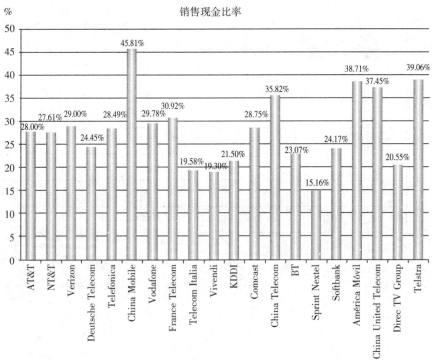

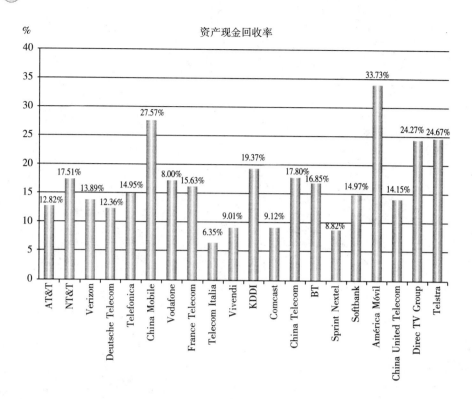

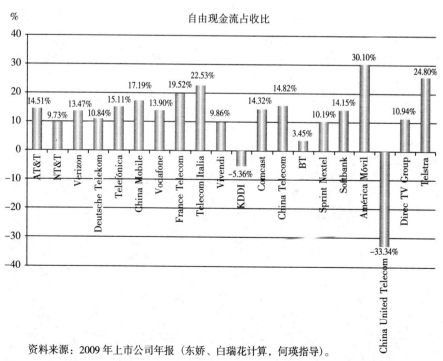

资料来源：2009 年上市公司年报（东娇、白瑞花计算，何瑛指导）。

参考文献

中文论著：

［1］亚历克斯·米勒等：《战略管理》，何瑛等译，北京：经济管理出版社，2004 年版。

［2］戴维·亨格、托马斯·惠伦：《战略管理》，邵冲译，北京：中国人民大学出版社，2002 年版。

［3］乔治·米尔科维奇等：《人力资源管理》，彭兆祺等译，北京：机械工业出版社，2002 年版。

［4］爱德华·布洛克等：《战略成本管理》，王斌等译，北京：人民邮电出版社，2005 年版。

［5］卢斯·班德等：《公司财务战略》，干胜道等译，北京：人民邮电出版社，2003 年版。

［6］杰弗瑞·莱克等：《丰田汽车：精益模式的实践》，李芳龄等译，北京：中国财政经济出版社，2006 年版。

［7］约翰·纳斯比特：《大趋势——改变我们生活的十个新方向》，北京：中国社会科学出版社，1984 年版。

［8］泰勒·小柯克斯：《跨文化组织：如何提升多元化组织的竞争力》，上海：上海交通大学出版社，2002 年版。

［9］拉里·博西迪、拉姆·查兰：《执行》，北京：机械工业出版社，2008 年版。

［10］玛格丽特·梅：《财务职能转变与公司增值》，北京：电子工业出版社，2001 年版。

［11］安德鲁·布莱克等：《追寻股东价值》，北京：经济管理出版社，2005 年版。

［12］迈克尔·波特：《竞争优势》，陈小悦译，北京：华夏出版社，1997 年版。

［13］Al Ehrbar：《经济增加值：如何为股东创造财富》，北京：中信出版社，2001 年版。

［14］汤姆·科普兰、蒂姆·科勒、杰克·默林：《价值评估》，贾辉然等译，北京：中国大百科全书出版社，1997 年版。

[15] 亚德里安·莱沃斯基等：《发现利润区》，凌晓东等译，北京：中信出版社，2000年版。

[16] 杰罗尔德·齐默尔曼：《决策与控制会计》，邱寒等译，大连：东北财经出版社，2000年版。

[17] 巴鲁·列弗：《公司财务报告与审计制度的改革》，北京：中国财政经济出版社，2003年版。

[18] 保罗·米勒、保罗·班森：《高质量财务报告》，阎达五、李勇译，北京：机械工业出版社，2004年版。

[19] 阿尔弗雷德·钱德勒：《战略与结构》，美国：麻省理工学院出版社，1962年版。

[20] 罗伯特·卡普兰：《战略地图：化无形资产为有形成果》，刘俊勇等译，广东：广东经济出版社，2005年版。

[21] 约翰·科特：《企业文化与经营业绩》，李晓涛译，北京：中国人民大学出版社，2004年版。

[22] 托马斯·沃尔瑟：《从财务管理到战略管理：再造金融总裁》，北京：商务印书馆，2000年版。

[23] 迈克尔·哈默、詹姆斯·钱皮：《企业再造》，北京：中国人民大学出版社，1998年版。

[24] 芮明杰主编：《管理学：现代的观点》，上海：上海人民出版社，1999年版。

[25] 汤谷良：《VBM框架下的财务管理理论体系重构》，北京：中国财政经济出版社，2007年版。

[26] 王斌：《公司预算管理研究》，北京：中国财政经济出版社，2006年版。

[27] 陈月明：《企业集团财务问题研究》，大连：东北财经大学出版社，2007年版。

[28] 胡玉明：《高级成本管理会计》，厦门：厦门大学出版社，2002年版。

[29] 傅元略主编：《公司财务战略》，北京：中信出版社，2009年版。

[30] 张瑞君：《财务管理信息化：IT环境下企业集团财务管理创新》，

北京：中信出版社，2008年版。

[31] 王化成、佟岩、李勇：《全面预算管理》，北京：中国人民大学出版社，2004年版。

[32] 财政部企业司编：《企业全面预算管理的理论与案例》，北京：经济科学出版社，2004年版。

[33] 葛家澍、杜兴强：《知识经济下财务会计理论与财务报告问题研究》，北京：中国财政经济出版社，2004年版。

[34] 荆新等：《财务管理》，北京：中国人民大学出版社，2006年版。

[35] 毕意文、孙永玲：《平衡计分卡：中国战略实践》，北京：机械工业出版社，2003年版。

[36] 张立辉等：《内部控制与公司治理：战略的观点》，北京：中国税务出版社，2006年版。

[37] 张云亭：《顶级财务总监：财务治理、价值管理和战略控制》，北京：中信出版社，2003年版。

[38] 陈虎、董诰：《财务共享服务》，北京：中国财政经济出版社，2009年版。

[39] 中国会计学会：《管理会计应用与发展的典型案例研究》，北京：中国财政经济出版社，2002年版。

[40] 胡泳：《电信赢家：前沿市场的战略标本》，北京：机械工业出版社，2006年版。

[41] 何瑛等：《现代全面预算管理》，北京：经济管理出版社，2005年版。

[42] 蒋华园、张向阳主编：《通信公司全面预算管理理论与实践》，北京：人民邮电出版社，2007年版。

[43] 刘光明：《企业文化》，北京：经济管理出版社，2001年版。

[44] 裴富才：《现代企业集团财务控制框架讲稿》，北京：经济科学出版社，2009年版。

[45] 林洪美：《财务总监随思录——财务文化、价值增长与信息技术》，北京：经济科学出版社，2010年版。

[46] 秦杨勇：《平衡计分卡与绩效管理》，北京：中国经济出版社，

2005 年版。

[47] 陈萍、潘晓梅：《企业财务战略管理》，北京：经济管理出版社，2010 年版。

[48] 中国证监会：《中国资本市场发展报告》，北京：中国金融出版社，2008 年版。

[49] 尤登弘：《数字管理》，北京：中国三峡出版社，2008 年版。

[50] 上海国家会计学院：《成为胜任的 CFO：中国 CFO 能力框架研究报告》，北京：经济科学出版社，2006 年版。

[51] 王满：《基于竞争力的财务战略管理研究》，大连：东北财经大学出版社，2007 年版。

[52] 乐艳芬：《成本会计》，上海：上海财经大学出版社，2003 年版。

[53] 钱平凡：《组织转型》，浙江：浙江人民出版社，1999 年版。

[54] 葛家澍：《财务会计的本质、特点及其边界》，《会计研究》，2003 年第 3 期。

[55] 汤谷良、董甦：《CFO 应如何规划公司内部财务管理报告》，《财务与会计》，2004 年第 8 期。

[56] 齐寅峰等：《中国企业投融资行为研究》，《管理世界》，2005 年第 3 期。

[57] 胡玉明：《作业管理与企业管理思维的创新》，《中国经济问题》，1998 年第 5 期。

[58] 汤谷良、杜菲：《试论企业增长、盈利、风险三维平衡战略管理》，《会计研究》，2004 年第 11 期。

[59] 蔡剑辉：《预算的职能冲突与协调对策研究》，《会计研究》，2009 年第 12 期。

[60] 余绪缨：《当代会计学科发展大趋势》，《厦门大学学报》，1992 年第 1 期。

[61] 池国华：《企业内部控制规范实施机制构建：战略导向与系统整合》，《会计研究》，2009 年第 9 期。

[62] 刘玉廷：《全面提升企业经营管理水平的重要举措》，《会计研究》，2010 年第 5 期。

[63] 张先治:《基于会计相关性的企业内部报告地位与价值》,《会计研究》,2009 年第 12 期。

[64] 张先治、刘媛媛:《企业内部报告框架构建研究》,《会计研究》,2010 年第 8 期。

[65] 张先治:《基于价值的管理与公司理财创新》,《会计研究》,2008 年第 8 期。

[66] 张先治:《基于价值的企业集团预算控制系统——预算控制变量与预算控制标准确定》,《财经问题研究》,2005 年第 6 期。

[67] 张先治、翟月雷:《基于风险偏好的报酬契约与预算松弛研究》,《财经问题研究》,2009 年第 6 期。

[68] 谢志华:《内部控制、公司治理、风险管理:关系与整合》,《会计研究》,2007 年第 10 期。

[69] 丁友刚、胡兴国:《内部控制、风险控制与风险管理——基于组织目标的概念解说与思想演进》,《会计研究》,2007 年第 12 期。

[70] 卢闯等:《导入 EVA 考核中央企业的公平性及其改进》,《中国工业经济》,2010 年第 6 期。

[71] 李心合:《内部控制:从财务报告导向到价值创造导向》,《会计研究》,2007 年第 4 期。

[72] 李心合:《利益相关者财务论》,《会计研究》,2003 年第 10 期。

[73] 汤谷良、杜菲:《试论企业增长、盈利、风险三维平衡战略管理》,《会计研究》,2004 年第 11 期。

[74] 赵艳丽:《财务报告的历史演变与未来展望》,《财会通讯》,2009 年第 2 期。

[75] 张家伦:《企业价值报告:现代财务报告演进的必然趋势》,《会计研究》,2010 年第 2 期。

[76] 刘玉廷:《严格遵守会计准则提供高质量财务报告认真履行社会责任》,《会计研究》,2010 年第 1 期。

[77] 王斌:《企业预算管理及其模式》,《会计研究》,1999 年第 11 期。

[78] 中国会计学会管理会计专业委员会:《我国企业预算管理的引进与发展》,《会计研究》,2008 年第 9 期。

[79] 石中美：《会计目标的变化与财务报告的改进》，《中南财经政法大学学报》，2006年第1期。

[80] 周兰、王善平：《发展中的中国会计研究》，《会计研究》，2008年第8期。

[81] 周中胜、陈汉文：《会计信息透明度与资源配置效率》，《会计研究》，2008年第12期。

[82] 深圳证券交易所综合研究所：《2007年证券市场主体违法违规情况报告》，http：//www.p5w.net，2008.06.02。

[83] 黄寿昌、肖俊：《财务战略的制定：内在逻辑与基本框架》，《财会通讯》，2007年第6期。

[84] 梁能：《公司治理结构：中国的实践与美国的经验》，《中国人民大学学报》，2000年第4期。

[85] 汤谷良、付阳：《基于战略的集团组织设计及财务机构安排》，《财会通讯》，2005年第5期。

[86] 吴国萍、朱君：《"压力"与"机会"导因的财务报告舞弊问题研究——基于证监会处罚公告的分析》，《东北师范大学学报》，2009年第4期。

[87] 周晓苏、李进营：《从高质量到高透明度———财务报告评价的演进及启示》，《上海立信会计学院学报》，2009年第3期。

[88] 刘桂萍、于增彪、刘桂英：《ABC电力公司全面预算管理的困境》，《新理财》，2006年第6期。

[89] 陈帅、袁波：《企业并购动机的初步探讨》，《管理科学文摘》，2005年第8期。

[90] 吴星泽：《从战略高度推进并购重组在探索当中落实内部控制：并购、重组、企业战略与内部控制研讨会综述》，《会计研究》，2010年第2期。

[91] 娄权：《财务报告舞弊四因子假说及其实证研究》，博士论文，2004年。

[92] 葛家澍、黄世忠：《反映经济真实是会计的基本职能——学习〈会计法〉的一点体会》，《会计研究》，1999年第12期。

[93] 曹海敏：《基于战略管理视角的平衡计分卡与企业文化》，《经济问

题》，2009年第2期。

[94] 王静：《平衡计分卡在电信企业绩效管理中的应用初探》，《江西通信科技》，2008年版。

[95] 田志龙、李金洋：《一种合适的中国电信企业转型绩效评价体系》，《武汉理工大学学报》，2006年第4期。

[96] 谭利、黄玲玲：《预算松弛研究：文献综述》，《财会通讯》，2008年第5期。

[97] 杨轶敏：《论电信企业网络维护中心成本费用预算的精确化管理》，《湖南商学院学报》，2010年第10期。

[98] 杨宗昌、许波：《企业经营绩效评价模式研究——我国电信企业集团经营绩效考评方法初探》，《会计研究》，2003年第12期。

[99] 吕洪涵：《基于EVA的电信运营企业业绩绩效评价体系研究》，《通信企业管理》，2004年第7期。

[100] 胡志勇：《论财务会计报告改革背景下的企业绩效评价》，《当代财经》，2002年第9期。

[101] 马佳：《电信运营企业绩效考核方法新论》，《当代通信》，2006年第12期。

[102] 隋学深：《通信企业绩效评价研究》，《哈尔滨理工大学学报》，2003年第5期。

[103] 张磊、忻展红：《电信企业绩效评价指标体系的构建》，《当代通信》，2005年第24期。

[104] 张文璐、王琦、吕廷杰：《电信企业绩效考核指标体系的完善》，《通信企业管理》，2004年第12期。

[105] 乔均、祁晓荔、储俊松：《基于平衡计分卡模型的电信企业绩效评价研究——以中国网络通信集团江苏省公司为例》，《中国工业经济》，2007年第2期。

[106] 印猛、李燕萍：《基于层次分析法的价值管理》，《财经理论与实践》，2006年第2期。

[107] 冯俊杰：《如何构建电力集团公司的全面预算管理体系》，硕士论文，2003年。

[108] 孙永玲：《平衡计分战略制导》，《哈佛商业评论》，2003 年 7 月。

[109] 叶小平：《以系统改进为目标的内部管理报告》，厦门大学硕士论文，2006 年。

[110] 邱芳：《基于管理会计的内部报告体系研究》，东北财经大学硕士论文，2007 年。

[111] 刘巨钦：《基于核心能力理论的企业集群边界的界定分析》，《经济与管理研究》，2007 年 1 月。

[112] 刘汉进：《共享服务的决策、实施与评价研究》，上海交通大学博士论文，2004 年。

[113] 程轶：《中国移动财务集中管理战略分析》，《企业研究》，2008 年第 4 期。

[114] 胡玉明、鲁海帆：《打造高绩效财务》，《新理财》，2006 年第 7 期。

[115] 汤谷良：《为财务战略"正本清源"》，《新理财》，2007 年第 1 期。

[116] 石磊等：《顺应经营环境变化，重构预算管理模式》，《通信世界》，2009 年 3 月。

[117] 马嵘：《浅谈电信企业预算管理》，《财会通讯》，2006 年第 8 期。

[118] 张晓铁等：《全面预算管理——通信企业管理创新的突破口》，《通信企业管理》，2003 年第 11 期。

[119] 张晓铁等：《通信企业如何提高预算编制质量》，《通信企业管理》，2004 年第 4 期。

[120] 张晓铁等：《通信企业如何加强预算执行监控》，《通信企业管理》，2004 年第 5 期。

[121] 张晓铁等：《通信企业如何开展全面预算考核》，《通信企业管理》，2004 年第 6 期。

[122] 汪鑫、施丹：《精细化管理提升企业竞争力，作业成本法大有作为》，《通信世界》，2006 年第 33 期。

[123] 楼向平、金寒：《建立精细化的作业成本管理体系》，《通信企业管理》，2005 年 11 月。

[124] 李明：《基于战略的企业全面预算管理》，硕士论文，2003 年版。

［125］ 王爱群、王洪玖：《企业集团财务集中管理研究》，《工业技术经济》，2009 年第 1 期。

［126］ 李烨、李传昭：《透析西方企业转型模式的变迁及其启示》，《管理现代化》，2004 年第 3 期。

［127］ 项洪波：《浙江移动财务集中提升集团化管理》，2008 年，http：//www.ccidcom.com。

［128］ 刘今秀：《浅析内部管理会计报告体系》，2009 年，http：//bbs.esnai.com。

［129］ 泰尔网：《我国电信运营商海外拓展战略特点分析及经验总结》，http：//www.c14.net。

［130］ 班晓谨：《财务共享平台下的稽核体系》，《新理财》，2010 年第 11 期。

［131］ 于增彪：《亟待建立适合我国国情的成本管理系统》，《财务与会计》，2010 年第 2 期。

［132］ 李翀、许波：《构建基于 EVA 和 BSC 的绩效评价体系》，《通信企业管理》，2008 年第 6 期。

［133］ 唐珂：《浅谈电信企业的多维度预算管理》，《中国总会计师》，2010 年第 1 期。

［134］ 石磊等：《顺应经营环境变化，重构预算管理模式》，《通信世界》，2009 年 3 月。

［135］ 许蔚君：《基于战略导向的企业全面预算管理体系构建》，《财会通讯》，2010 年第 9 期。

［136］ 侯锐等：《财务共享服务在中国电信的实践》，《财务与会计》，2010 年第 5 期。

［137］ 顾晓敏：《联通新会计准则实战》，《首席财务官》，2008 年第 6 期。

［138］ 李春明：《刍议财务共享服务在电信企业的应用》，《中国乡镇企业》，2010 年第 2 期。

［139］ 周伟城：《浅析电信企业集团的全面预算管理》，《现代经济》，2008 年第 12 期。

［140］ 黄桥冰：《电信企业成本核算及分析方法探讨》，《广东通信技

术》，2010 年第 7 期。

[141] 吴晓东：《中国移动四川公司省公司层面财务集中管理研究》，厦门大学硕士论文，2009 年 4 月。

[142] 马驰：《中国移动甘肃公司财务集中管理研究》，北方交通大学硕士论文，2009 年。

[143] 尉敏：《脚踏历史，重建统一》，《新理财》，2007 年第 1 期。

[144] 熊小明：《探讨中国电信运营商的海外拓展之路》，《电信科学》，2007 年 5 月。

[145] 田红：《作业成本法提升企业精确管理能力》，《人民邮电报》，2000 年 8 月。

[146] 张锋：《引入作业成本制度，提升电信企业管理水平》，《人民邮电报》，2005 年 7 月。

[147] 田红：《作业成本法提升企业竞争力》，《中国电信业》，2006 年第 3 期。

[148] 林桐、贾云峰、靳增光：《作业成本法与电信运营商成本管理之实证分析》，《中国总会计师》，2009 年第 5 期。

[149] 王海建：《作业成本法在上海电信的应用》，《新会计》，2009 年第 11 期。

[150] 何莹：《基于作业成本法在电信企业应用研究》，《企业科技与发展》，2009 年第 10 期。

[151] 雷忠鸣：《作业基础预算在固网通信运营企业的应用探讨》，硕士论文，2008 年。

[152] 邓晓峰等：《全成本管理及准市场配置管理模式的探索与实践》，《中国通信行业创新成果》，2008 年。

[153] 杨国光：《建立面向业务与服务、价值管理型的财务运行机制》，《通信企业管理》，2006 年第 7 期。

[154] 刘杉：《中国移动通信企业固定资产全生命周期管理研究》，硕士论文，2010 年。

[155] 张娜依：《事件驱动型会计信息系统初探》，《会计之友》，2009 年第 8 期。

[156] 乐宁:《数据仓库前景无限》,《通信世界》,2006 年第 20 期。

[157] 杨健奎:《国有大型企业经营绩效评价研究》,博士论文,2007 年。

[158] 简勤:《利用平衡计分卡强化战略执行力》,《通信企业管理》,2007 年第 4 期。

[159] 邵广禄:《预算趋准制下的绩效考核体系在联通公司的应用》,《财务与会计》,2010 年第 10 期。

[160] 沈丹、姜隆富、韦秀长:《广西联通预算编制与执行创新初探》,《中国总会计师》,2010 年第 2 期。

[161] 杨轶敏:《论电信企业网络维护中心成本费用预算的精确化管理》,《湖南商学院学报》,2010 年第 10 期。

[162] 乔均:《企业战略绩效评价研究综述》,《市场营销导刊》,2007 年第 1 期。

[163] 彭雪云:《电信企业有效实施全面预算管理探讨》,《现代商贸企业》,2010 年第 9 期。

[164] 张鸣、张美霞:《预算管理的行为观及其模式》,《财经研究》,1999 年第 3 期。

[165] 黎毅:《企业战略绩效评价体系研究》,《经济论坛》,2004 年第 1 期。

[166] 余绪缨:《当代会计科学发展的大趋势》,《厦门大学学报》,1992 年第 1 期。

[167] 于增彪等:《管理会计研究》,北京:中国金融出版社,2007 年版。

[168] 何瑛:《电信运营企业财务成本精细化管理研究》,《经济管理》,2007 年第 10 期。

[169] 何瑛、彭晓峰:《国际化进程中电信运营企业实施财务转型的必要性研究》,《通信世界》,2008 年 1 月。

[170] 何瑛、彭晓峰:《基于战略导向的企业财务转型》,《财会月刊》,2008 年第 5 期。

[171] 何瑛、彭晓峰:《基于战略视角的企业财务转型拓展路径研究》,《经济与管理研究》,2008 年第 9 期。

[172] 何瑛、曹宇英:《电信运营企业实施财务转型的现状、问题与发

展方向——基于问卷调查结果的分析》，《北京邮电大学学报》，2009 年第 2 期；并被中国人民大学复印资料《财务与会计导刊》转载，2009 年第 8 期。

[173] 何瑛：《中国移动财务转型路径与实践研究》，《管理现代化》，2009 年第 6 期。

[174] 何瑛：《财务流程再造新趋势：财务共享服务》，《财会通讯》，2010 年第 1 期。

英文论著：

[1] Donniel S. Schulman, Martin J.Harmer, John R. Dunleavy, James S. Lusk, Shared Services: Adding Value to the Business Units, John Wiley & Sons, Inc., 1999.

[2] Bryan Bergeron, Essentials of Shared Services, John Wiley & Sons, Inc., 2003.

[3] Andrew Kris, Martin Fahy, Shared Service Centers, Pearson Education Limited, 2003.

[4] Barbara E. Quinn, Robert Cooke, Andrew Kris, Shared Services: Mining for Corporate Gold, 1998.

[5] Cedric Read, Hans−Dieter Scheuermann, The CFO: AS Business Integrator, John Wiley&Sons, Inc., 2003.

[6] Dave Ulrich, Shared Services: From Vogue to Value, Human Resource Planning, Vol.18 Issue 3.

[7] Martin Fahy, The Financial Future, Financial Management 5, 2005.

[8] Elizabeth Van Denburgh, Denis Cagna, Doing More With Less, Electric Perspectives, 2000, Vol.25 Issue 1.

[9] Donna Keith, Rebecca Hirschfield, The Benefits of Sharing, HR Focus, 1996, Vol.73 Issue 9.

[10] Robert W.Gunn, David P.Carberry, Robert Frigo, Stephen Behrens, Shared Services: Major Companies are Reengineering Their Accounting Functions, Management Accounting , 1993, Vol.75 Issue.

[11] Financial Shared Services Centers: Opportunities and Challenges for

the Accounting Profession, ACCA Report, 2002.

［12］Harold Bierman, Corporate Financial Strategy and Decision Making to Increase Shareholder Value. Frank J. Fabozzi Associates. New Hope, Pennsylvania, 1999.

［13］Stewart Clements, Michael Donnellan, CFO Insights: Achieving High Performance Through Finance Business Press Outsourcing, John Wiley & Sons, 2004.

［14］Andrew Black, Philip Wright, John Davis, In Search of Shareholder Value, Prentice Hall, 2001.

［15］Bartlomiej Nita, Transformation of Management Accounting: From management control to performance management, Transformations in Business & Economics, Vol.7, No.3（15）, 2008.

［16］Atkinson, Banker, Kaplan, Young, Management Accounting, 3th, Prentice Hall, 2004.

［17］Michael C. Jensen. Value Maximization, Stakeholder Theory, and the Corporate Objective Function. Journal of Applied Corporate Finance, Fall, 2001.

［18］Robert S. Kaplan. David P. Norton. Strategy map. Strategic Finance. March, 2004.

［19］Robert S. Kaplan. Building Strategy Focused Organizations with the Balanced Scorecard.Balanced Scorecard Collaborative, 2002.

［20］Christopher D. Ittner, David F. Larcker, and Marshall W. Meyer. Performance, Compensation, and the Balanced Scorecared. November 1.1997.

［21］Tom Kopeland. Tim Koller. Jack Murrin.Valuation: Measuring and Managing the Value of Companies 3rd Edi2, John Wiley & Sons, Inc., 2001.

［22］Michiharu Sakurai, Integrated Cost Management, Productivity Press, 1996.

［23］Peter B.B. Turney, The ABC Performance Breakthrough. Cost Technology Hillsboro, 1991.

［24］S. Baxendale and F. Jama, What ERP can offer ABC, Strategic

Finance. Volume 8, Number 1, pp.54–57, 2003.

[25] S. Baxendale and P. Jokinen, Interactions between ERP and ABCM systems, Journal of Cost Management. Volume 3, Number 1, pp.40 – 46, 2000.

[26] E. Brodeur, Integrating ABC and ERP systems, Focus Magazine. Volume 1, Number 1, pp.1–10, 2003.

[27] R. Shaw , ABC and ERP: Partners at last? , Management Accounting. Volume 5, Number 1, pp.56–58, 1998.

[28] Y. Ning, A study and analysis of the integration of ERP with ABCM, Financial and Accounting Communication. Volume 1, Number 1, pp. 8–10, 2006.

[29] Y. Hu, A design on ERP and ABC, Financial and Accounting Monthly.Volume 2, Number 1, pp.20–21, 2002.

[30] IBM Knowledge View.

[31] Andrew Black, Philip Wright, John Davis, In Search of Shareholder Value, Pricewaterhouse Coopers, 2001.

[32] Richard Daft, Essentials of Organization Theory and Design, South–Western College Publishing, 1998.

后 记